教育部高等教育司高等教育中外教材比较研究项目成果
21世纪经济管理新形态教材·电子商务系列

电子商务安全教程

E-commerce Security Tutorial

张荣刚　方丽娟　编著

清华大学出版社
北京

内 容 简 介

本书分为3篇10章，系统阐述了电子商务安全的基本原理、核心技术和治理方法，包括：电子商务安全的相关问题、内涵、要素、体系和框架；电子商务安全的基础技术、系统安全、网络安全、数据安全、新技术应用安全；电子商务安全的治理框架、法律法规、相关标准、组织与制度、风险管理及信用治理。

本书注重针对性、启发性，兼顾通用性，内容全面、体系完备，思政特色鲜明。每章均配有案例、习题，便于读者进行学习。

本书可作为高等院校电子商务类、工商管理类、经济学类、信息工程类、公共管理类等专业的必修课程教材，也可供相关从业人员学习、培训之用。

本书封面贴有清华大学出版社防伪标签，无标签者不得销售。
版权所有，侵权必究。举报：010-62782989，beiqinquan@tup.tsinghua.edu.cn。

图书在版编目（CIP）数据

电子商务安全教程/张荣刚，方丽娟编著．—北京：清华大学出版社，2023.4（2024.8重印）
21世纪经济管理新形态教材．电子商务系列
ISBN 978-7-302-61645-0

Ⅰ．①电… Ⅱ．①张…②方… Ⅲ．①电子商务—安全技术—高等学校—教材 Ⅳ．① F713.363

中国版本图书馆CIP数据核字（2022）第145441号

责任编辑：徐永杰
封面设计：汉风唐韵
责任校对：王荣静
责任印制：刘 菲

出版发行：清华大学出版社
网　　址：https://www.tup.com.cn，https://www.wqxuetang.com
地　　址：北京清华大学学研大厦A座　　邮　编：100084
社 总 机：010-83470000　　邮　购：010-62786544
投稿与读者服务：010-62776969，c-service@tup.tsinghua.edu.cn
质量反馈：010-62772015，zhiliang@tup.tsinghua.edu.cn

印 装 者：三河市铭诚印务有限公司
经　　销：全国新华书店
开　　本：185mm×260mm　　印　张：19.25　　字　数：320千字
版　　次：2023年4月第1版　　印　次：2024年8月第2次印刷
定　　价：56.00元

产品编号：090753-01

教育部高等学校电子商务类专业教学指导委员会规划教材编写委员会

主　任： 刘　军

副主任： 覃　征　陈　进

委　员： 刘　军　覃　征　陈　进　孙宝文　刘兰娟　章剑林
　　　　　　彭丽芳　贺盛瑜　李　琪　张润彤　华　迎　曹　杰
　　　　　　熊　励　帅青红　张荣刚　潘　勇　叶琼伟　李文立
　　　　　　王刊良　左　敏　胡　桃　郭卫东　李敏强　于宝琴
　　　　　　杨兴凯　姚卫新　陈　曦　张玉林　倪　明　尹建伟
　　　　　　琚春华　孙建红　刘业政　陈阿兴　魏明侠　张李义
　　　　　　孙细明　周忠宝　谢　康　李　明　王丽芳　张淑琴

前 言

安全是有管理的风险

古语有言:"斯事可为,然难测其患。"电子商务作为当前最活跃的经济形态——数字经济的代表,其安全问题和风险与生俱来,需要理性对待,并进行积极、有效的管理。近年来,电子商务安全作为一个交叉领域,综合多学科领域的研究,探索产生了很多理论、方法和智慧成果,从对安全问题的基础认识出发、应用相关安全工程技术、形成多元共治且不断优化的治理路径是现实的选择。因此,本书总体划分为基础篇、技术篇和治理篇三篇,沿着电子商务安全全流程、工程化的治理路径来安排。

基础篇:"蹄疾走日月,步稳度关山"

"同行密集客自来。"在智能商业不断演化的当下,经济社会快速发展背后存在的风险远超马克思在《资本论》中论述的商品生产风险,读者需要总体了解第1章,包括电子商务安全问题、安全内涵、安全要素等内容。

"君子生非异也,善假于物也。"由于电子商务是新一轮科技革命和产业变革的重要驱动力量,读者需要在研读第2章的基础上,通过学习电子商务安全体系结构和安全框架,夯实维护经济社会稳定预测性防护机制构建的基础。

技术篇:"泰山崩于前而色不变,麋鹿兴于左而目不瞬"

"临危不乱、化危为机",电子商务安全是一个循环过程,以预警及时、决策科学、处置妥当、化危为机为理想目标。读者需要通过对第3章的技术,包括信息加密与密钥管理技术、数字证书与公钥基础设施、数字签名与认证技术、访问控制技术、电子支付安全基础技术等内容的学习,掌握基础的安全技术。

"居安思危、防患未然",是中国传统文化的朴素辩证哲学观点,强调电子商务安全的系统性和动态性。读者需要在学习第4章的物理安全、操作系统安全、数据库系统安全、应用系统安全等多方面知识的基础上,从一个系统工程的视角看待电子商务安全问题,协同相关影响因素、作用机理和解决措施,努力获取最大的安全保障。

"每临大事有静气",从容不迫的底气来自对风险规律的把握乃至掌握。读者需要通过对第5章的学习,掌握电子商务安全协议、防火墙技术、入侵检测系统、虚拟专用网、移动网安全等知识,正视基于网络的电子商务链条的系统性风险,营造动态安全的环境。

"居安思危,思则有备,有备无患。"及早识别、防范、化解"蝴蝶效应""黑天鹅""灰犀牛"事件的冲击,始终保持高度警惕,及时保护现代经济社会的新要素——数据,抓住要害、果断决策,避免各类型风险交叉感染。读者需要高度关注第6章的信息隐藏技术、数据备份与恢复技术和大数据安全技术等方面内容。

"安之若素、处变不惊",电子商务安全作为一个专门领域,是社会生产力和科学技术发展到一定阶段的产物,处置风险与危机不能杯弓蛇影、惊慌失措,要强调电子商务安全的常态化、持久化。持续进步的运筹学、统计学、系统论、控制论、计算机技术等新理论、新技术,是常态化电子商务安全管理的基础。因此,需要按照第7章电子商务新技术应用安全的方向,包括物联网、云计算、区块链及其他新技术在电子商务领域的安全趋势等内容,努力增加化解风险的办法,推动电子商务安全管理技术日趋精良。

治理篇:从"多难兴邦"到"少难亦能兴邦"

"太平世界,环球同此凉热。"当今世界处于百年未有之大变局,电子商务发展面临前所未有的机遇和挑战,任何国家或地区都不可能成为隔离风险的孤岛。读者需要学习第8章的内容,包括电子商务安全治理框架、法律法规、相关标准及管理组织与制度,从总体将问题逐步弱化乃至瓦解。

"安而不忘危,存而不忘亡,治而不忘乱。"风险预控能力是实现安全管理的保障,随着大数据与网络技术的不断发展,人们对风险事件的响应能力增强,为防止造成风险感知失真、引发群体性恐慌等,就需要认真研读第9章的电子商务风险管理概述和电子商务风险评估、应对及管理优化。

"潮平两岸阔,风正一帆悬。"现代科技文明增强人类改造自然和社会的能力、创造巨大财富的同时,也形成了超越人类认知、威胁人类安全的长期潜在风险。现代金融急速脱实向虚,互联网金融、类金融等金融模式快速创新等,放大了经济风险,需要紧追不辍地研究和探索电子商务信用治理。第10章介绍了电子商务信用治理概述和两种信用治理机制。

本书的建议学时为 36~54 学时，可采用理论与实践一体化的教学模式，各章节的推荐学时见下表。

学时分配表

章节	课程内容	学时
第 1 章	电子商务安全概述	3~4
第 2 章	电子商务安全体系与框架	3~4
第 3 章	电子商务安全基础技术	4~6
第 4 章	电子商务系统安全	4~6
第 5 章	电子商务网络安全	4~6
第 6 章	电子商务数据安全	4~6
第 7 章	电子商务新技术应用安全	4~6
第 8 章	电子商务安全治理概述	4~6
第 9 章	电子商务风险评估、控制与优化	4~6
第 10 章	电子商务信用治理	2~4
课时总计		36 ~ 54

本书由西北政法大学副校长、博士生导师张荣刚教授和方丽娟担任主编。第 1 章由张荣刚编写，第 2 章由张荣刚、方丽娟共同编写，第 3~5 章由郑万松编写，第 6~7 章由蔡艳宁编写，第 8 章由方丽娟、何小平共同编写，第 9 章由方丽娟编写，第 10 章由何小平编写，张荣刚和方丽娟负责统稿。西北政法大学的张宇轩、李思诚负责基础篇和治理篇的案例与资料收集整理工作。

在编写本书的过程中，编者参考了多位专家学者的资料与成果，谨致以诚挚的谢意。由于电子商务实践的飞速发展，以及编者水平、时间和能力有限，书中难免有欠妥之处，恳请广大读者批评指正，以便再版时参考订正。

张荣刚
于西北政法大学长安校区
2023 年 2 月 22 日

目 录

基础篇

第1章 电子商务安全概述 ··· 002
【学习目标】 ··· 002
【能力目标】 ··· 002
【思政目标】 ··· 002
【思维导图】 ··· 003
【导入案例】 ··· 003
  1.1 电子商务安全问题 ··· 004
  1.2 电子商务安全内涵 ··· 011
  1.3 电子商务安全要素 ··· 017
【本章小结】 ··· 020
【思考题】 ··· 020
【即测即练】 ··· 020

第2章 电子商务安全体系与框架 ································ 021
【学习目标】 ··· 021
【能力目标】 ··· 021
【思政目标】 ··· 021
【思维导图】 ··· 022
【导入案例】 ··· 022
  2.1 电子商务安全体系结构 ····································· 023
  2.2 电子商务安全框架 ··· 032
【本章小结】 ··· 044
【思考题】 ··· 045
【即测即练】 ··· 045

技术篇

第 3 章 电子商务安全基础技术 ... 047
【学习目标】 ... 047
【能力目标】 ... 047
【思政目标】 ... 047
【思维导图】 ... 048
【导入案例】 ... 048
3.1 信息加密与密钥管理技术 ... 049
3.2 数字证书与公钥基础设施 ... 055
3.3 数字签名与认证技术 ... 063
3.4 访问控制技术 ... 068
3.5 电子支付安全基础技术 ... 074
【本章小结】 ... 082
【思考题】 ... 082
【即测即练】 ... 082

第 4 章 电子商务系统安全 ... 083
【学习目标】 ... 083
【能力目标】 ... 083
【思政目标】 ... 083
【思维导图】 ... 084
【导入案例】 ... 084
4.1 物理安全 ... 085
4.2 操作系统安全 ... 087
4.3 数据库系统安全 ... 096
4.4 应用系统安全 ... 100
【本章小结】 ... 108
【思考题】 ... 108
【即测即练】 ... 108

第 5 章 电子商务网络安全 ... 109
【学习目标】 ... 109

【能力目标】……………………………………………………………………… 109
【思政目标】……………………………………………………………………… 109
【思维导图】……………………………………………………………………… 110
【导入案例】……………………………………………………………………… 110
  5.1 电子商务安全协议…………………………………………………………… 111
  5.2 防火墙技术…………………………………………………………………… 120
  5.3 入侵检测系统………………………………………………………………… 128
  5.4 虚拟专用网…………………………………………………………………… 134
  5.5 移动网安全…………………………………………………………………… 139
【本章小结】……………………………………………………………………… 143
【思考题】………………………………………………………………………… 144
【即测即练】……………………………………………………………………… 144

第6章 电子商务数据安全 …………………………………………………… 145

【学习目标】……………………………………………………………………… 145
【能力目标】……………………………………………………………………… 145
【思政目标】……………………………………………………………………… 146
【思维导图】……………………………………………………………………… 146
【导入案例】……………………………………………………………………… 146
  6.1 信息隐藏技术………………………………………………………………… 147
  6.2 数据备份与恢复技术………………………………………………………… 151
  6.3 大数据安全技术……………………………………………………………… 158
【本章小结】……………………………………………………………………… 166
【思考题】………………………………………………………………………… 166
【即测即练】……………………………………………………………………… 166

第7章 电子商务新技术应用安全 …………………………………………… 167

【学习目标】……………………………………………………………………… 167
【能力目标】……………………………………………………………………… 167
【思政目标】……………………………………………………………………… 168
【思维导图】……………………………………………………………………… 168
【导入案例】……………………………………………………………………… 168
  7.1 物联网及其应用安全………………………………………………………… 170

7.2　云计算及其应用安全 ………………………………………… 175
　　7.3　区块链及其应用安全 ………………………………………… 179
　　7.4　其他新技术及其应用安全 …………………………………… 184
　【本章小结】 ……………………………………………………… 187
　【思考题】 ………………………………………………………… 187
　【即测即练】 ……………………………………………………… 187

治理篇

第 8 章　电子商务安全治理概述 ………………………………… 189
　【学习目标】 ……………………………………………………… 189
　【能力目标】 ……………………………………………………… 189
　【思政目标】 ……………………………………………………… 190
　【思维导图】 ……………………………………………………… 190
　【导入案例】 ……………………………………………………… 190
　　8.1　电子商务安全治理框架 ……………………………………… 191
　　8.2　电子商务安全法律法规 ……………………………………… 196
　　8.3　电子商务安全相关标准 ……………………………………… 209
　　8.4　电子商务安全管理组织与制度 ……………………………… 216
　【本章小结】 ……………………………………………………… 227
　【思考题】 ………………………………………………………… 227
　【即测即练】 ……………………………………………………… 227

第 9 章　电子商务风险评估、控制与优化 ……………………… 228
　【学习目标】 ……………………………………………………… 228
　【能力目标】 ……………………………………………………… 228
　【思政目标】 ……………………………………………………… 228
　【思维导图】 ……………………………………………………… 229
　【导入案例】 ……………………………………………………… 229
　　9.1　电子商务风险管理概述 ……………………………………… 230
　　9.2　电子商务风险评估 …………………………………………… 236
　　9.3　电子商务风险应对 …………………………………………… 253
　　9.4　电子商务风险管理优化 ……………………………………… 261

【本章小结】 ………………………………………………………… 265
【思考题】 …………………………………………………………… 266
【即测即练】 ………………………………………………………… 266

第 10 章　电子商务信用治理　267

【学习目标】 ………………………………………………………… 267
【能力目标】 ………………………………………………………… 267
【思政目标】 ………………………………………………………… 267
【思维导图】 ………………………………………………………… 268
【导入案例】 ………………………………………………………… 268
10.1　电子商务信用治理概述 ……………………………………… 270
10.2　电子商务信用治理机制 1：全链条监管机制 ……………… 277
10.3　电子商务信用治理机制 2：奖惩机制与协同机制 ………… 282
【本章小结】 ………………………………………………………… 287
【思考题】 …………………………………………………………… 288
【即测即练】 ………………………………………………………… 288

参考文献 ……………………………………………………………… 289

基础篇

第 1 章 电子商务安全概述

【学习目标】

1. 了解电子商务安全现状、电子商务安全问题的类型、电子商务安全问题产生的原因。
2. 熟悉电子商务安全的特点、电子商务安全的地位。
3. 掌握电子商务安全的概念、电子商务安全的构成、电子商务安全要素、不同主体对电子商务安全要素的需求。

【能力目标】

1. 了解电子商务安全问题,能知道目前电子商务面临的主要安全威胁、安全问题及成因。
2. 熟悉电子商务安全的重要性,能根据电子商务安全的重要性解释电子商务安全对于消费者、企业和国家的影响。
3. 掌握安全的内涵,能分析电子商务安全的本质,运用电子商务安全要素分析不同主体的安全需求。

【思政目标】

1. 了解中国古今与安全有关的名言警句和重要论述,领会中国安全文化的博大精深。

2. 熟悉电子商务安全的特点，加强个人防范，增强安全意识。

3. 掌握电子商务安全要素的内容，能认识电子商务安全需求与电子商务发展的关系，树立安全与发展的辩证观。能从系统的角度分析安全问题，站在为人民谋福祉和维护国家安全的高度解决安全问题。

【思维导图】

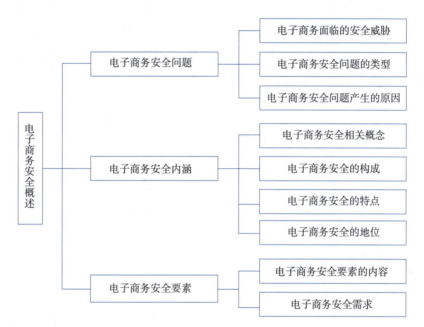

【导入案例】

用户滥用电商平台会员权利事件

吴某于2016年6月29日注册为某平台公司运营的电商平台会员，在平台购物期间，针对数百起订单以七天无理由退货、拍错/多拍、不喜欢/不想要等理由大量发起退货申请，并存在重复使用同一订单号填写退货申请等情形，2017年11月17日至11月29日73次虚填圆通速递单号600490957046申请退款，2017年10月31日至12月28日41次虚填圆通速递单号600466137147申请退款，2017年11月17日至12月11日247次虚填退货快递单号申请退款，导致其因退货信息虚假（错误单号、重复单号）、快递单号无相应物流信息等原因多次被平台卖家投诉。某平台公司以吴某滥用会员权利为由，对吴某账户进行了冻结。

资料来源：浙江新闻。

【讨论题】

1. 若吴某要求解冻账户，可以通过什么途径？
2. 吴某的行为是否触犯《中华人民共和国电子商务法》？
3. 在此案例中，该平台及卖家受到了来自吴某怎样的不良影响？
4. 在电子商务活动中，消费者、平台及商家应承担什么样的责任？

电子商务作为数字经济中规模最大、表现最活跃、发展势头最好的新业态、新动能，是新发展格局蓝图中非常重要的一环。同时电子商务的各个环节存在多种风险和安全问题。相对于传统商务，电子商务对管理水平、信息传输技术等提出了更高的要求。

1.1 电子商务安全问题

安全问题始终是电子商务的核心问题之一，基于电子商务发展与电子商务安全的刚性需求，电子商务安全自然成为当下人们关注的焦点。

1.1.1 电子商务面临的安全威胁

电子商务是基于计算机和网络实现的商务活动，电子商务安全与计算机安全和网络安全关系十分紧密，电子商务安全的风险有很大一部分来源于计算机和网络安全的威胁，这方面的威胁形势日益严峻。

1. 漏洞的威胁程度有增无减

移动互联网行业安全漏洞数量持续增长。近年来，智能终端蓝牙通信协议、智能终端操作系统、App 客户端应用程序、物联网（Internet of Things，IoT）设备等均被曝光存在安全漏洞，事件型漏洞增长幅度较大，这类漏洞涉及的信息系统大部分是在线联网系统。

2. 针对互联网的攻击威胁尤为严重

从攻击实现方式来看，更多高级持续性威胁（APT）攻击采用工程化实现，即依托商业攻击平台和互联网黑色产业链数据等成熟资源实现 APT 攻击。这类攻击不仅降低了发起 APT 攻击的技术和资源门槛，而且加大了受害方溯源分析的难度。目前境外 APT 组织主要利用当下热点时事或与攻击目标工作相关的内容作为邮件主题，瞄准我国重要攻击目标，持续反复进行渗透和横向扩展攻击，并在我国重大活动和敏感时期异常活跃。

3. 网站数据和个人信息泄露屡见不鲜，"衍生灾害"严重

由于互联网传统边界的消失，各种数据遍布终端、网络、手机和云上，加上互联网黑色产业链的利益驱动，数据安全问题和个人信息泄露现象屡见不鲜。近几年针对数据库的密码暴力破解攻击次数日均超过百亿次，数据泄露、非法售卖等事件层出不穷，数据安全与个人隐私面临严重挑战。科技公司、电商平台等信息技术服务行业，银行、保险等金融行业以及医疗卫生、交通运输、教育培训等重要行业涉及公民个人信息的数据库数据安全事件频发。此外，部分不法分子已将数据非法交易转移至暗网，暗网已成为数据非法交易的重要渠道，涉及银行、证券、网贷等，金融行业数据非法售卖事件明显增加。

4. 移动互联网恶意程序趋利性显著，移动互联网黑色产业链已经成熟

网络黑产活动的专业化、自动化程度不断加深。以移动互联网仿冒 App 为代表的"灰色"应用程序大量出现，主要针对金融、交通等重要行业的用户。不断出现大量的仿冒 App，这些仿冒 App 主要集中在仿冒公检法、银行、社交软件、支付软件、抢票软件等热门应用上，以仿冒名称、图标、页面等内容为主。其中尤其以银行信用卡优惠、办卡等银行类 App 的仿冒数量最多，还有仿冒"微信""支付宝""银联"等社交软件或支付软件。另外，"12306""智行火车票"的 App 和"个人所得税"App 均有大量仿冒应用程序出现。

5. 敲诈勒索软件肆虐，严重威胁本地数据和智能设备安全

近几年，勒索病毒活跃程度持续居高不下。随着加密货币价格持续走高，挖矿木马更加活跃。"永恒之蓝"下载器木马、WannaMiner 等挖矿团伙频繁推出挖矿木马变种，并利用各类安全漏洞、僵尸网络、网盘等进行快速扩散传播。2017 年 5 月 12 日暴发的 WannaCry 勒索病毒，通过将系统中数据信息加密，使数据变得不可用，借机勒索钱财。该病毒席卷近 150 个国家和地区，教育、交通、医疗、能源网络成为此轮攻击的重灾区。

1.1.2 电子商务安全问题的类型

1. 信息网络安全问题

从信息论角度来看，系统是载体，信息是内涵。哪里有信息，哪里就存在信

息安全问题。信息网络安全问题主要指电子商务系统及关联系统的安全问题，此类安全问题一般影响范围较大、发生频率较高。

1）物理安全问题

电子商务系统的物理安全问题也称实体安全问题，主要包括系统软硬件自身故障、外围保障设施故障、物理攻击、物理环境影响等。系统软硬件自身故障是指对业务实施或系统运行产生影响的设备硬件故障、通信链路中断、系统本身或软件缺陷等问题。外围保障设施故障是指外围保障设施基本服务的丧失，具体有空调或供水系统故障、失去电力供应故障、电信设备故障等。物理攻击指通过物理的接触造成对软件、硬件、数据的破坏，具体有物理接触、物理破坏、盗窃等。物理环境影响是指对信息系统正常运行造成影响的物理环境问题和自然灾害。有关物理威胁的案例有很多，知名网站网络经常遭遇这类威胁。

2）信息安全问题

信息安全问题主要包括越权或滥用、信息假冒、信息泄露、信息篡改、抵赖风险、信息窃取、恶意代码（malicious code）等。

（1）越权或滥用。越权或滥用是指通过采用一些措施，超越自己的权限访问了本来无权访问的资源，或者滥用权限，做出破坏信息系统的行为，具体有未授权的设备使用、软件的伪造复制、非授权访问系统资源和网络资源、滥用权限非正常修改系统配置或数据、滥用权限泄露秘密信息等。

（2）信息假冒。信息假冒是冒充或盗用合法账户，获取非授权访问以及进行欺诈性认证，以达到制造欺诈信息、篡改合法信息的目的。

（3）信息泄露。信息泄露是指信息泄露给不应了解的人，具体有内部信息泄露、外部信息泄露等风险。此类风险通常由人为故意行为或意外的人为行为造成。如通过对阻止干扰信号的拦截、远程侦探、窃听、介质或文件偷窃、设备偷窃、回收或废弃介质的检索等手段损害信息。在泄露的信息中，用户账号、密码、邮箱等信息的泄露非常常见。

（4）信息篡改。信息篡改是指非法修改信息、破坏信息的完整性，使系统的安全性降低或信息不可用，具体有篡改网络配置信息、篡改系统配置信息、篡改安全配置信息、篡改用户身份信息或业务数据等。随着传统产业、应用、服务线上迁移进程的加速，网站信息篡改的威胁明显上升。

（5）抵赖风险。抵赖风险是指信息交互的参与者不承认发送或收到的信息和进行的操作与交易，可能是消息原发者否认已创建消息内容并且已发送消息的服务，这种抵赖称为原发抵赖；也可能是消息接收者否认已接收消息的服务，这种抵赖称为接收抵赖。抵赖风险可能发生在电子商务交易的前、中、后各个环节，因此抗抵赖性是电子商务相当重要的一个要求。抗（不可）抵赖性就是防止以上抵赖风险的发生，如抗原发抵赖保证了恶意发送方无法在事后抵赖其创建并发送特定消息的事实。假设甲企业创建并发送了一个购买订单给乙企业，当乙企业处理了订单并开出汇票以后，甲企业应该无法抵赖发送购买订单这一事实。为了满足抗抵赖性的要求，会同时需要消息验证和发送方身份验证。抗抵赖性主要通过数字签名和身份认证技术实现。

（6）信息窃取。信息窃取是利用网络系统的漏洞、后门或隐蔽通道入侵（intrusion）他人系统，窃取数据或机密信息等。

（7）恶意代码。恶意代码是指故意在计算机系统上执行恶意任务的程序代码，具体有病毒、逻辑炸弹、特洛伊木马（以下简称"木马"）、蠕虫、陷门、间谍软件等。

3）网络安全问题

（1）网络通信安全问题。从网络通信的角度分析，网络通信安全面临的威胁可来自被动攻击和主动攻击。被动攻击是指在不影响网络正常工作情况下，进行截获、窃听、破译以获得重要机密信息的攻击行为。攻击的目的是截获在网上传输的重要敏感信息或机密信息。信息内容的泄露和流量分析是被动攻击的两种形式。主动攻击是指对数据甚至网络本身进行恶意的破坏，包括对数据进行篡改或伪造数据流，主要有阻断、伪造、重放、消息篡改和拒绝服务等形式。其中，重放是指被动地捕获数据单元，然后按原来的顺序重新传送，从而产生未经授权的效果。拒绝服务是指阻止或禁止通信设施的正常运行和使用。

（2）移动网络安全问题。移动网络安全问题来自多个方面：①网络协议方面，在无线装置组成的 Ad Hoc 网络中，主要通过移动节点的相互协作进行网络互联，不依赖任何固定网络设施，因此攻击者可以基于这种假设的信任关系入侵协作的节点。②无线链路方面，移动通信中的数据包大都以明文或安全性较弱的加密方式传输，因此极易被窃听和破解，加之无线信号的发散性和移动通信的移动性，发现攻击者行为的难度较大。免费 Wi-Fi（无线保真）热点服务危险重重，攻击者进入免费 Wi-Fi 后可以对网络中其他用户进行嗅探，通过专业软件截获用户传输的信息。不仅如此，攻击者还可以恶意篡改 Wi-Fi 路由器的 DNS（域名系统）地址，当用户访问正常网站时，浏览器则被指向非法恶意网址，极易遭受钓鱼网站和病毒的威胁。③移动终端设备方面，由于移动设备使用方便、小巧、价值高，因此很容易丢失或被窃。另外病毒对设备的危害也很大，最严重的是手机病毒。

总体来说，网络安全问题主要来自网络攻击。网络攻击是指利用网络存在的漏洞和安全缺陷，利用工具和技术通过网络对信息系统进行攻击与入侵。攻击者可能从企业子网以外的地方向企业子网或者企业子网内的系统发起攻击。攻击者也可能来自企业内部，通过所在的局域网，向本企业的其他系统发起攻击，在本机上进行非法越权访问。企业内部人员还可能发起伪远程攻击，即为了掩盖攻击者的身份，从本地获取目标的一些必要信息后，从外部远程发起攻击，造成外部入侵的假象。网络攻击按照攻击方式可分为读取攻击、操作攻击、欺骗攻击、泛红攻击、重定向攻击以及 Rootkits 技术混合型攻击等。

2. 数据安全问题

数字经济下，数据作为关键驱动要素在电子商务企业的战略决策、市场预测、产品服务和创新、全渠道营销、供应链管理等各个方面发挥着重要作用。数据安全问题涵盖传统数据（小数据）和大数据，这里主要突出大数据安全问题。大数据的应用模式通常会使数据的所有权和使用权分离，因此产生数据所有者、提供者、使用者三种角色，数据作为重要的资产成为各方关注的焦点。由于大数据的大体量、多样性、时效性、价值性的特点使传统数据的安全和隐私保护技术受到局限或失效，数据的所有者很难像传统数据时代那样掌控和保护自己的数据，因而产生与传统数据不同的问题。

网络空间作为大数据产生、流通、应用的重要场所，在为不同行业和企业产生巨大价值的同时，往往成为网络攻击的重要对象。在新的数据防护措施不完善的情况下，对数据非法获取、使用的情况更为严重。

（1）大数据被利用成为攻击的载体。大数据挖掘和分析技术也被"黑客"用来发起攻击。

（2）存在大数据存储的安全问题、大数据传输的安全问题、大数据审计工具缺失问题、大数据内容可信性问题、大数据的隐私问题等。

（3）大数据跨境流动也存在诸多风险。电子商务和外包服务异军突起，产生大量贸易数据，这些数据在全球电子商务网络的推动下在各国（地区）之间广泛流通。但是各国（地区）个人数据保护法律的异同可能形成新的壁垒，加之不同国家（地区）在跨境数据流动上都有自己的标准和制度，使跨境数据流动面临很多问题和风险。例如，美国基于本国互联网企业的强大采取了最为宽松的监管制度和最低限度的隐私保护制度，欧洲联盟（简称欧盟）基于传统文化强调更高标准的数据流动监管和隐私保护，俄罗斯出于保守主义采取了闭关策略。

3. 商务交易安全问题

电子商务交易不仅有传统交易安全问题，也有新型交易安全问题，这些问题也是影响电子商务安全的重要风险来源。

（1）传统交易安全问题。在传统商务中，交易安全主要是站在商务主体的角度，从商务活动参与者的自身安全、利益保护及外部影响等方面进行考量的，主要包括产品质量与产品安全问题、知识产权类的技术信息和商誉品牌问题、生产流程及人员安全问题、契约履约和投融资资金安全问题、组织管理及资金平衡等自身生存安全问题等，这些问题无论哪一个都是会对企业生存发展形成致命影响的，但又是经营活动中司空见惯的，容易遭到忽视，因此应当重视。

（2）新型交易安全问题。新型交易，本书中主要指电子商务，电子商务的发展使企业商务形态发生了巨大的变化，很多商业环节和事务是以前所没有的，如网络营销、网络直播、网络数据测评等。商务模式的变革导致一些新型交易问题，如刷单、炒信、个人信息过度收集、隐私信息泄露等。也有一些活动在传统商务活动中已经开展，或者影响不够大，或者反应比较缓慢，带来的不安全影响也就不太突出，但在网络时代，商务安全的要求已经与以往有了巨大不同。

4. 信用问题

电子商务的参与者可以是个人或机构，并且可以是匿名的。电子商务交易用户的虚拟性和非面对面的交易形式，导致交易过程存在严重的信息不对称。这种不对称产生的信用问题主要来自三个方面：①买方失信。个人消费者可能使用伪造的信用卡骗取卖方商品，而机构消费者则可能存在拖延货款的可能，卖方需要为此承担相应的风险。②卖方失信。卖方不能按照承诺的质量、数量和时间给消费者寄送其购买的商品，或者不能完全履行与机构消费者签订的合同，给买方带来相应的风险。③买卖双方都失信。买卖双方都可能抵赖曾经发生过的交易。

1.1.3 电子商务安全问题产生的原因

1. 数字化转型引起的契合度问题

电子商务是大跨度经济社会整体变迁的缩影,新兴细分业态的快速发展会产生衍生风险问题。新技术的诞生和应用要求既有产业尤其是制造业和商业同步发展,相关技术领域进步的协调性要求非常之高,既要有匹配度,又要有及时性,这样迅捷、全面的系统化变迁蕴含的风险因素是空前的。传统商务活动也有安全问题,但发酵周期短、影响范围小,商务和公众事件耦合可能小,所以没有得到有效重视,网络背景下电子商务安全与以往有非常大的区别,前述几个传统商务安全问题的特征在电子商务安全中完全逆转,可能演化成更为严重的安全事件。另外,在经济形态从工业经济向信息经济转换的过程中,商务形态也从以传统的工商业活动为主向以电子商务活动为主转换,安全问题比相对稳定的商业形态下要更多。

2. 安全基础设施和安全技术缺乏

电子商务安全基础设施包括网络基础设施、系统安全基础设施、交易安全基础设施、信用安全基础设施等。它们为电子商务安全提供支撑环境,为实施电子商务系统提供服务和决策支持。这些基础设施的缺少给电子商务安全带来较大安全隐患。

中国乃至全球的电子商务成长速度都远超业界的预期,这种成长速度对配套的相关管理和基础设施都提出了难以企及的要求,因而可以说电子商务安全问题的严重性、紧迫性与基础设施和相关技术的缺乏紧密相关。

3. 电子商务治理思维与模式不匹配

(1) 重安全技术、轻安全管理。目前,电子商务治理思维偏重技术安全,包括设备安全、数据安全、软硬件的安全属性、网络通联状态等,也重视以系统运行稳定性为核心的各类硬件、软件和系统运行管理的安全,但总体上重安全技术、轻安全管理,尤其忽视与电子商务核心领域相关的商务安全的管理。

(2) 传统治理体制与电子商务安全需要不匹配。互联网的兴起促进电子商务的勃兴,互联网早期是科研领域的信息传输方式,因此政府更多地将之作为基础设施进行建设,乃至后来逐步拓展到通信、商务、社会服务等领域,互联网的治理思维才从单一行政管理向多元治理逐步转变。但同时,电子商务安全要求有最终裁决者,分散、制衡的治理体制与电子商务的安全需要方向存在较大的夹角,因此需紧随网络经济、信息经济变迁的步伐,改革传统治理体制。

4. 电子商务安全基础环境不健全

电子商务安全基础环境的不健全表现在电子商务安全标准体系的建设滞后。电子商务的发展日新月异，新业务、新商务模式、新技术层出不穷，但电子商务相关的安全标准和协议还不完善。另外，目前我国没有一个完整的、具有指导意义的规范性法律法规来限定电子商务中的不安全行为，2019年颁布实施的《中华人民共和国电子商务法》（以下简称《电子商务法》）在某种程度上缓解了这一窘境，但与电子商务安全管理的制度需要尚有距离。需要注意的是，电子商务安全管理制度还有待继续完善，如电子商务市场的准入和退出制度、电子商务产品质量监督管理体系、电子商务信用体系等。

1.2 电子商务安全内涵

电子商务安全是一个系统而广泛的概念，电子商务的各个方面、各个环节都存在安全问题。为了准确把握"电子商务安全"，首先对电子商务安全相关的概念进行探讨。

1.2.1 电子商务安全相关概念

电子商务安全是由"电子商务"和"安全"两个概念组成的复合概念，下面在对"电子商务"和"安全"的概念进行分析的基础上，对电子商务安全的概念进行界定。

1. "电子商务"的概念

电子商务从萌芽到兴起，从勃兴到占据商务活动主渠道，演进迭更。伴随着电子商务的发展，曾经有多个国际组织、政府、企业和专家学者从不同角度对电子商务进行了解释，目前尚未形成一个公认的统一的定义。《电子商务法》第2条定义的电子商务，"是指通过互联网等信息网络销售商品或者提供服务的经营活动。"第2条第2款将"金融类产品和服务，利用信息网络提供新闻信息、音视频节目、出版以及文化产品等内容方面的服务"排除在《电子商务法》所称的电子商务之外。本书认为，以信息网络为基础媒介的商品化的物质产品、非物质服务和涉及产权的交易活动，全部是电子商务，因而所有通过、依靠、基于或借助信息网络实现的商务活动均可纳入电子商务范畴进行考察。

2. "安全"的概念

（1）汉语中的"安全"。古代汉语中没有"安全"一词，但"安"字却在许多场合下表达着现代汉语中"安全"的概念，表达了人们通常理解的"安全"这一概念。例如，"是故君子安而不忘危，存而不忘亡，治而不忘乱，是以身安而国家可保也"（《周易·系辞下》）。这里的"安"是与"危"相对的，并且如同"危"表达了现代汉语的"危险"一样，"安"所表达的就是"安全"的概念。

"安全"作为一个现代汉语的基本词语，在各种现代汉语辞书中的解释基本相同。例如《现代汉语词典》（第7版）对"安全"的解释是："没有危险；平安"。《辞海》对"安"字的第一个释义就是"安全"，并在与国家安全相关的含义上举了《国策·齐策六》的一句话作为例证："今国已定，而社稷已安矣。"除此之外，在标准中也有对"安全"的界定。

（2）英文中的"安全"。汉语中的"安全"翻译成英文时，可以与其对应的主要有safety和security两个单词，虽然这两个单词的含义及用法有所不同，但都可在不同意义上与中文的"安全"相对应。在谈到国家安全时经常使用security，且认为安全具有两方面的含义：一方面是指安全的状态，即免于危险，没有恐惧；另一方面是指对安全的维护，即安全措施（security measure）和安全机构。

在这里，计算机信息系统安全、计算机系统安全、信息安全、网络空间安全等词汇中的安全在英文中通常使用security，而不是safety。电子商务安全与信息安全、网络安全密切相连。从课程起源看，"电子商务安全"起源于"密码学与网络安全"，没有密码学理论和网络安全技术，当今的电子商务就失去了技术基础。因此一直以来，电子商务安全的基础内容是以密码学与网络安全为主，基于这一点，本书使用security。

综上所述，无论是中文的"安全"还是英文的security，都表示一种存在的状态，即表示免于危险或没有危险的状态。

安全与危险是相对立的概念，安全的特有属性就是没有危险。而且这种没有危险的状态是不以人的主观意志为转移的，因而是客观的。没有危险的客观状态是一种属性，因此它必然依附一定的实体。当安全依附于人，便是人的安全；当安全依附于电子商务，便是电子商务安全；当安全依附于数字经济，便是数字经济安全；当安全依附于国家，便是国家安全。这样一些承载安全的实体，就是安全的主体。因此可以进一步说，安全是主体没有危险的客观状态。其中，没有危险包括了没有外在威胁和没有内在危险两个方面。有人认为,安全既是一种客观状态,也是一种主观状态。本书认为,安全作为一种状态是客观的,是不以人的主观愿望为转移的客观存在。而安全感则与安全不同,安全感是安全主体对自身安全状态的一种自我意识、自我评价。这种自我意识和自我评价与客观的安全状态有时一致,有时可能相去甚远。例如,有人虽然在安全的状态下,但是感觉很不安全;也有人身处危险境地,却对危险视而不见,认为自己很安全。

3. 电子商务安全的概念

安全是有主体的,当安全的主体是电子商务时,便构成了电子商务安全。可以说电子商务安全就是使电子商务处于没有风险的客观状态。这里的风险泛指危险,安全管理的对象是风险,安全的特有属性就是没有风险。

电子商务要达到没有风险的客观状态并非易事。数字经济下万物互联互通,电子商务安全不是一个企业的安全,因为针对企业的攻击很容易通过互相连接的紧密网络迅速蔓延到其他个体,独立个体的威胁很容易转变为对整个电子商务生态系统的巨大威胁,形成难以应对的系统化风险。因此电子商务安全的主体是电子商务整体,是电子商务全链条、全流程和全环节,是整个电子商务生态系统,而不是电子商务局部或部分。首先,数字经济下电子商务的威胁方已发生变化,由原来独立的"黑客"和病毒制作者转变为有组织的黑灰产组织。这些组织具有专业化和国际化的特点,同时内部组织严密、运作效率高,高频且规模化的攻击越来越常见,给企业和政府造成巨大的外部威胁。其次,电子商务还面临来自内部的隐患,隐患可能是内部安全技术的短板,也可能是安全管理能力的不足。网络复杂程度的增加,对安全防空技术和体系提出了更高的要求,传统针对独立个体和企业的局部网络难以应对当前复杂且成规模的黑灰产的威胁,需要从一般局部防御向一体化攻防体系转变。而在安全能力方面,不能只是简单地进行安全修补,而应实现风险检测、预警和修复的自动化,构建全面的防护体系、制定完善的安全策略。

因此,本书认为,电子商务安全就是通过持续对电子商务危险识别和风险管理(risk management)的过程,将参与电子商务全流程的人员伤害或财产损失的风险降低并保持在可接受的水平或其以下的一种状态。这里所指的风险覆盖电子商务的整个流程,涉及电子商务的全部参与者、各类软硬件设施、内外部运行环境,包括但不限于信息与网络风险、交易风险、信用风险、人员风险等,这是电子商务普遍存在的,最为基础、最为关键的几类风险。

1.2.2 电子商务安全的构成

电子商务由多环节、多系统的众多内容构成，其蕴含的风险与这些内容相伴相随，安全问题的内容也相应地来自这些细分领域或环节。

1. 物理安全

电子商务体系必须与各类客观资源联通才能形成有效的产品或服务供给，网络产品供应商的设施、设备、厂房等，也是电子商务安全的关注对象。

2. 信息与网络安全

电子商务的顺利开展必须依托网络信息系统，在传统的商务安全内容之外，网络涉及服务器、通道、客户端，信息则包括（大）数据、资料、客户的身份信息和隐私，这也是电子商务安全必然的内容。

3. 交易安全

电子商务安全的内容首先是交易，即买卖，电子商务是商务活动的一种形态，但是电子商务过程具有繁复和非现场的特性，交易的整个过程都会产生安全问题，因此交易安全必然是电子商务安全的核心内容。

4. 信用与法律

市场交易离不开信用，市场离不开规则，如关于产品质量、数量及技术瑕疵等方面规则；同时，网络信息系统也是在一系列的规则和协议规范之下运行的，因此信用与法律也是电子商务安全需要重视的问题。

5. 人员安全

电子商务是依托网络信息系统的，其运行离不开人员，参与人员会面临人身安全问题，比如说健康问题、服务过程伤害等，因此，人员安全也是电子商务安全必然的内容。

总体上，在所有安全问题中，电子商务安全特别要关注信息与网络安全以及交易安全，这是电子商务安全与网下商务安全的主要差别点，也是电子商务安全问题的高发领域。

1.2.3 电子商务安全的特点

1. 系统化

电子商务体系一经确立，就会形成比较稳定的结构关系，但它是一个开放的系统，其存在和发展有赖于与外界不断进行的物质、能量和信息的交换。电子商务与线下的商务活动相同，最基本的活动过程是由许许多多的主体共同落实完成的，各主体主要通过交易、协作、竞争等方式来参与，并承担相应的任务和职能。与线下商务活动存在显著差别的是，电子商务的结果更趋于总体共同努力形成，任何子系统的变化均会影响其他系统的变化，部分群体的逆向选择或道德风险会严重影响总体的绩效和安全。因此，电子商务安全应当是以整个系统的安全为核心目标，在系统安全的整体目标下，对应实现各参与主体的生命财产与运行安全。

2. 动态化

电子商务安全总是与技术的迭代更新、内外环境和条件的变动相联系，在与现代信息技术和管理的博弈中维持着一种相对稳定的安全状态。例如大数据技术将电子商务活动以数字形式进行记录及呈现，为风险防范提供了新的技术和方法，同时信息权、数据权的界定不清又为数据滥用、信息泄露和各种侵权行为提供了可乘之机。而相关立法的滞后性和被动性，导致新型威胁与安全防护难以同步。这不仅要求转换管理思想，提升安全意识，更需要与安全相关的技术、组织机构、管理流程达到匹配。

3. 相对化

电子商务安全是相对的安全，因为没有绝对的安全。首先，电子商务系统，无论是硬件系统还是软件系统都是人设计出来的，也是由人操作、使用和管理的，没有任何安全问题的电子商务系统是不存在的。其次，没有必要追求一个绝对永远攻不破的系统，因为任何电子商务的安全措施都有成本和代价，电子商务安全需要考虑代价问题。速度、便捷性和安全是矛盾的统一体，不能只注重速度和便捷性而忽略安全，也不能只注重安全而不考虑便捷性。无论是安全技术提供者还是管理者都应综合考虑这些因素，寻找其最佳平衡点。

1.2.4 电子商务安全的地位

1. 电子商务安全是国家经济安全的重要组成部分

一个国家的安全很大程度上依赖于这个国家的经济实力，而电子商务安全是影响国家经济安全的重要因素之一。

（1）电子商务是国家经济安全的重要保障。电子商务作为我国经济发展的新动力、新引擎，大大加快了我国信息网络基础设施的建设和发展，增进了互联网与各个行业的深度融合，进一步促进了传统行业的转型升级和行业间的跨界发展，为我国经济高质量发展赋能。特别是在新型冠状病毒感染疫情期间，电子商务为国家抗疫和防疫、企业复工复产、社会公民恢复正常生活提供了有力帮助，成为防止经济发展下滑风险的重要保障力量。

（2）电子商务安全直接影响国家经济安全。电子商务网络成为"黑客"、恐怖主义的攻击目标，给国家安全带来了新的威胁。近几年破坏电子商务计算机信息系统、伪造或盗用账户、电子商务诈骗、侵犯电子商务秘密、电子商务中侵犯公民个人信息、电子商务中侵犯知识产权等犯罪呈高发态势。另外，大型电子商务平台在资本的助推下产生的垄断问题日益严重。这种垄断行为和不正当竞争行为破坏了公平竞争的市场秩序，不仅严重损害消费者的切身利益，而且不利于电子商务和国家经济的健康发展。可以看出，由于电子商务与国家经济深度融合、密切相关，电子商务安全与否对于国家经济是否平稳运行、能否抵抗危机非常重要。

2. 电子商务安全是企业安全的重要组成部分

电子商务安全是整个电子商务链条上所有企业安全的重要组成部分。电子商务安全对于电子商务平台运营企业和电子商务供应商具有特殊意义。电子商务平台运营企业是基于网络信息系统和互联网运行的企业，属于典型的"互联网+"企业，其安全问题主要与网络信息系统安全关联，还有大量的合规合法问题。电子商务供应商充分运用或服务于互联网，此类企业更多属于"+互联网"。首先，其安全风险和网下普通企业类似，主要表现在产品质量和自身生产运营的安全。其次，因为其在网络上开展市场营销活动，其安全问题也更多地与网络有关。另外，在数据驱动、产业互联的推动下，整个产业链中各企业唇齿相依、脉脉相通。企业安全事件一旦发生，不仅直接威胁企业的生存和发展，也可能影响社会公众的隐私及利益，更有甚者可能危及国家安全。

3. 电子商务安全是消费者安全的重要保障

在电子商务飞速发展的今天，通过电子商务完成基本消费支出，实现生活服务的购买，是非常普遍的现象，各类机构组织也通过网络消费过程实现机构运行的基本资料的获取。

（1）电子商务安全保障个体消费者的安全。电子商务环境下，普通个体消费者通过网络实现生活消费的重要内容，安全主要体现在其自身生命安全、个人及财务信息安全、产品质量导致的健康安全问题，当然由此导致的沟通、纠纷处置等安全问题也需要考虑。

（2）电子商务安全保障机构消费者的安全。机构消费者通过网络进行各种必需资源的采购，包括工具、耗材、短期服务等，他们在消费过程中与普通个体消费者并无显著差异，但其安全问题一旦爆发带来的后果放大系数可能更大。

因此，电子商务安全对个人隐私和财产的安全、组织机构的正常运作和持续发展、国家经济安全等方面都具有重要影响，是国家整体安全至关重要的组成部分。

1.3　电子商务安全要素

电子商务安全要素是决定电子商务安全最为关键的因素。

1.3.1　电子商务安全要素的内容

1. 保密性

保密性通常是指只有发送方和接收方才能访问信息的内容，非授权人员不能访问。在电子商务交易中，涉及的商业机密、个人信息等均有保密的要求。电子商务经营主体应当建立健全内部控制制度和技术管理措施，防止信息泄露、丢失、毁损，确保电子商务数据信息安全。

2. 完整性

完整性是防止未授权信息的生成，防止信息在存储和传输过程中丢失、重复及非法用户对信息的恶意篡改。

3. 认证性

认证性也可称为真实性，即通过可靠的认证机制来确保对方身份和信息来源是真实的。电子商务中由于交易双方无法见面，假冒者或攻击者会伪造身份或信息，因此安全交易的前提是交易双方的身份或信息是真实的，这可以由可靠的认证机制来保障，通常需要第三方的介入。认证包括对信息本身的认证和对实体的认证。对信息本身的认证用于确认信息是否来源于声称的某个实体，而不是伪造的。对实体的认证可确定交易双方身份的真实性。

4. 可控性

可控性又称为访问权限的控制，这是一种按照事先设定的规则确定主体对客体的访问模式是否合法的安全机制，以此来保证系统、数据和服务是由合法人员访问，保证数据的合法使用。

5. 不可否认性

不可否认性又称不可抵赖性，是防止通信或交易双方对收发过的信息或业务进行否认。电子商务系统应保证交易一旦达成，发送方不能否认发送的信息，接收方不能篡改他收到的信息，保证交易双方对已发生的交易无法抵赖，防止商业欺诈行为的发生。

6. 可用性

可用性是指保证信息和信息系统在访问者需要时可随时为授权者提供服务，避免服务的中断，哪怕是短暂性的。例如像淘宝、天猫、京东等大型的电子商务平台发生故障或受到攻击，哪怕是几分钟的服务中断都将导致上千万次的交易无法进行，从而给平台或商家造成较大损失。

7. 匿名性

匿名性是确保合法用户的隐私不被侵犯。电子商务系统应防止交易过程被跟踪，防止用户个人信息的泄露，确保交易的匿名性。

8. 可信性

可信性是指交易双方在交易身份真实可靠的基础上，保障其交易行为是可信的。例如交易的产品或服务质量、配套服务及售后等是否与承诺的一致。可信性需要完善的信用评价体系，以降低电子商务交易的不确定性、高度动态性、交易用户虚拟性及电子商务技术与管理局限性等给交易双方带来的风险。

9. 合规合法性

合规合法性是指电子商务的各参与方的活动符合国家相关的标准、法律、法规。

1.3.2 电子商务安全需求

1. 运行角度安全需求

电子商务是多种技术和服务的集合体，从逻辑上可将电子商务体系分为网络层、支付层、交易层，不同的逻辑层次产生了不同的安全需求。

（1）网络层安全需求。认证性、可控性、保密性、完整性、可用性、不可否认性、合规合法性。

（2）支付层安全需求。保密性、匿名性、认证性、不可否认性、合规合法性。

（3）交易层安全需求。可信性、保密性、完整性、可用性、不可否认性、合规合法性。

在以上逻辑层次中，网络层是基础层，必须为电子商务实现提供更加稳定的网络环境，对网络的可用性需求高。支付层涉及隐私信息，如用户名、账号、密码等，对保密性和匿名性需求高。交易层由于电子商务具有的虚拟性和身份不确定性，对可信性需求高。

2. 参与主体安全需求

电子商务安全要素体现了电子商务安全最核心的几个组成部分，在不同的电子商务模式下，交易的流程和参与方有所不同，如C2C（消费者对消费者）、B2C（企业对消费者）、B2B（企业对企业）等。下面主要以B2C电子商务模式为例，介绍消费者、商家和政府对电子商务安全要素的需求，具体需求分析见表1-1、表1-2、表1-3。

表1-1 消费者安全需求

安全需求	消费者角度
保密性	我的信息没有被我指定的接收方之外的其他非授权者读取
完整性	我发出或接收的信息没有被篡改或重放
认证性	确保和我交易的人或商家就是他所声称的那个
可控性	我怎样获得访问该网站的权利，我具有哪些权利，我需控制个人信息的使用
不可否认性	和我交易的对方不能否认曾经进行过的交易
可用性	在我需要使用电子商务网站或平台时，随时都可以使用
匿名性	我的信息不被泄露，我的交易不能被跟踪
可信性	无不良消费记录，没有恶意评价
合规合法性	消费行为符合相关的法律法规

表1-2 商家安全需求

安全需求	商家角度
保密性	信息或机密数据不能被非授权者读取
完整性	信息系统或网站上的数据没有被未授权者生成、修改或删除，信息被安全地存储和传输
认证性	确保消费者的真实身份
可控性	保证信息系统或网站正常运营，保证授权用户对系统资源和服务的使用，对用户个人信息和数据的收集与使用应控制在合理范围内
不可否认性	消费者不能否认曾经订购过产品，交易对方不能否认发生的交易
可用性	保证随时可以为用户提供所需的信息或服务

续表

安全需求	商家角度
匿名性	确保交易的匿名性、不可跟踪性，确保合法用户的隐私权
可信性	信誉度好，商品无质量问题，提供的服务与承诺的一致，无刷单、炒信行为
合规合法性	依照国家的相关法律法规生产和经营，采取有效措施保护平台或信息的安全

表1-3 政府安全需求

安全需求	公共管理角度
保密性	信息或机密数据的合法上传、读取和传输
完整性	信息被安全地存储和传输，传输系统未受到严重篡改
认证性	确保参与各主体的真实合法身份
可控性	保证信息系统正常运营，对用户个人信息和数据的收集与使用合法
不可否认性	交易双方不能否认发生的交易
可用性	保证系统安全，可以适时为用户提供所需的信息或服务
匿名性	确保交易的不可跟踪性，确保合法隐私权
可信性	参与各方均应尊重爱护自身信誉，无失信行为
合规合法性	遵照国家法律法规，无不良政治企图，无违反社会公序良俗的行为

【本章小结】

电子商务面临前所未有的安全威胁，本章从电子商务安全现状出发，总结电子商务几类典型的安全问题，并分析这些问题产生的客观和主观的原因。然后在阐释电子商务和安全概念的基础上，分析电子商务安全的内涵并予以界定。分析电子商务安全的构成、自身的特点以及电子商务安全对于国家经济安全、企业安全、消费者安全的重要性。要想实现电子商务安全，首先要保证电子商务安全要素的安全，本章总结了九类安全要素，并从运行角度及参与主体两个角度分析对这些安全要素的具体需求。

【思考题】

1. 结合案例谈谈电子商务面临的主要安全威胁。
2. 分析电子商务安全与传统商务安全的异同点。
3. 简述电子商务安全对国家经济安全的重要性。
4. 分析电子商务安全与发展的关系。
5. 结合例子简要分析电子商务安全要素。
6. 结合实例分析商家和消费者的安全需求。

第 2 章 电子商务安全体系与框架

【学习目标】

1. 了解电子商务安全体系结构，能简要说明商务安全体系结构内容。

2. 熟悉电子商务系统安全结构，能分析电子商务系统安全的结构和内容。

3. 掌握电子商务安全体系结构，能对两种体系结构进行比较分析。掌握电子商务安全框架中的目标价值、技术体系和规则体系、实施保障、治理对象的内容，并能结合实际分析和运用。

【能力目标】

1. 了解电子商务安全中常用的安全技术与管理方法，能全面认识二者在电子商务安全中的作用。

2. 熟悉管理与治理的概念，能对比分析这两个概念的区别和联系。

3. 掌握电子商务安全体系结构、电子商务安全框架，能在相关研究和项目设计中进行运用。

【思政目标】

1. 了解国家安全的产生与发展，思考新时期提出总体国家安全观的背景和现实意义。

2. 熟悉习近平总体国家安全观和命运共同体的论述。能树立总体国家安全观的意识，把总体国家安全观贯穿在生活、学习和相关活动中。

3. 掌握总体国家安全观的含义，能分析总体国家安全观下的电子商务安全框架的现实意义，坚持总体国家安全观，并在实际中落实总体国家安全观。

【思维导图】

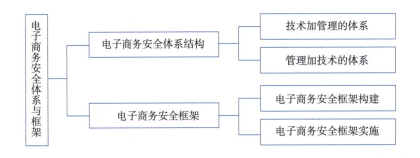

【导入案例】

国内大数据产品不正当竞争第一案

淘宝开发和运营阿里巴巴卖家端"生意参谋"零售电商数据产品。该数据产品在收集网络用户的行为痕迹所产生的原始数据的基础上，经过分析处理、整合加工，为淘宝网、天猫商家提供趋势图、排行榜、占比图等形式的预测型、指数型、统计型数据信息，为商家的店铺运营提供数据化参考。美景公司开发和运营"咕咕互助平台"软件和"咕咕生意参谋众筹"网站，并在"咕咕生意参谋众筹"网站上推广"咕咕互助平台"软件，教唆、引诱已订购淘宝"生意参谋"产品的淘宝用户下载"咕咕互助平台"软件，通过该软件分享、共用子账户，并从中牟利。

资料来源：人民法院报。

【讨论题】

1. 网络数据技术在当前受到了怎样的规范？
2. 在此案例中，电子商务安全框架构建需要注意什么问题？
3. 美景公司的行为造成了什么不良影响？
4. 在此案例中，淘宝后续电子商务安全技术体系结构需作出什么样的调整？

我国电子商务已深度融入生产生活各领域，在经济社会数字化转型方面发挥了举足轻重的作用。"十四五"期间，应以习近平新时代中国特色社会主义思想为指导，全面贯彻党的十九大和十九届历次全会精神，立足新发展阶段，加强电子商务安全技术，提升电子商务安全管理能力，为电子商务高质量发展提供有力保障。

2.1 电子商务安全体系结构

保证电子商务信息网络系统的安全，这是电子商务安全的基础；保证在相应系统中开展的商务活动的安全，即电子商务交易的安全，这是电子商务安全的核心。基于电子商务安全产生的渊源，目前较多使用的是以技术为主线的安全体系，这种体系也强调管理的重要性，但在实际运行中，往往将技术放在重要的地位，而没有真正发挥管理的重要作用。随着人们对电子商务安全认识的变化，管理在电子商务安全中的重要性进一步提升，出现了以管理为主线的安全体系。下面分别介绍这两种安全体系。

2.1.1 技术加管理的体系

电子商务安全是一个系统工程，从整体可分为两个层次，即计算机网络安全和电子商务交易安全。计算机网络安全可保障电子商务信息网络系统的计算机设备、系统软件平台和网络环境无故障运行，并且不受外部入侵和破坏。这个层次主要保障电子商务基础设施的安全，因此更多地体现为一种技术支撑和技术保护。电子商务交易安全是在计算机网络安全的基础上通过一系列技术措施保障电子商务过程顺利进行。从技术角度说，电子商务交易安全实质是计算机网络与信息安全在交易过程的延伸，是针对电子商务交易过程特有的要求，利用加密技术、安全认证技术和交易协议共同实现其安全目的，而加密技术和安全认证技术本身也是计算机网络安全技术的一部分。

1. 电子商务系统安全结构

电子商务系统是指运行电子商务的一种计算机信息网络系统，其安全由实体安全（又称物理安全）、运行安全、信息安全构成。

（1）实体安全。实体安全是保护计算机设备、设施及其他媒体免遭地震、水灾、火灾、有害气体和其他环境事故破坏的措施、过程。实体安全是电子商务安全的最基本保障，是整个安全系统不可缺少的组成部分。实体安全主要包括环境安全、设备安全、媒体和数据安全。环境安全主要是对电子商务系统所在的环境实施安全保护，如区域保护和灾难保护等。设备安全是指对电子商务系统的设备进行安全保护，主要包括设备的防盗、防毁、防电磁信息辐射泄露、防止线路截获、抗电磁干扰及进行电源保护六个方面。媒体和数据安全是指对媒体本身和媒体数据进行安全保护。电子商务系统的媒体中存放着大量机密敏感的数据，这些数据是电子商务企业运营时的重要信息。数据安全是指对电子商务数据实施安全存储、安全删除和安全销毁，防止数据被非法复制。

（2）运行安全。运行安全即为保障系统功能的安全实现，提供一套安全措施来保护信息处理过程的安全。其主要由四个部分组成：风险分析、审计跟踪、备份与恢复、应急措施。

风险分析就是指对电子商务系统进行人工或自动的风险分析。通过对系统进行动态分析、测试、跟踪并记录系统的运行，以发现系统运行期间的安全漏洞。通过对系统进行静态分析，以发现系统潜在的威胁，并对系统的脆弱性作出分析。审计跟踪是指记录和跟踪系统各种状态的变化，保存、维护和管理审计日志，如记录对系统故意入侵的行为。备份与恢复是指对系统设备、系统数据的备份和恢复。备份与恢复可以使系统在紧急事件或安全事故发生时，提供保障电磁系统继续运行或紧急恢复所需要的策略。应急措施就是提供在紧急事件或安全事故发生时，保障电子商务系统绩效运行或所需的策略。策略包括应急计划和应急设施。由于紧急事件往往会给企业的资产和资源造成严重损坏，甚至是无法恢复的后果，因此需针对突发或意外的事件制订应急计划，提供实时和非实时的应急设施。

（3）信息安全。信息安全即指防止信息被故意或偶然地非授权泄露、更改、破坏或使信息被非法的系统辨识、控制，也就是要确保信息的完整性、保密性、可用性和可控性。信息安全主要由七部分组成：操作系统安全、数据库系统安全、网络安全、病毒防护、访问控制、数据加密和鉴别。

此处的操作系统安全是指对电子商务系统的硬件和软件资源进行有效控制，能够为所管理的资源提供相应的安全保护。其可以是以底层的操作系统所提供的安全机制为基础构建安全模块，也可以是完全取代底层操作系统，目的是为建立安全信息系统提供一个可信的安全平台。数据库系统安全是指对数据库系统所管理的数据和资源提供安全保护。网络安全是指提供访问网络资源或使用网络服务的安全保护。病毒防护是指通过建立系统保护机制来预防、检测和消除计算机病毒。访问控制是要保证系统外部用户或内部用户对系统资源的访问以及对敏感信息的访问方式符合组织安全策略，主要包括出入控制和存取控制。数据加密主要涉及数据的加密和密钥的管理。鉴别主要包括身份鉴别和信息鉴别。

2. 电子商务安全控制体系结构

电子商务安全控制体系结构不仅是保证电子商务数据安全的一个完整的逻辑结构，同时也为电子商务交易过程的安全提供了基本保障。电子商务安全是建立在安全的物理设备、安全操作系统、安全数据库、密码技术、数字签名、身份认证和信息认证、安全网络和安全应用协议之上的。电子商务安全控制体系结构包括安全基础层、加密控制层、安全认证层、安全协议层、应用系统层以及安全管理，如图 2-1 所示。

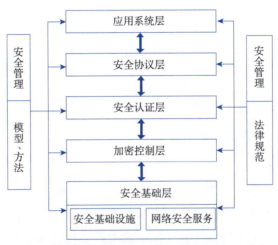

图 2-1　电子商务安全控制体系结构

1）安全基础层

互联网是电子商务系统的基础，网络本身的安全是电子商务安全的基本保证。电子商务系统是依托网络实现的商务系统，需要利用互联网基础设施和标准，因此由安全基础设施和安全通信服务构成的安全基础层是电子商务安全控制体系结构的底层。安全基础设施主要提供计算机网络安全，包括物理设备、安全操作系统、安全数据库系统等，这些是各种电子商务应用系统的基础，它们提供信息传输的载体和用户接入的手段。另外，该层还提供安全通信服务，以保证网络最基本的运行安全，具体包括网络漏洞扫描、入侵检测、病毒防范、内容识别、访问控制、防火墙（firewall）技术、安全审计等。但是为确保电子商务系统全面安全，必须建立完善的加密技术和认证机制。

2）加密控制层

密码技术是保证电子商务系统安全所采用的最基本的安全措施，是满足电子商务对保密性要求行之有效的安全手段。加密控制层采用各种加密技术对通信中的信息进行加密保护，防止信息被外部窃取或破坏。可以使用的加密体制有对称加密体制和非对称加密体制。目前常用的对称加密算法有分组密码和流密码。常用的分组密码有数据加密标准（Data Encryption Standard，DES）、三重DES、高级加密标准（Advanced Encryption Standard，AES），常用的流密码有RC4、RC5、SEAL（简单加密运算库）等。常用的非对称加密算法有RSA（由三位开发者Ron Rivest、Adi Shamir和Leonard Adleman的姓氏首字母组成）公钥密码体制、Diffie-Hellman密钥交换算法、ElGamal算法等。在实际中也可以将两种加密技术结合起来使用。

3）安全认证层

仅有加密技术不足以保证电子商务应用和交易的安全，安全认证层对加密技术层提供的多种加密算法进行综合运用，进一步满足电子商务对完整性、抗抵赖性、可靠性的要求；主要采取身份认证手段进行安全保证，包括数字摘要、数字签名、数字时间戳、数字证书、认证机构（CA）等。

4）安全协议层

为了保证电子商务的顺畅运行，除了各种安全控制技术之外，还需要配备一套完善的安全协议。安全协议是加密控制层和安全认证层的综合运用，为电子商务安全交易提供保障机制和交易标准。不同的安全协议其复杂性、所需的开销和安全性各不相同。而不同的应用环境对协议目标的要求也不相同。目前比较成熟的安全协议包括SHTTP（安全超文本传输协议）、安全套接层（Secure Socket Layer，SSL）协议和安全电子交易（Secure Electronic Transactions，SET）协议。

5）应用系统层

应用系统层由支付型业务系统和非支付型业务系统组成，包括B2B、B2C、B2G（企业对政府）等各类电子商务应用系统及商业的解决方案。基于以上安全技术层次提供的安全措施，应用系统层就可以满足电子商务对机密性、完整性、匿名性、抗抵赖性、有效性、可靠性的安全需求。

用于保证电子商务的安全控制技术很多，层次各不相同，但并非把所有安全技术简单地组合就可以得到可靠的安全。从图2-1的层次结构可以看出，下层是上层的基础，为上层提供技术支持；上层是下层的扩展与递进，各层次之间相互依赖、相互关联构成统一整体，各层通过控制技术的递进实现电子商务的安全。

6）安全管理

电子商务安全是涵盖技术因素和管理因素的一个综合体系，不仅包括相应的管理模型，还需要管理基础环境的保障。

（1）管理模型。电子商务安全涉及人、过程和技术三种因素，并在安全策略的指导下由防护（protection）、检测（detection）、响应（response）、恢复（recovery）四个部分构成一个动态的信息安全周期，如图2-2所示。图2-2所示的模型既涉及与电子商务安全相关的各种因素，又指出确保电子商务系统安全的各个环节。

图2-2 电子商务安全的管理模型

安全策略是指在系统内用于所有与安全活动相关的一套规则，这套规则由系统中一个安全权力机构建立，并由安全控制机构来描述、实施和实现。它为安全管理提供管理方向和支持手段。

对电子商务安全程度起决定性影响的是人、过程和技术。电子商务交易的主体是人，人作为一种实体在电子商务的运行和交易过程中存在，对电子商务安全产生重要影响，是最重要的因素。电子商务的运行过程包括操作过程和交易过程，应该有严格的制度来规范这些过程中的各种操作行为，从制度上杜绝可能发生的安全隐患。技术因素对电子商务安全的影响是最直接的，不恰当的系统设计、不正确的参数配置都是电子商务系统最直接的隐患。因此必须重视从技术上保障系统的安全可靠。在这三种因素中，人和过程与管理有关，因此可将这三种因素划分为技术因素和管理因素。一个系统的整体安全性取决于它最薄弱的环节，因此在安全管理中不能放过任何一个薄弱环节。

安全防护环节中的防护是对系统已知的所有安全问题（漏洞），通过采取有效措施，如数据加密、数字签名、身份认证、漏洞扫描、访问控制、防火墙、防病毒软件以及打补丁等来阻止可能发生的攻击，它是安全防护的关键部分。检测是利用检测工具，如入侵检测工具找出发生的入侵。响应是一个入侵事件发生后进行的处理，具体包括应急响应和其他事件处理。其他事件处理主要包括咨询、培训和技术支持等。恢复是当安全事件（攻击）发生后，将系统恢复到原来或比原来更安全的状态，具体包括修补恢复系统和找回丢失的数据等工作。防护、检测、响应、恢复这四个环节不是孤立的，而是相互转换的。可以看出，及时的检测和响应、及时的检测和恢复对安全来说相当重要。

（2）管理基础环境。电子商务就其本质来说还是交易，电子交易活动强调对交易风险的规范性控制。因此电子商务安全与法律、标准、行业公约、企业规章、交易规则与协议、道德、政策等关系密切，这些可以统称为规范。规指尺规，范指模具，"规""范"初始的意思是指对物或料的约束器具，规范的引申意思是对思维和行为的约束力量。政策作为规范性文件，在这里也被包括在规范的范围之内。这些规范在不同程度上和不同范围内保障着电子商务安全。

①法律。法律包括法律、行政法规、部门规章、地方法规、国际条约、司法解释等。法律是指全国人民代表大会及其常委会制定的法律以及对法律的解释。行政法规是指国务院为执行宪法和法律而制定的法律规范。部门规章是指国务院各部、委根据法律和国务院行政法规，在本部门的权限范围内制定的法律规范。规范性文件俗称"红头文件"。地方法规是指省、自治区、直辖市和较大的市的人民政府根据法律、行政法规和本省、自治区、直辖市的地方性法规制定的法律规范。国际条约是国际法主体之间以国际法为准则为确立其相互权利和义务而缔结的书面协议。国际条约也可称为公约、协定、协定书、宪章、签约和宣言等。我国签署批准的国际条约属于我国法律的组成部分。司法解释是最高审判机关和最高检察机关对法律适用情况进行的解释。

②标准。《标准化工作指南 第1部分：标准化和相关活动的通用术语》（GB/T 20000.1—2014）对"标准"的定义是：通过标准化活动，按照规定的程序经协商一致制定，为各种活动或其结果提供规则、指南或特性，供共同使用和重复使用的文件。

③行业公约。行业组织是行业内成员基于共同利益所组成的一种民间性、非营利性的社会团体。行业公约也称为行业自律公约，又称行业自主管理公约、公契，是指行业自律组织为了行业成员的共同利益、保障本行业的持续健康发展而制定的对全体行业自律组织的成员具有普遍约束力的行为规范，它是行业自律管理中普遍存在的一种规范性法律文件。

④企业规章。企业规章是企业用于规范企业全体成员及企业所有经济活动的

标准和规定，它是企业内部经济责任制的具体化。企业规章对本企业具有普遍性和强制性，任何人、任何部门都必须遵守。企业规章的制定要以《中华人民共和国劳动法》为具体依据，不能出现违背相关法律条款。

⑤交易规则与协议。交易规则是指电子商务经营者制定的电子商务交易过程中各方必须遵守的规定和缔结的协议，主要指电子商务平台经营者制定的交易规则和服务协议，而平台内经营者与消费者都会参与规则或条款的制定。协议的意思是共同计议、协商产生的文件。产生的文件称为协议书，即社会集团或个人处理各种社会关系、事务时常用的"契约"类文书，包括合同、议定书、条约、公约、联合宣言、联合声明、条据等。计算机网络中的协议（protocol）是网络协议的简称,网络协议是通信计算机双方必须共同遵从的一组约定。只有遵守这个约定，计算机之间才能相互通信交流。它的三要素是：语法、语义、时序。为使数据在网络上从源到达目的，网络通信的参与方必须遵循相同的规则，即协议，它最终体现为在网络上传输的数据包的格式。

⑥道德。道德是指规定人们在相互交往中应遵循的行为标准与行为的对或错相关的道德原则和规则的综合。道德不能通过确定的制裁手段而只能以人的良知和习惯进行约束，故其不具有法律强制力。它可以源于曾经存在的法律责任或与之相关。

⑦政策。政策是指用于指导政府处理公共事务和立法机关制定法律的一般原则；若其适用于某一制定法、法规、法律规则、诉因等，则是指与该国的社会与政治福利相联系而可能产生的结果、趋势或目标。因此，某些行为，除因违法或不符合道德外，还可以因为其具有危害性趋势，并可导致国家、社会利益受损，故法律拒绝承认其效力或强制执行。这些行为就被认为违反公共政策。

规范根据其是否具有法律上的强制力分为具有法律强制力的规范（强行性规范）和没有法律强制力的规范（指导性规范或推荐性规范）。

2.1.2 管理加技术的体系

管理是整合资源达到组织的目标的活动，主要包括计划、组织、协调、指挥、控制诸环节或不同的手段、方式。电子商务安全管理，是电子商务的安全管理，涉及电子商务安全管理的主体，除电子商务企业外，还包括作为个体的电子商务经营者与消费者、国家机关以及有关行业组织，并且电子商务安全管理是电子商务企业安全管理的一部分而非全部，如财务安全、投资安全等不是我们探讨的主要内容。从管理的概念出发，电子商务安全管理由计划，资源与组织，信息与网络安全，交易安全，信用安全，人员安全，优化与创新等构成。

1. 计划

现代社会人们为应对复杂的社会生产生活，需要制订各种各样的计划以保证目标的顺利实现。计划应先于其他管理活动，在管理工作中占有重要地位。电子商务安全管理计划是将电子商务安全管理决策者确定的安全管理目标具体化，并在协调电子商务安全管理系统外部环境、内部条件和决策目标三者动态平衡的基础上，实现电子商务安全管理决策所确定的各项安全目标的过程。电子商务安全管理者为实现安全目标，依据计划对电子商务安全管理对象实施一系列的影响和控制活动，安全管理计划协调、合理利用一切资源，使电子商务安全管理活动取得最佳效益。应急计划是电子商务安全管理计划必不可少的组成部分。

2. 资源与组织

资源是电子商务企业实现安全管理目标及开展相关活动的必要支撑。相关资源包括人力资源、技术资源、金融资源、信息资源和文化资源等。

安全是企业开展电子商务的重要前提，安全管理组织则是企业安全的重要保障，电子商务企业无论大小，都应足够重视安全组织的建设，包括部门的设置、岗位的设置、人员的配备、职责的划分等。安全管理组织是为企业有效实施电子商务安全管理，保障和实施安全策略，在企业内部建立的组织架构。电子商务安全管理是一个综合管理，涉及信息网络安全、交易安全、人员安全、法律安全等，需要相关部门和人员的支撑，各个部门、人员应各司其职，协调配合。

电子商务企业的资源与组织相互影响、相辅相成。资源是企业安全管理活动的基础，企业通过安全管理活动实现资源的配置和使用。

3. 信息与网络安全

现代信息网络技术改变了电子商务的信息形式、交易环境和交易手段，信息与网络安全也是电子商务生存和发展的重要挑战，是电子商务安全管理的重要组成部分。电子商务发展越迅速、越深入，电子商务信息与网络安全风险及其控制的地位就越重要。

在风险管理方法的指导下，运用信息安全技术和信息安全法律法规有效控制、化解、规避、消除或最小化风险，使风险降到可接受的水平。需要关注对组织具有价值的信息或资源即信息资产，可能导致信息安全事故或造成组织信息资产损失的威胁，可能被威胁所利用的资产或若干资产形成的脆弱性，威胁源采用一定的威胁方式形成的不确定性风险，以及意图降低各种风险的发生概率的风险管理，包括可用性、完整性、真实性、机密性、不可否认性等在内的信息安全。

4. 交易安全

根据电子商务交易风险发生的不同阶段，将交易风险分为交易前风险、交易中风险和交易后风险。由于电子商务过程的繁复和非现场特性，交易前风险主要有身份风险、营销风险以及制定、公示交易规则的风险；交易过程中主要会发生合同签订违法风险、交易行为违法风险、支付风险以及物流配送风险等；交易后风险主要有交易证据风险、售后服务风险、电子商务经营者交易纠纷处理风险、评价风险。其中，身份风险、制定公示交易规则风险、物流配送风险、评价风险等在以往商务活动中不受重视，但在电子商务中表现得尤为突出。

5. 信用安全

诚实、守信是商业的基本准则，从某种程度说，市场经济就是信用经济。在经济活动中，个人或组织要获得信任，一是要守信，二是要具备守信的能力。这在非面对面的电子商务模式下尤为重要。在商业规则和信用体系不完善的商业环境中，失信行为频频出现，成为威胁电子商务可持续发展的一大风险，不仅直接损害了商家权益，也严重误导了消费者，破坏了良好的营商环境。

6. 人员安全

电子商务的建设与发展离不开具体实施和操作的人员，他们不仅是电子商务系统建设和应用的主体，同时也是安全管理的对象。人员风险是电子商务安全管理的重要组成部分。人员风险是指电子商务从业人员因无意或有意的行为导致安全事件发生及对组织造成影响的不确定性。随着企业信息安全机制的建立健全，单纯地利用系统安全漏洞或缺陷从外部进入目标系统的难度越来越大，相反，来自内部的威胁逐渐增多。因此，必须高度重视人员风险。

7. 优化与创新

真正的安全是动态的安全，是主动管理的安全，电子商务安全管理同样如此。电子商务安全管理需要客观、充分、有效的监督，需要对其状态和收益进行研判，同时必须形成电子商务安全管理与时俱进的优化，才能保障电子商务在相对安全的阈值内健康发展。

2.2 电子商务安全框架

作为数字经济的重要组成部分,电子商务安全牵一发而动全身,不仅影响本行业的安全和发展,也影响数字经济、国家经济甚至国家的安全和发展。电子商务安全是数字经济安全在国家安全下的一个缩影,为了更好地应对和解决新形势下的安全问题,需要我们站在国家总体安全的角度来考虑电子商务安全,建立一个总体国家安全观下的电子商务安全框架。

2.2.1 电子商务安全框架构建

1. 构建背景

1)数字经济推动国家经济高质量发展的关键期

数字经济是继农业经济、工业经济之后的主要经济形态,是以数据资源为关键要素,以现代信息网络为主要载体,以信息通信技术融合应用、全要素数字化转型为重要推动力,促进公平与效率更加统一的新经济形态。数字经济正推动生产方式、生活方式和治理方式深刻变革,成为重组全球要素资源、重塑全球经济结构、改变全球竞争格局的关键力量。我国正处在转变发展方式、优化经济结构、转换增长动力的关键期。数字技术给企业转型和发展带来机会,也提出了新挑战,一些新场景、新业务、新应用都会面临安全问题。安全的重要性和复杂性与日俱增,电子商务要想健康发展,就必须全方位提升安全能力。

2)电子商务由高速发展向高质量发展的转型期

"十四五电子商务发展规划"是市场主体的行为导向,也是各级相关政府部门履行职责的重要依据,该规划明确了"十四五"期间电子商务由高速发展向高质量发展转型需要完成的主要任务。

(1)深化创新驱动,塑造高质量电子商务产业。强化技术应用、鼓励模式业态创新、深化协同创新、全面加快绿色低碳发展。

(2)引领消费升级,培育高品质数字生活。打造数字生活消费新场景、丰富线上生活服务新供给、满足线下生活服务新需求。

(3)推进商产融合,助力产业数字化转型。带动生产制造智能化发展、提升产业链协同水平、推动供应链数字化转型。

(4)服务乡村振兴,带动下沉市场提质扩容。培育农业农村产业新业态、推动农村电商与数字乡村衔接、培育县域电子商务服务。

（5）倡导开放共赢，开拓国际合作新局面。支持跨境电商高水平发展、推动数字领域国际合作走深走实、推进数字领域国际规则构建。

（6）推动效率变革，优化要素资源配置。促进数据要素高水平开发利用、梯度发展电子商务人才市场、优化电子商务载体资源、多维度加强电子商务金融服务。

（7）统筹发展安全，深化电子商务治理。完善电子商务法规标准体系、提升电子商务监管能力和水平、构建电子商务多元共治格局。

可以看出，发展安全是"十四五"期间的重要任务之一。电子商务的发展遵循哲学规律，既有拉动经济增长的作用，也带来新的安全隐患和风险，两者既对立又统一。安全问题不处理好，电子商务发展就成了无本之木。

2. 构建必要性

在数字经济时代，要想实现电子商务整体的安全，即电子商务全链条、全流程和全环节的安全并非易事。因为当数据成为最重要的生产因素，进一步加快了产业内全生产要素的数字化转型的速度，这些变化给电子商务安全带来了前所未有的挑战。在大数据、云计算环境下，数据的收集、传输、使用过程已暴露出严重的数据安全问题，涉及个人、企业、国家的方方面面。目前安全体系未有效涵盖网络经济的结构，安全防护主要侧重个体和局部，在应对来自整个电子商务生态系统的系统化风险和巨大的外部威胁时安全能力存在较大不足。

从地区和行业的角度看，电子商务的发展水平存在较大差异，电子商务安全防护能力差距也很大。南部的粤港澳地区与华东沿海地区的电子商务发展水平要高于中西部和北部地区。由于各个地区电子商务发展水平的差异，各个地区在新基建和安全防护体系建设上的投入差距也较大，这导致落后地区的电子商务安全问题更加突出。

从行业层面看，不同类别的行业企业由于经营内容的不同，数字化的程度不尽相同，如第三方支付类企业或网络交易平台的数字化程度都较高，对安全的需求也更高，因此更愿意在安全防护上进行投入，其安全防护能力也更强。而制造类企业的数字化程度相对就低一些。

从企业层面看，受企业自身规模、资金实力和高层管理者的意愿等各种因素的影响，不同企业在安全方面的投入差异较大。例如平台型企业与中小企业相比，前者更加重视安全的投入和提升防护能力，因而使得中小企业的安全问题较为突出。

从社会层面看，老年人消费群体和落后地区因为安全防控的薄弱成为遭受攻击的重点。

因此，应建立涵盖政策法律、经济管理和技术支持的安全体系框架及相应的保障体系。

3. 总体国家安全观下的电子商务安全框架

1）相关概念与核心理论

（1）管理和治理。治理理论在20世纪90年代兴起于一些国家，最早由20世纪80年代初的"地方治理"和80年代后期的"公司治理"发展为"公共治理"，现已成为全球各国政府治国转型的普遍趋势。治理是指官方或民间的公共管理组织在一个既定的范围内运用公共权威维持秩序，满足公众的需要，其目的是在各种不同的制度关系中运用权力去引导、控制和规范公民的各种活动，以最大限度地增进公共利益。本书认为，治理是从多主体、多视角出发，是不同领域方面针对同一个治理对象众多方式、途径的集合，是一种以协同为基础的持续的、相互的作用机制。在分析界定"治理"时，往往需要将其和"管理"进行比照理解。

首先，管理主体是一元的，治理主体是多元的。相对于管理，治理活动涉及范围更大，不仅包含自上而下的管理，而且更强调方方面面的"共治"以及各参与主体责任的共担等内容。其次，管理是垂直的，治理是扁平化的。治理既有从上到下，也有从下到上，甚至可以从中间层面向上、向下延伸铺展。治理注重监督、明确责任体系和决策指导；而管理主要关注决策落实的计划、组织、指挥、协调和控制。再次，管理带有随机性，治理方式是法治化的。治理的作用在于规范权力和责任，而管理侧重于规定具体的发展路径和方法。治理是依法治国，依法治理，建设法治国家、法治政府，而不再是简单命令式、完全行政化的管控。当然，治理不仅包含正式颁布的法律法规这种强制权力，还包括一系列基于共同目标的活动过程。最后，管理常常是单向度的，治理是体系化的。治理是一个内容丰富、包容性很强的概念，它更强调灵活性、协调性、沟通性，彰显国家的公平、正义，社会的和谐、有序。治理的目的在于实现多元利益主体之间的利益均衡，而管理强调的是保证实现既定目标。

显然治理与管理是有区别的。基于新时期电子商务发展的目标任务，以及当下电子商务安全问题的复杂性，要想实现电子商务安全，不仅需要多主体的实质参与，还需要形成联合行动能力，因此本书不仅注重管理的重要性，同时也强调运用治理思维来解决电子商务安全问题。

（2）总体国家安全观。

①总体国家安全观的含义。总体国家安全观是一个独具中国特色的安全理念，具有丰富的内涵。坚持总体国家安全观，就是要坚持国家利益至上，以人民安全为宗旨，以政治安全为根本，以经济安全为基础，以军事、文化、社会安全为保障，以促进国际安全为依托，维护各领域国家安全，构建国家安全体系，走中国特色国家安全道路。贯彻落实总体国家安全观，必须既重视外部安全，又重视内部安全，对内求发展、求变革、求稳定，建设平安中国，对外求和平、求合作、求共赢，建设和谐世界；既重视国土安全，又重视国民安全，坚持以民为本、以人为本，坚持国家安全一切为了人民、一切依靠人民，真正夯实国家安全的群众基础；既重视传统安全，又重视非传统安全，构建集政治安全、国土安全、军事安全、经济安全、文化安全、社会安全、科技安全、信息安全、生态安全、资源安全、核安全等于一体的国家安全体系；既重视发展问题，又重视安全问题，发展是安全的基础，安全是发展的条件，富国才能强兵，强兵才能卫国；既重视自身安全，又重视共同安全，打造命运共同体，推动各方朝着互利互惠、共同安全的目标前行，反映了中国共产党的世界眼光和中国的大国担当。

总体国家安全观打破了传统国家安全理念与实践在不同领域、不同方面以及国内外的隔阂和各自为战的局面，统筹了国内、国外、发展、稳定、内政、外交、国防等多方面的内容，兼顾了政治、国土、军事、经济、文化、社会、科技等诸多安全领域，把不同领域放在一个完整的系统里来思考、谋划、构建，实现了全面系统的顶层设计。总体国家安全观把我们党和国家安全的理解提升到新的高度，为应对国家安全工作面临的挑战、推进新时代国家安全工作提供了重要依据。

②电子商务安全应当树立总体国家安全观。总体国家安全观兼顾了多方位、多方面安全，是一个覆盖社会全部领域的安全战略体系。总体国家安全观的逻辑起点是重视所有领域的国家安全问题，包括政治、经济、社会、文化、生态等各个方面。政治安全是根本，经济安全是基础，军事安全、文化安全和社会安全是保障。电子商务安全问题从全局来看是国家安全问题之一，其直接关系到国家整体经济社会的发展与稳定，没有电子商务安全就没有整体国家安全。电子商务安

全的最高诉求是维护国家安全。因此，电子商务安全应当树立总体国家安全观。

2）总体国家安全观下的电子商务安全逻辑框架

电子商务安全是一个复杂的系统，根据系统论的思想，电子商务安全逻辑框架可由目标价值、技术体系和规则体系、实施保障、作用对象四个基本要素构成，如图2-3所示。总体国家安全观居中统领整个框架，是框架基本要素的起点与落脚点。总体国家安全观统筹并作用于目标价值、技术体系和规则体系、实施保障和作用对象，同时目标价值是电子商务安全的逻辑起点，直接作用于技术体系和规则体系以及实施保障，间接作用于对象，从而形成基于总体国家安全观的安全框架。

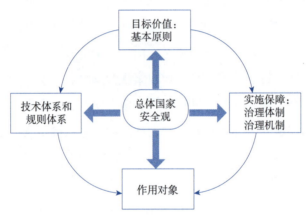

图 2-3　总体国家安全观下的电子商务安全逻辑框架

（1）目标价值。

①以民为本的原则。习近平总书记在中央国家安全委员会第一次会议强调，贯彻落实总体国家安全观，要坚持以人民安全为宗旨。《电子商务法》第3条明确指出，"满足人民日益增长的美好生活需要"。因此电子商务安全是以增进人民福祉为内核的。通过提升电子商务安全，促进国家安全，保障人民安全。

②安全与发展协同原则。总体国家安全观"既强调安全，又强调发展"。电子商务安全既是生存问题又是发展问题。信息化、网络化给企业发展插上了翅膀，特别是以5IABCDE（5G、IoT物联网、AI人工智能、block chain 区块链、cloud computing 云计算、big data 大数据、edge computing 边缘计算）为代表的数字化技术的应用促进了企业创新，提升了企业的竞争力，同时加大了信息泄露、侵权事件发生的风险。正如《电子商务法》，作为一部特别法，它可以规范电子商务行为，

维护市场秩序,保障电子商务各方主体的合法权益,同时也可以促进电子商务的可持续发展,体现了安全和发展的统一。安全与发展是电子商务的双驱力,必须协同发展。

③改革创新原则。总体国家安全观具有与时俱进的发展品质。安全目标会随着内在需求和外部环境等因素的变化而调整。例如大数据、人工智能、区块链等新技术深刻改变了电子商务中数据开发、获取、传播、利用的方式,无人能断言下一代新技术来临会给电子商务带来什么新的安全问题。因而,总体国家安全观下电子商务安全必须重视新技术、新环境等因素带来的冲击,必须改革创新、灵活应对。

(2)技术体系和规则体系。技术体系和规则体系为解决电子商务安全问题提供了两种不同的手段。实现电子商务安全不仅要依靠技术,更要合理设定规则,也就是要软硬兼施、有效融合。

①技术体系。这里的技术体系主要指的是安全技术体系,就是为保障电子商务安全提供的安全技术的总和,包括电子商务系统的实体安全、信息与网络安全、运行安全等多个方面,涵盖电子商务的安全基础层、加密控制层、安全认证层、安全协议层、应用系统层多个层面的相关技术、方法和策略。技术的迭代发展,同样需要安全技术的迭代更新。例如,传统数据安全应对的是人为实地窃取损害信息载体介质行为、传统计算机病毒、传统"黑客"攻击等传统威胁,而非传统数据安全应对的是新型云攻击、跨国窃取攻击行为、大数据攫取等新型威胁。

②规则体系。从前面的概念辨析可以看出,治理是广泛的管理,治理是通过建立和使用规则与制度体系对相关利益者的关系及行为进行约束、调整。这里的规则泛指约束和调整电子商务利益相关者的关系及行为的规则总和,涵盖电子商务中的人、过程和技术,即技术因素和管理因素,相应的规则体系可划分为技术规范和管理规则。技术规范主要指与电子商务信息与网络系统及关联系统的软硬件、协议、数据、系统、服务、产品相关的标准、规范和操作规程。管理规则主要指与电子商务安全管理相关的法律法规、制度、标准、行业公约、道德规范、政策等。

(3)实施保障。实施保障的关键首先是建立总体国家安全观引领下的治理体制和治理机制。

①治理体制。一般认为，体制是社会活动的组织体系和结构形式，包括特定社会活动的组织结构、权责划分、运行方式和管理规定等。电子商务安全治理体制是指按照法定程序设置组织机构，建立职能体系，以及为保证治理顺利进行而制定的一切规章制度的总称。其治理主体是领导、管理和监督电子商务的组织机构。《电子商务法》第6条规定，国务院有关部门按照职责分工负责电子商务发展促进、监督管理等工作。县级以上地方各级人民政府可以根据本行政区域的实际情况，确定本行政区域内电子商务的部门职责划分。电子商务安全治理组织是行业主管部门，包括商务部、工业和信息化部、国家互联网信息办公室（以下简称"中央网信办"）和国家市场监督管理总局（原国家工商行政管理总局）。行业自律组织包括中国互联网协会。

商务部电子商务和信息化司是本行业的行政管理机构，相关职能主要包括：拟订电子商务相关标准、规则；组织和参与电子商务规则与标准的对外谈判、磋商和交流；推动电子商务的国际合作。工业和信息化部信息化推进司的相关职能主要包括：指导推进信息化工作，协调信息化建设中的重大问题，协助推进重大信息化工程；指导协调电子政务和电子商务发展，协调推动跨行业、跨部门的互联互通；推动重要信息资源的开发利用、共享。中央网信办的相关职责包括：落实互联网信息传播方针政策和推动互联网信息传播法制建设，指导、协调、督促有关部门加强互联网信息内容管理，依法查处违法违规网站等。国家市场监督管理总局的主要职责包括：负责市场综合监督管理、市场主体统一登记注册，组织和指导市场监管综合执法工作、反垄断统一执法、监督管理市场秩序，负责宏观质量管理、产品质量安全监督管理、特种设备安全监督管理、食品安全监督管理综合协调、食品安全监督管理，负责统一管理计量工作、统一管理标准化工作，负责统一管理检验检测工作、负责统一管理、监督和综合协调全国认证认可工作，负责市场监督管理科技和信息化建设、新闻宣传、国际交流与合作，管理国家药品监督管理局、国家知识产权局，完成党中央、国务院交办的其他任务等。中国互联网协会是由中国互联网行业及与互联网相关的企事业单位自愿结成的行业性的、全国性的、非营利性的社会组织，相关职责主要包括：制定并实施互联网行业规范和自律公约，协调会员之间的关系，促进会员之间的沟通与协作，充分发挥行业自律作用，维护国家信息安全，维护行业整体利益和用户利益，促进行业服务质量的提高。

目前，电子商务相关部门出台的相关规章制度涵盖电子商务信息安全、网络安全、数据安全、商务交易等各环节，如网络安全等级保护制度、网络安全审查制度、网络安全与数据安全应急处置制度、网络安全与数据安全风险管理制度、数据分级分类制度、数据出口管理制度、商事登记制度、行政许可制度、企业信用信息公示制度、企业清算制度、个人信息保护制度、合同变更解除制度、反垄断与公平交易制度、电子支付安全控制和安全程序制度、域内外电子商务争端解决制度等。

②治理机制。目前普遍认为，机制是指为完成相应的整体任务或者实现一定的总体目的，将相关部件、环节、模块或单元组织起来，形成具备整体功能或完成总体任务能力的一个系统。机制并不是要求各个单元必须完全整齐划一、同步行动，其更重视各个单元的相互协作、配合、支持，共享部分资源，但各个单元不一定在产权归属、工艺技术、科学原理、组织架构等方面具有内在一致性或共同性，而更多的是强调面向任务的贯通。治理机制则是为实现既定的治理目标，在正视社会事务各个部分存在的前提下，协调各个部分之间的关系以更好地发挥作用的具体运行方式。按照作用范围可将治理机制分为宏观机制和微观机制。

宏观上，电子商务应建立和完善多元协同共治的治理体系和机制。《电子商务法》第7条规定，国家建立符合电子商务特点的协同管理体系，推动形成有关部门、电子商务行业组织、电子商务经营者、消费者等共同参与的电子商务市场治理体系。《中华人民共和国网络安全法》（以下简称《网络安全法》）第7条规定，建立多边、民主、透明的网络治理体系。"十四五"电子商务发展规划指出，构建电子商务多元共治格局。推动电子商务平台经营者加强数字技术应用，完善平台规则，不断提升平台自治能力，落实网络安全等级保护制度。更好地发挥政府作用，加强引导与监督，推动政企协同，实现有效市场和有为政府的良性互动。推动电子商务行业组织建设，充分发挥各类行业组织力量，助力形成政府、企业、行业组织等多方共同参与的电子商务市场治理体系，构建国际一流的数字营商环境。积极参与全球电子商务治理，坚持多边主义和全链条监管机制与奖惩机制共商共建共享原则，推动完善更加公正合理的全球电子商务治理体系。当然，还要充分重视社会公众的监督作用。

微观上，应根据电子商务各环节特点和安全需求的不同建立相应的治理机制。例如，针对信息与网络安全、交易安全、数据安全等环节应建立监测预警机制、应急处置机制、监督检查机制,针对信用风险控制可建立全链条监管机制和奖惩机制。下面以网络安全为例介绍监测预警机制、应急处置机制、监督检查机制,全链条监管机制和奖惩机制将在第10章介绍。

第一,监测预警机制。网络安全监测是指采取技术手段对网络系统进行实时监控以全面掌握网络系统的运行情况,发现网络安全风险的活动。网络安全预警是指通过对网络安全监测获取的信息进行分析和评估,在风险蔓延造成实际危害前,向有关部门和社会发出警示。在职责分工方面,国家网信部门是监测预警的统筹协调部门,负责关键信息基础设施安全保护工作的部门,建立健全本行业、本领域的网络安全监测预警和信息通报制度,并按照规定报送安全监测预警信息。各单位按照"谁主管谁负责、谁运行谁负责"的要求,组织本单位建设运行的网络和信息系统开展网络安全监测工作。重点行业主管或监管部门组织指导做好本行业网络安全监测工作。国家互联网应急中心(CNCERT)的职责是事件发现和预警通报。在预警研判方面,根据《国家网络安全事件应急预案》,按照事件发生后的危害程度、影响范围等因素将网络安全事件划分为四个等级,并规定了相应的应急处置措施。这四个等级分别是特别重大网络安全事件、重大网络安全事件、较大网络安全事件、一般网络安全事件。在预警响应及重要活动的预防措施方面,网络安全事件预警等级划分为四级,由高到低依次用红色、橙色、黄色和蓝色表示,分别对应发生或可能发生的特别重大网络安全事件、重大网络安全事件、较大网络安全事件和一般网络安全事件。预警发布部门或地区根据实际情况,确定是否解除预警,及时发布预警解除信息。

第二,应急处置机制。应急处置机制包括职责分工、事件报告、应急响应、调查和评估等方面。

职责分工:在中共中央网络安全和信息化委员会的领导下,中央网信办统筹协调组织国家网络安全事件应对工作,建立健全跨部门的联动处置机制,工业和信息化部、公安部、国家保密局等相关部门按照职责分工负责相关网络安全事件应对工作。中央和国家机关各部门按照职责与权限,负责本部门、本行业网络和信息系统网络安全事件的预防、监测、报告和应急处置工作。各省(区、市)网信部门在本地区党委网络安全和信息化领导小组统一领导下,统筹协调组织本地区网络和信息系统网络安全事件的预防、监测、报告和应急处置工作。

事件报告:网络安全事件发生后,事发单位应立即启动应急预案,实施处置并及时报送信息。各有关地区、部门立即组织先期处置，控制事态，消除隐患，同时组织研判，注意保存证据，做好信息通报工作。对于初判为特别重大、重大网络安全事件的，立即报告国家网络安全应急办公室（以下简称"应急办"）。

应急响应：网络安全事件应急响应分为四级，分别对应特别重大网络安全事件、重大网络安全事件、较大网络安全事件和一般网络安全事件。最高响应级别为Ⅰ级。属特别重大网络安全事件的，及时启动Ⅰ级响应，成立指挥部，履行应急处置工作的统一领导、指挥、协调职责。应急办24小时值班。有关省（区、市）、部门应急指挥机构进入应急状态，在指挥部的统一领导、指挥、协调下，负责本省（区、市）、本部门应急处置工作或支援保障工作，24小时值班，并派人员参加应急办工作。有关省（区、市）、部门跟踪事态发展，检查影响范围，及时将事态发展变化情况、处置进展情况报应急办。指挥部对应对工作进行决策部署，有关省（区、市）和部门负责组织实施。

网络安全事件的Ⅱ级响应，由有关省（区、市）和部门根据事件的性质与情况确定。事件发生省（区、市）或部门的应急指挥机构进入应急状态，按照相关应急预案做好应急处置工作。事件发生省（区、市）或部门及时将事态发展变化情况报应急办。应急办将有关重大事项及时通报相关地区和部门。处置中需要其他有关省（区、市）、部门和国家网络安全应急技术支撑队伍配合与支持的，商应急办予以协调。相关省（区、市）、部门和国家网络安全应急技术支撑队伍应根据各自职责，积极配合、提供支持。有关省（区、市）和部门根据应急办的通报，结合各自实际有针对性地加强防范，防止造成更大范围影响和损失。Ⅲ级、Ⅳ级响应则是由事件发生地区和部门按相关预案进行应急响应。

调查和评估：特别重大网络安全事件由应急办组织有关部门和省（区、市）进行调查处理与总结评估，并按程序上报。重大及以下网络安全事件由事件发生地区或部门自行组织调查处理和总结评估，其中，重大网络安全事件相关总结调查报告报应急办。总结调查报告应对事件的起因、性质、影响、责任等进行分析评估，提出处理意见和改进措施。事件的调查处理和总结评估工作原则上在应急响应结束后30天内完成。

第三，监督检查机制。全国人民代表大会及常务委员会、国家网信部门及有关部门、网络运营者承担相应的监督检查职责。根据宪法规定，全国人民代表大会的职权主要包括立法权、监督权、重大事项决定权、人事任免权四个方面。在闭会期间，由常务委员会行使宪法和有关法律规定范围内的权力和全国人民代表大会授予的其他职权。全国人民代表大会常务委员会2012年12月审议通过《全国人民代表大会常务委员会关于加强网络信息保护的决定》，2016年11月审议通过《网络安全法》。根据《网络安全法》第50条的规定，国家网信部门和有关部门依法履行网络信息安全监督管理职责，发现法律、行政法规禁止发布或者传输的信息的，应当要求网络运营者停止传输，采取消除等处置措施，保存有关记录；对来源于中华人民共和国境外的上述信息，应当通知有关机构采取技术措施和其他必要措施阻断传播。根据《网络安全法》的规定，网络运营者应当建立投诉举报制度，包括：公布投诉、举报方式等信息，明确受理机构、人员及其职责、范围、程序，及时受理并处理有关网络信息安全的投诉和举报，告知投诉举报人处理结果等。网络运营者受理用户投诉举报法律、行政法规禁止发布或传输的信息的，应当立即停止传送该信息，采取消除等处置措施，防止信息扩散，保存有关记录，并向有关主管部门报告。

（4）作用对象。作用对象是指框架的应用场所和作用范围。电子商务安全框架的作用对象主要指可能引起电子商务安全问题的各种相关具体和抽象的不特定对象，涵盖提供在线交易或线上线下融合交易的各种场所和业务，涉及政府、企业、行业组织、消费者等所有电子商务参与者，包括电子商务平台经营者、供应商、制造商、分销商、零售商，以及相关支撑体系，如电子支付、现代物流、信用服务等，还包括各种资源，如基础设施、系统软硬件、数据、文档、知识、技术、资金、人员、流程、程序等。

2.2.2 电子商务安全框架实施

1. 坚持总体国家安全观

总体国家安全观是电子商务安全框架的核心，它为电子商务安全的行动指明方向，是保障电子商务安全的法宝。坚持总体国家安全观作为一项基本原则被写入法律。《中华人民共和国数据安全法》（以下简称《数据安全法》）第4条规定，维护数据安全，应当坚持总体国家安全观，建立健全数据安全治理体系，提高数据安全保障能力。因此，坚持在总体国家安全观下保障电子商务安全是依法治理的具体实践。在数字技术与电子商务全面融合的情况下，安全问题已"常态化"，而数字技术的快速迭代进一步加大了安全风险应对的难度。因此需要坚持总体国家安全观，加强党对国家安全的全面领导，建立统一、高效的国家安全体制，主动作为，才能着力防范和化解各类电子商务的风险挑战。

2. 加强顶层设计，规划电子商务安全战略

电子商务安全保护体系本身是一个系统化的工程，涉及国家、政府、企业和公众多个主体，影响到社会方方面面，因此要以全局性、系统性视角进行谋划。首先，做好电子商务重点信息工程规划，确定重点技术攻关领域。其次，逐步完善电子商务安全多主体参与的宏观治理机制，以国家治理体系和治理能力现代化的要求为出发点，明确政府、企业和个人在电子商务安全中承担的责任。完善电子商务安全各方面的微观治理机制，使网络安全、数据安全防护有序有效，安全响应及时。另外，还需要完善信用评价制度和公平竞争审查制度，以更好地维护电子商务市场主体公平竞争权益，促进行业发展。

3. 加快政府转型，提升政府治理能力

相比传统商务，电子商务的协调活动更为复杂，市场主体的多元、信用风险的泛化与平台垄断的加剧都说明了这点，政府需要在这种复杂社会网络失灵时起到协调作用。而在数字经济时代，电子商务高质量发展对政府的服务能力和保障能力提出了更高要求。数字技术赋予政府治理新的工具和手段，政府数字化更贴合电子商务发展的需要。尽管目前政府的建设和治理在一定程度上契合了电子商务安全与发展的要求，但政府的治理能力受限于政府数字化程度和当地电子商务的发展程度。因此需要加强数字化政府的建设，进一步打通部门业务、决策科学化，才能更好地发挥监管和指引职能。

4. 提升电子商务安全相关技术

信息网络安全是电子商务安全的基础。首先，要实现电子商务安全就必须掌握先进的互联网安全核心技术，包括网络攻防、数据保护、智能预警等技术。加强对密码保护等关键技术的研发。密码保护技术能够保障电子商务数据资源的安全，对数据资产的正常生产和流通有非常重要的意义。目前我国这些方面的相关技术已经取得了一定突破，但是关键技术和核心能力还比较落后，需要加大项目攻关和研发力度，努力缩小这方面与国外的差距。其次，加强人工智能在网络安全领域应用的研究。人工智能可以通过日常监测分析精准发现海量数据和网络流量中隐藏的风险，并及时反馈，从而大大提高安全保护效率。另外，建立强大的数据安全保护系统。数据安全一直也是电子商务面临的主要安全问题，当前数据

安全系统大部分来自国外,因此需要我国加大研发投入,发展具有独立知识产权且性能先进的安全系统。

5. 完善电子商务法规标准体系

目前,我国已形成《网络安全法》《数据安全法》《个人信息保护法》《电子商务法》的法律体系,但还缺少相应的配套规范和司法解释,需要尽快完善。要加大执法力度。通过建立完善的网络安全执法工作规范,保障网络执法有法可依,同时完善网络综合执法协调机制,协调各主体参与到网络执法中。加大数据安全执法力度,开展数据安全违法专项整治行动。同时加强普法教育,增强社会的守法意识。应加强对企业组织,特别是互联网平台型企业数据安全普法教育,增强企业安全防范意识。同时加强面向公众的安全法制宣传,充分利用网络渠道开展安全教育。

6. 提升企业安全保障能力

强化企业风险防控能力,探索建立电子商务平台网络安全防护和金融风险预警机制。电子商务相关企业应积极研究多属性的安全认证技术,充分发挥密码在保障网络信息安全方面的作用。电子商务企业应加强数据全生命周期管理,建立相应管理制度及安全防护措施,保障网上购物的个人信息和重要数据安全。开展数据出境安全评估能力建设,保障电子商务领域重要数据、个人信息的有序安全流动。电子商务企业应树牢安全生产意识、完善安全风险治理体系、提升安全生产工作水平。

7. 加大对安全人才的培养

人才是科技创新最重要的影响因素。我国安全领域人才短缺的现象严重,电子商务企业普遍存在信息安全人才短缺的情况。电子商务安全涉及安全技术、管理、法律等多个学科,复合型人才则更为匮乏。因此需要加大资金和教育投入,建立完善的电子商务安全人才培养体系,加大安全人才的储备力度。

【本章小结】

电子商务安全是一个复杂的体系,本章根据侧重点不同,介绍了两类体系结构,即电子商务安全技术体系结构和电子商务管理体系结构。虽然这两类体系结构的侧重点不同,但都明确应将技术与管理有效结合起来才能达到最佳效果。基于我国经济处于高质量发展和电子商务发展转型关键时期的背景,以及电子商务安全在数字经济以及国家中的重要地位，本书提出构建一个基于总体国家安全观的电子商务安全框架，并分析框架实施的七个关键方面。

【思考题】

1. 从企业角度谈谈如何实现个人信息的安全和保护。
2. 谈谈数字经济背景下，企业如何构筑全面安全的免疫系统。
3. 简述总体国家安全观的内容。
4. 谈谈电子商务安全为什么要树立和坚持总体国家安全观。
5. 简述电子商务安全控制体系结构。
6. 以互联网平台治理为例，谈谈构建多元主体参与的协同治理机制的必要性。
7. 简述网络安全的风险防范机制。
8. 谈谈电子商务高质量发展的背景下，政府如何提升数字监管能力。

技术篇

第 3 章　电子商务安全基础技术

【学习目标】

1. 学习电子商务安全相关的基础知识，了解哈希函数的原理及其应用，数字证书的生成原理，密钥管理的作用、用途。

2. 熟悉认证技术的原理及应用，访问控制模型的基本分类及其区别，数字签名的实现过程。

3. 掌握对称加密和非对称加密的区别，公钥基础设施的组成，数字签名的实现原理，电子支付的模式及其安全实现方法。

【能力目标】

1. 了解电子商务安全相关的基础技术、基本原理，具备在电子商务过程中辨别和识别风险的能力。

2. 熟悉认证技术的原理及应用以及访问控制的相关知识，具备在电子商务过程中规避风险的能力。

3. 掌握电子支付的安全实现方法，具备安全使用电子商务相关工具支付的能力。

【思政目标】

1. 了解加密和解密的原理，数字证书的生成原理，密钥管理的必要性，树立正确的安全意识。

2. 熟悉安全技术的原理及流程，养成遵守安全制度的作风。

3. 掌握公钥基础设施的组成，数字签名的实现原理，电子支付的模式及其安全，养成安全使用电子支付的习惯。

【思维导图】

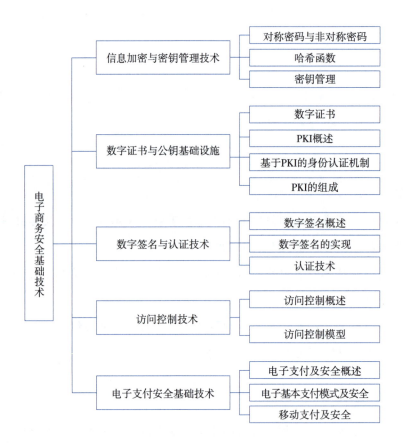

【导入案例】

中途岛海战于1942年6月4日展开，是第二次世界大战中的一场重要战役。日本海军投入大量的兵力，欲将美国太平洋舰队残余的军舰引到中途岛一举歼灭，却遭遇惨败。

原来，当时美国海军夏威夷情报站约有120名工作人员，由约瑟夫·罗彻福特少校领导。美国海军情报处"魔术"小组在与英国和荷兰的相关单位紧密合作下，开始成功地解读日本海军主要通信系统JN-25的部分密码。JN-25让联军得悉"AF方位"将会是日本海军的下一个攻击目标，然而联军就偏偏破解不到"AF方位"

的位置。由罗彻福特少校领导的夏威夷情报站认为"AF方位"是中途岛，但华盛顿海军情报处坚持认为是阿留申群岛，双方各执己见。正当美军高层大伤脑筋的时候，罗彻福特与他的情报站成员翻查以前堆积如山的电文。记忆力过人的罗彻福特从浩如烟海的电文中找到1942年初的一份日军电报，电报要求水上飞机从马绍尔群岛起飞，飞往珍珠港，电文还提到要注意避开来自"AF方位"的空中侦察……从地图分析，"AF方位"只能是中途岛。而且夏威夷情报站的分析员贾斯柏·赫尔姆斯想到了一个能够确认"AF方位"是不是中途岛的妙计。他要求中途岛海军基地的司令官以无线电向珍珠港发报，说中途岛上的海水淡化设备出现了问题，导致整个中途岛面临缺水的危机。结果罗彻福特和他的小组成员们截获并破译了日本海军联合舰队司令长官山本大将从海上发往日本大本营海军部的一份密电："据报'AF方位'缺乏淡水，攻击部队带足淡水。"这样"AF方位"便被证实为中途岛，也就是日本海军的下一个攻击目标。美军司令尼米兹制定了对应的战略，利用情报优势来弥补数量上的劣势，集中力量挫败日本的先头进攻部队，重创日军。

资料来源：赵潭. 中途岛战役简析[J]. 历史教学，1987（10）：37-40.

【讨论题】

1. 战场上信息安全有何重要性？

2. 战场上对于信息的传递有哪些安全需求？

3. 在当前计算机广泛普及的时代，信息在传输和处理过程中面临哪些安全问题？

3.1 信息加密与密钥管理技术

研究密码变化的客观规律，设计各种加密方案，编制密码以保护信息安全的技术，称为密码编码学。在不知道任何加密细节的条件下，分析、破译经过加密的消息以获取信息的技术，称为密码分析学或密码破译学。密码编码学和密码分析学统称密码学。密码学为解决信息安全中的机密性、完整性、真实性、不可抵赖性等问题提供系统的理论和方法。

在密码学中，原始的消息称为明文，而加密后的消息称为密文。将明文变换成密文，以使非授权用户不能获取原始信息的过程称为加密；从密文恢复成明文的过程称为解密。明文到密文的变换法则，即加密方案，称为加密算法；而密文到明文的变换法则称为解密算法。密钥是指加密和解密过程中使用的明文、密文以外的控制参数，对一个算法采用不同的参数值，其加解密结果就不同。保密通信是发送方对明文进行加密形成密文，密文传给接收方，经过接收方的解密形成明文的过程。保密通信过程如图 3-1 所示。

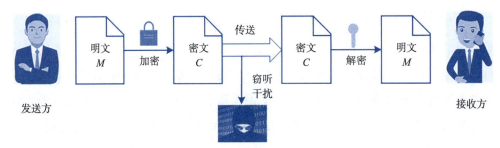

图 3-1　保密通信过程

3.1.1　对称密码与非对称密码

1. 对称加密体制与算法

加密方式分对称加密和非对称加密，在 20 世纪 70 年代公钥密码产生之前，对称加密是唯一的加密方式。迄今为止，对称加密仍是两种加密类型中使用更为广泛的加密类型，对称加密是使用同一密钥对数据进行加密和解密，发送者和接收者共同拥有同一个密钥，既用于加密也用于解密。对称密码体制模型如图 3-2 所示。

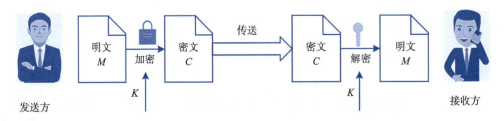

图 3-2　对称密码体制模型

对称密码分为两大类：流密码和分组密码。流密码又称作序列密码，加密和解密每次只处理数据流的一个符号（如一个字符或一个比特）。分组密码又称块密码，一次加密一个明文块。目前常用的对称密码算法有数据加密标准、高级加密标准、国际数据加密算法（International Data Encryption Algorithm，IDEA）、RC（Rivest Cipher，里斯本密码）系列算法等。

2. 非对称加密算法

在上文提到的对称加密体制中，加密和解密使用相同的密钥，每对用户都需要共享一个密钥，而且需要保持该密钥的机密性。当通信的用户数目比较多的时候，需要一个庞大的系统来支持密文与密钥之间的关系，因此密钥的产生、存储和分发是一个很大的问题。非对称加密算法也称公钥加密，它使用一个公钥和一个私钥，这两个密钥在数学上是相关的，私钥用来保护数据，公钥则由同一系统的人公用，用来检验信息及其发送者的真实性和身份。

在公钥加密中，公钥可以在通信双方之间公开传递，或在公用储备库中发布，但相关的私钥是保密的。只有使用私钥才能解密公钥加密的数据。使用私钥加密的数据只能用公钥解密。公钥密码体制从根本改变了密钥分发的方式，给密钥管理带来了诸多便利。公钥密码体制不仅用于加解密，而且可以广泛用于消息鉴别、数字签名和身份认证等服务，是密码学一个开创性的成就。非对称密码体制模型如图3-3所示。

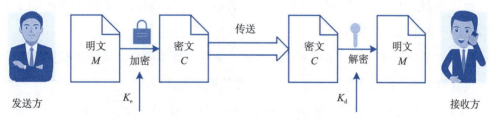

图3-3 非对称密码体制模型

非对称密钥的主要优点在于密钥能够公开，由于用作加密的密钥不同于用作解密的密钥，解密密钥不能根据加密密钥推算出来，所以可以公开加密密钥。公钥加密的缺点是算法非常复杂，导致加密大量数据所用的时间较长，而且加密后的报文较长，不利于网络传输。基于公钥的特点，公钥加密适合对密钥或者身份信息等敏感信息加密，从而在安全性上满足用户的需求。

以上介绍了对称加密和非对称加密。在实际应用中，非对称密码和对称密码经常结合起来使用，加解密使用对称密码技术，而密钥管理使用非对称密码技术。目前常用的公钥算法有RSA算法、ElGamal算法、椭圆曲线密码等。

3.1.2 哈希函数

哈希（Hash）函数又称散列函数、杂凑函数。它是用计算出的小尺寸数据代表更大尺寸数据的技术，在数字签名和密码协议中得到了广泛应用。以上小尺寸数据被称为杂凑值，它是哈希函数在大尺寸数据输入下的函数值。虽然输出是定长的，但输入数据的长度可以是任意的，因此杂凑函数的计算效率很重要。它是一种单向密码体制，即从一个明文到密文的不可逆映射，只有加密过程，没有解密过程。哈希函数可以将满足要求的任意长度的输入经过变换后得到固定长度的输出。

理想的哈希函数对于不同的输入可以获得不同的哈希值。

1. 哈希函数的特性

（1）处理信息灵活稳定。它能处理任意大小的信息，无论其长度多少，可以将其摘要生成固定大小的数据块（例如160位长度的二进制），对于任何输入值，必须能够很灵活地计算出哈希函数值，随着输入值的增长，哈希函数值不能增长太快，对同一个源数据反复执行哈希函数总是得到同样的结果。

（2）不可预见性。所产生数据块的大小与原始信息的大小没有任何联系，同时源数据和产生的数据块看起来没有明显关系，但源数据的一个微小变化都会对数据块产生很大的影响。

（3）完全不可逆性。完全不可逆性即哈希函数是单向的，从源数据很容易计算出其哈希值，但没有办法通过生成的哈希值恢复源数据。

（4）抗碰撞性。对于消息 M，要找到另一消息 M' 并满足 $H(M')=H(M)$，则称 M 和 M' 是哈希函数 H 的一个碰撞。经过哈希函数处理，寻找两个输入得到相同的输出值在计算上几乎是不可能的。

2. 哈希函数的应用

由于哈希函数的单向特性以及输出长度固定的特点，它可以生成消息或数据的哈希值（消息摘要），因此它在数据完整性验证、数字签名和消息认证等领域有着广泛的应用。单向哈希函数最主要的用途是数字签名。现在使用的重要计算机安全协议，如SSL、PGP等都用哈希函数来进行签名。哈希函数通常具有以下用途。

（1）校验数据完整性。由于哈希函数具有抗碰撞性，两组不同的数据，其哈希值不可能一致。发送方将数据经哈希函数处理后的结果打包传输，接收方再将接收的数据运用哈希函数进行计算，并与接收的哈希值进行比对，以此来检验数据的完整性。如果数据文件发生任何变化，通过单向哈希函数计算出的哈希值就会不同。

（2）消息认证。在一个开放的通信网络环境中，传输的消息还面临伪造、篡改等威胁，消息认证就是让接收方确保收到的消息与发送方的一致，并且消息的来源是真实可信的。哈希函数可以用于消息认证。

（3）数字签名。因为非对称加密算法的运算速度较慢，所以在数字签名应用中，哈希函数起着重要的作用。对哈希值进行数字签名，在统计上可以认为与对文件本身进行数字签名是等效的。

（4）保护用户口令。将用户口令的哈希值存储在数据库中，用户在输入口令时，可以通过哈希函数进行计算，和数据库中所存储的值对比，来确定是否为合法用户。

3.1.3 密钥管理

1. 基本概念

密钥体制不同，密钥的管理方法也不同。对于对称加密而言，加解密使用相同的密钥，因此必须对该密钥的秘密性、真实性和完整性加以保护。在频繁的通信过程中，应尽量使用一次一密的加密方法，以增强系统的安全性。对于非对称加密而言，加解密密钥不同，私钥需要妥善保护，而公钥可以公开，其秘密性不需要保护，但完整性和真实性必须严格保护。因此，在密钥产生、密钥分配、密钥存储等方面，两个密钥体制的密钥管理存在较大差异。密钥种类很多，根据应用场合的不同，密钥可以分成以下几类。

（1）工作密钥。工作密钥称为基本密钥或初始密钥。工作密钥是由用户选出或系统分配给用户的可在较长时间（相对于会话密钥）内由用户专用的密钥，又称用户密钥。工作密钥和会话密钥一起启动与控制由某种算法所构造的密钥产生器，以此产生用于加密数据的密钥。

（2）会话密钥。会话密钥是两个通信终端用户在一次交换数据时所采用的密钥，当它用作保护传输数据时称为数据加密密钥，当它用作保护文件时称为文件密钥。会话密钥可由通信双方预先约定，也可由系统动态地产生并赋予通信双方，它为通信双方专用，故又称为专用密钥。

（3）密钥加密密钥。密钥加密密钥是对传送的会话或文件密钥进行加密时采用的密钥，也称二级密钥或次主密钥，通信网中每个节点都分配有这类密钥。

2. 密钥产生

密钥是数据保密的关键，应采用足够安全的方法来产生密钥。对密钥的一个基本要求是具有良好的随机性。目前常采用物理噪声源方法产生具有足够随机性的伪随机性序列。密钥的生成方式有两种：一种是由密钥分配中心集中生成；另一种是在客户端分散生成。这两种生成方式各有优缺点，表3-1为两种生成方式的对比。

表 3-1 两种密钥生成方式的对比

生成方式	集中生成	分散生成
生成者	密钥分配中心	客户端
用户数量	受限制	不受限制
特点	质量高，方便存储	需第三方认证
安全性	需要使用安全的传输通道	安全性高

3. 密钥分配

密钥分配是密钥管理系统中非常关键的问题，密钥分配的方案是由用户的需求以及网络系统的情况所决定的。从密钥分配方式来说，其可以分为人工密钥分发、基于中心的密钥分发和基于认证的密钥分发。

（1）人工密钥分发。在相对简单的场景下，可以应用人工的方式给每个用户发送密钥，之后的加密信息用这个密钥加密后，再进行传送。人工密钥分发方式适合使用者很少的场景，不足之处是分发效率低，不适应使用者数量较多的场景。

（2）基于中心的密钥分发。基于中心的密钥分发利用可信任的第三方进行密钥分发，其在技术上是基于公开密码体制，使私钥和公钥分离，可信任的第三方在其中扮演密钥分发中心和密钥转换中心两种角色。基于中心的密钥分发的优势在于，用户拥有自己的私钥并将公钥置于密钥分发中心，其他用户从密钥分发中心获取公钥，从而建立正确的保密通信。

（3）基于认证的密钥分发。基于认证的密钥分发是指用户通过公钥证书交换自己的公钥而无须与公钥管理机构联系，公钥证书由证书管理机构CA（认证机构）为用户建立。用户可以将自己的公钥通过公钥证书发给另一用户，接收方可通过CA的公钥对证书加以验证。基于认证的密钥分发方法是目前广泛流行的分发机制。

4. 密钥存储与保护

由于密钥机制的安全性主要依赖于密钥，私钥一旦丢失或出错，则会出现合法用户不能提取信息、非法用户窃取信息的现象。很多因素会影响密钥管理，主要包括人为因素和技术因素两个方面，而这两个方面也是相互影响的。

（1）人为因素。一般来说，人为实际情况往往比设计者所能够想象的要复杂得多。社会、管理和组织等因素都会影响到信息的安全。例如，电子商务平台的商业竞争者可能会花费金钱买通商业间谍或"内部人"得到密钥。因此，需要有特定的管理机构和制度来避免上述情形发生。

（2）技术因素。一是用户所产生的密钥有可能是脆弱的，很容易破解，为了避免攻击者通过穷举攻击的方式获得密钥，在技术手段上必须使发生的概率降至最低；二是密钥是安全的，但是保护密钥的技术是脆弱的，因此，在密钥传输时，要保证安全的传输路径。

5. 密钥撤销和销毁

在某些环境下，必须停止已分配密钥的使用，即密钥撤销，主要包括以下几种情况：密钥被怀疑泄露、密钥的安全使用期已到、密钥的使用者退出系统等。密钥销毁是指在密钥使用完后，立即在存储或内存中消除密钥留下的痕迹，这在计算设备存在系统漏洞时能够保证密钥信息不被窃取。

3.2 数字证书与公钥基础设施

3.2.1 数字证书

1. 数字证书概述

数字证书（也称作公钥证书），是由权威的第三方认证授权中心颁发的，用于标识用户身份的文件。数字证书一般包括证书的版本信息、用户的公钥信息以及证书所用的数字签名算法等信息。数字证书类似于人们生活中的身份证，主要用于证明某个实体（如用户、客户端、服务器等）的身份以及公钥的合法性。在网络通信中，通信双方出示各自的数字证书，可以实现通信的双向认证，保证通信的安全。数字证书的形式有很多种，由于网络、操作系统、浏览器等环境多种多样，所以证书的格式在所使用的范围内必须统一。其中最为广泛应用的是遵循 ITU-T（国际电联电信标准化部门）X.509 标准的数字证书 V3 版本。

2. 数字证书的特征

（1）安全性。用户申请证书时会有两份不同的证书，分别用于工作电脑以及验证用户的信息交互，若所使用的电脑不同，用户就需重新获取用于验证用户所使用电脑的证书，而无法进行备份，这样即使他人窃取了证书，也无法获取用户的账户信息，保障了账户信息安全。

（2）唯一性。数字证书依用户身份不同给予其相应的访问权限，若换电脑进行账户登录，无证书备份的用户是无法操作的，只能查看账户信息，数字证书就犹如"钥匙"，所谓"一把钥匙只能开一把锁"，就是其唯一性的体现。

（3）便利性。用户可即时申请、开通并使用数字证书，且可依用户需求选择相应的数字证书保障技术。用户不需要掌握加密技术或原理，就能够直接通过数字证书来进行安全防护，十分便捷高效。数字证书是由 CA 签发的，CA 是一个权威性、依赖度极高的第三方，其资格证书经国家颁发，可有效保障网络数据信息的安全性，使数据信息处于国家掌握当中。用户在浏览网络数据信息或进行网上交易时，利用数字证书可保障信息传输及交易的安全性。

3. 数字证书的结构

最简单的数字证书包含一个公钥、名称以及证书授权中心的数字签名。数字证书还有一个重要的特征就是只在特定的时间段内有效。在浏览器中输入 www.csdn.net，单击前面的小锁，则显示如图 3-4 所示。证书内容中各字段的含义如下。

（1）版本。目前使用较多的是 X.509 V3 版标准的证书。

（2）序列号。序列号即颁发者分配给证书的一个正整数，同颁发者发布的证

图 3-4　www.csdn.net 的数字证书摘要

书序列号不同，可与颁发者一起作为证书的唯一标识。

（3）签名算法。签名算法是指颁发者颁发证书使用的签名算法。

（4）颁发者。颁发者即颁发该证书的设备名称，必须与颁发者的证书序列号一致，通常为CA服务器的名称。

（5）有效期。其包含有效的起、止日期，不在有效期范围的证书为无效证书。

（6）使用者。使用者即证书拥有者的名称，如果与颁发者相同，则说明该证书是一个自签名的证书。

（7）公钥。公钥即用户对外的公钥及公钥算法信息。

4. 数字证书的工作原理

发送方在发送信息前，需先与接收方联系，同时利用公钥加密信息，信息在传输的过程当中一直处于密文状态，包括接收方接收后也是加密的，确保了信息传输的单一性。若信息被窃取或截取，也必须利用接收方的私钥才可解读数据，而无法更改数据，这也有力地保障了信息的完整性和安全性。数字证书的数字签名类似于加密过程，数据在实施加密后，只有接收方才可打开或更改数据信息，并加上自己的签名后再传输至发送方，而接收方的私钥具有唯一性和私密性，这也保证了签名的真实性和可靠性，进而保障信息的安全性。

5. 数字证书在电子商务安全中的应用

随着互联网的普及，数字证书开始广泛地应用到各个领域之中，目前主要包括发送安全电子邮件、访问安全站点、网上招标投标、网上签约、网上订购、网上公文传送、网上缴费、网上缴税、网上证券、网上购物和网上报关等。在功能方面，数字证书在电子商务中主要有如下应用。

（1）安全终端保护。为了避免终端数据信息的损坏或者泄露，数字证书作为一种加密技术，可以用于终端的保护。用户可以设置一个以数字证书为主的系统登录方式，加上动态加密，就可以实现对系统的验证，没有权限的用户无法进入终端系统访问，只有拥有权限的用户才符合访问的要求，保证了访问终端的一致性。

（2）可信网站识别。数字证书是一种权威性的电子文档，它提供了一种在互联网上验证身份的方式。其作用类似于司机的驾驶执照或日常生活中的身份证。它由一个权威机构——CA发行，人们可以在互联网交往中用它来识别对方的身份，即以数字证书为核心的加密技术可以对网络上传输的信息进行加密和解密、数字签名和签名验证，确保网上传递信息的机密性、完整性，以及交易实体身份的真实性和签名信息的不可否认性。

（3）身份授权管理。身份授权管理系统是电子商务安全的重要内容，对用户和程序提供相对应的授权服务、授权访问和应用的方法，正确使用数字证书，适当授权，完成系统的用户认证，才能切实保护身份授权管理系统的安全性。

3.2.2　PKI 概述

公钥密码系统能够有效地实现通信的保密性、完整性、不可否认性和身份认证。但是，在使用公钥密码系统的实践中会遇到一个重要的问题，就是如何共享和分发公钥。一般来说，用户 B 需要接收用户 A 发送的加密消息时，B 应该首先产生公钥和私钥对，并将公钥传送给 A。A 获取 B 的公钥以后就可以用来加密信息了。为了简化公钥的传送，B 一般会将公钥置于一个对所有人开放的目录服务器。如果 B 需要与多个人传递加密消息，只需要告诉其他人公钥存放的地址，这样可以节省建立多个点对点连接的资源。并且，目录服务器上任何合法的用户都可以获取 B 的公钥。但是，对于一个公共的服务器来说，它可能遭受攻击，存储的公钥可能被攻击者冒用或替换。如果通信的双方采用了攻击者假冒的公钥进行通信的加密，所传送的消息可能被攻击者截取。PKI（Public Key Infrastructure，公钥基础设施）就是为了管理公钥的安全而设计的。

PKI 的本质是解决大规模网络中的公钥分发问题，建立大规模网络中的信任基础。PKI 在实际应用中是一套软硬件系统和安全策略的集合，它提供了一整套安全机制，使用户在不知道对方身份或分布地点的情况下，以数字证书为基础，通过一系列的信任关系进行网络通信和网络交易。在 PKI 环境中，通信的各方需要申请一个数字证书。在此申请过程中，PKI 将会采用其他手段验证其身份。如果验证无误，那么 PKI 将创建一个数字证书，并由认证中心对其进行数字签名。当通信的一方接收到对方的数字证书时，根据数字签名判断出证书来自他信任的认证机构，则他将确信收到的公钥确实来自需要进行通信的另一方。这种情况相当于第三方认证机构为通信的双方提供身份认证的担保，因此也称为"第三方信任模型"。

3.2.3　基于 PKI 的身份认证机制

1. 基于 PKI 的身份认证的过程

假设用户 A 和用户 B 基于 PKI 的身份认证进行通信，主要包括以下主要步骤。

（1）验证身份信息并注册。用户 A 和用户 B 向注册机构（Registration Authority，RA）出示身份标识信息并发出注册请求，注册机构收到他们的身份信息后，对其进行验证，如果验证通过，则将他们的请求转发给认证机构。

（2）发放数字证书。认证机构根据用户的身份信息以及用户的公钥创建 A 和 B 的数字证书，将 A 和 B 的数字证书通过安全信道发送给 A 和 B，并将证书存入数字证书库。私钥和公钥也可由用户自行产生，这取决于系统的策略。

如果 A 主动与 B 通信，则为以下过程。

（3）用户 A 和用户 B 向第三方认证机构请求证书。

（4）交换证书。第三方认证机构查看数字证书库，将 B 的数字证书发给 A，将 A 的证书发给 B。

（5）A 验证数字证书并提取出 B 的公钥。使用该公钥加密一个会话密钥。会话密钥是用于加密 A 和 B 通信内容的密钥。A 将加密的会话密钥和包含自己公钥的证书一起发送给 B。

（6）确认通信。B 收到 A 的证书，查看证书中的认证机构签名是否可信，如果是可信的认证机构，则认证成功。B 用自己的私钥解密获得会话密钥，然后 A 就可以使用该会话密钥与 B 进行通信。

同理，B 主动与 A 通信也会发生类似过程。

2. PKI 的信任模型

在上例中，PKI 的基本认证起到至关重要的作用。现实世界中，不同行业往往有各自不同的认证机构，它们颁发的证书都只在行业范围内有效，终端用户只信任本行业的认证机构。因此，认证机构与用户之间和不同认证之间必须建立一套完整的机制以保证"信任"能够传递和扩散。信任模型产生的目的就是描述不同的认证机构在不同的环境之间的相互关系，目前主要有以下五种信任模型。

（1）层次模型。层次（hierarchical）模型可以看作一个树结构模型，它有一个根认证机构（图 3-5）。根认证机构是整个信任域中的信任锚（Trust Anchor），所有实体都信任它。根认证机构的下面是多个子认证机构，上级认证机构可以认证下级认证机构，而下级认证机构不能认证上级认证机构。两个不同的终端用户进行交互时，双方都提供自己的证书和数字签名，通过根认证机构来对证书进行有效性和真实性的认证。层次结构适用于规模较小的通信，如果用户规模较大，所有的认证都需要根认证机构来进行认证，根认证机构负担较重，效率会较低。

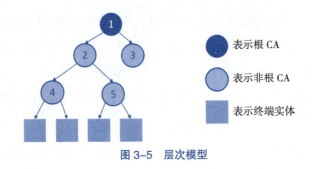

图 3-5 层次模型

（2）交叉模型。交叉模型中，两个不同的根认证机构相互验证对方的公钥，并建立一个双向的信任通道（图 3-6）。假如两个根认证机构分别为 A 和 B，它们已经建立起交叉信任关系，则 A 的下级用户对 B 的一个下级用户发认证请求时，就可以直接在"本地的"根认证机构获取对方根认证机构的证书和公钥，并进一步对认证目标进行验证。这种交叉信任的方式对于多个合作组织比较适合。如两个具有合作关系的企业可以将其根认证机构设定为与对方建立交叉信任。同一企业如果存在两个跨国或跨地区分公司，分公司之间也可利用交叉模型建立信任关系。

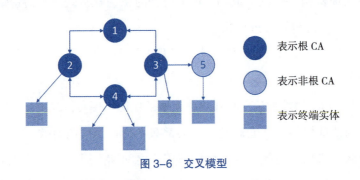

图 3-6 交叉模型

（3）网状模型。该模型是在交叉模型的基础上发展而来的，如图 3-7 所示。在网状（mesh）模型中，信任锚的选取不是唯一的，终端实体通常选取给自己发证的认证机构为信任锚。认证机构间通过交叉认证形成网状结构。网状模型把信任分散到两个或更多个认证机构。如果有多个组织或企业需要协同工作，或者一个大型企业需要协调跨地区的多个部门，可以采用网状模型。

（4）混合模型。混合（hybrid）模型是结合了层次模型、交叉模型和网状模型三者共有的特征而形成的较复杂模型，它有多个根 CA 存在，所有的非根 CA 都采用从上到下的层次模型被认证，根 CA 之间采用网状模型进行交叉认证（图 3-8）。

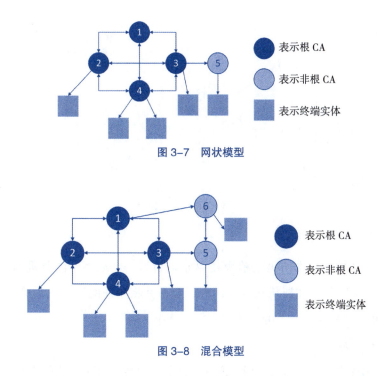

图 3-7 网状模型

图 3-8 混合模型

不同信任域的非根 CA 之间也可以进行交叉认证，这样可以缩短证书链的长度。

（5）Web 模型。该模型多应用于浏览器产品。许多根认证机构被预装在标准的浏览器上，每个根认证机构都是一个信任锚，并且是平行的，不需要进行交叉认证，浏览器用户信任这多个根认证机构并把它们作为自己的信任锚集合，因此，每个终端实体有多个信任锚可以选择。Web 模型更类似于认证机构的层次结构模型，因为浏览器厂商发挥了根认证机构的作用，而与被嵌入的密钥相对应的认证机构就是它所认证的认证机构，当然这种认证并不是通过颁发证书实现的，而只是物理上把认证机构的密钥嵌入浏览器。

3.2.4 PKI 的组成

PKI 主要由认证机构、数字证书库、密钥备份及恢复系统、证书作废系统、应用程序接口（API）等基本部分构成。如图 3-9 所示。

1. 认证机构

认证机构是 PKI 的核心执行机构，是 PKI 的主要组成部分，是 PKI 中存储、管理、发布数字证书的可信机构（或服务器）。人们通常称它为认证中心。CA 是数字证书生成、发放的运行实体，在一般情况下也是证书作废列表（certificate

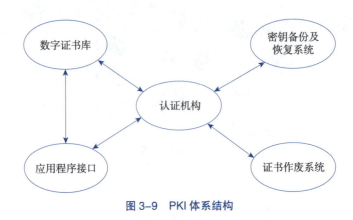

图 3-9　PKI 体系结构

revocation list，CRL）的发布点，在其上常常运行着一个或多个注册机构。当用户请求生成证书的时候，注册机构验证用户的身份并将用户的请求发送给 CA。然后 CA 创建证书、签名并在证书的有效期内保管证书。

2. 数字证书库

数字证书库是用来存储数字证书的。数字证书库除了包括所有的数字证书，还包括已注销的数字证书。PKI 定期对数字证书库进行更新，确保认证的相关数据的完整性和正确性，防范篡改和伪造的行为。

3. 密钥备份及恢复系统

如果用户丢失了用于解密数据的密钥，则数据将无法被解密，这将造成合法数据丢失。为避免这种情况，PKI 提供备份与恢复密钥的机制。但是密钥的备份与恢复必须由可信的机构来完成。并且，密钥备份与恢复只能针对解密密钥，签名私钥为确保其唯一性而不能够做备份。

4. 证书作废系统

证书作废系统是 PKI 的一个必备的组件。证书有效期以内也可能需要作废，原因可能是密钥介质丢失或用户身份变更等。在 PKI 体系中，作废证书一般通过将证书列入证书作废列表来完成。一般系统中，由 CA 负责创建并维护一张及时更新的 CRL，而由用户在验证证书时负责检查该证是否在 CRL 之列。

5. 应用程序接口

PKI 的价值在于使用户能够方便地使用加密、数字签名等安全服务，因此，一个完整的 PKI 必须提供良好的应用程序接口系统，使各种各样的应用能够以安全、一致、可信的方式与 PKI 交互，确保安全网络环境的完整性和易用性。

3.3 数字签名与认证技术

3.3.1 数字签名概述

1. 数字签名的基本原理及功能

数字签名与传统的书面文件签名有相似之处。数字签名技术以加密技术为基础，采用公钥密码体制对整个明文进行变换，得到一个作为核实签名的值。接收者使用发送者的公开密钥对签名进行解密运算，如果其结果为明文，则证明对方的身份是真实的。数字签名代替书写签名或印章，其验证的准确度要远超手写签名或图章，它是目前电子商务中应用最普遍、技术最成熟的电子签名方法。数字签名可以实现以下功能。

（1）接收者确认发送者的真实身份。这是数字签名技术实现的最初目的。如果一个客户通过计算机网络发出订单以购买某种商品，购物网站必须保证发出订单的计算机真正属于将来账户中要划拨出资金的那个客户。

（2）发送者事后不能否认发送过该报文。这一功能的必要性在于防止购物网站或其他金融机构因客户否认订单而遭受不必要的损失。如果客户购入商品后反悔，而购物网站又没有建立严格的数字签名机制，发送者就可能会投诉购物网站，并声称自己从未发送过订单。

（3）保证报文的准确性和完整性。数字签名使接收方和非法入侵者均不能伪造或篡改所发送的信息，从而确保了信息在传输过程中不会遭到任何修改和增删。

2. 数字签名的类型

（1）秘密密钥的数字签名。秘密密钥的加密技术是指发送方与接收方依照事先约定的密钥进行加密和解密的算法，加密和解密均使用同一密钥。由于发送方和接收方都知道同一密钥，就有可能发生否认或篡改报文的欺诈行为，为此必须引入权威机构作为第三方加以控制。

（2）公开密钥的数字签名。由于秘密密钥的数字签名技术需要第三方参与，还必须保证密钥管理权威机构的安全性和可靠性，所以这种机制就给网络管理工作带来了诸多不便。而公开密钥的加密体制只需发送和接收双方参与就能达到充分利用数字签名的目的，避免了上述缺点。在公开密钥密码体制中，每一方都有一对密钥。其中一个是加密密钥且为公共密钥，可以对外公布。另一个解密密钥则为私人密钥,不对外公布,只有拥有者本人知道,而且从公布的加密密钥无法推算出解密密钥。

3.3.2 数字签名的实现

根据数字签名的特性,数字签名可用于身份认证以及不可否认性,也可用于第三方验证签名和签名数据的真实性,以下是基于公钥密码体制的数字签名过程。

1. 基于公钥密码体制的数字签名

图 3-10 展示了公钥密码体制用于数字签名的过程。

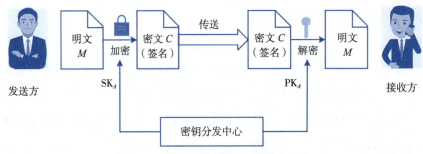

图 3-10 基于公钥密码体制的数字签名

发送方和接收方都需要在密钥分发中心注册,发送方的公钥可以通过密钥分发中心发送给接收方,发送方用自己的私钥对明文 M 进行加密,形成数字签名。发送方将密文 C 发送给接收方。接收方用发送方的公钥对 C 进行解密,验证签名。

由于从 M 到 C 是经过 A 的私钥加密,只有 A 才能做到,因此 C 可当作 A 对 M 的数字签名。任何人只要得不到 A 的 SK_A 就不能篡改 M,因此以上过程获得了对消息来源的认证功能,发送方也不能否认发送的信息。上述这种方案存在着一定的问题,特别是信息处理和通信的成本过高,因为加密和解密是对整个信息内容进行的。实际应用中,若是再传送明文消息,那么发送的数据量至少是原始信息的两倍。我们可以运用哈希函数来对此方案进行改进。

2. 基于公钥密码体制和哈希函数的数字签名

基于公钥密码体制和哈希函数的数字签名如图 3-11 所示。步骤如下:发送方 A 用哈希函数对发送的明文计算哈希值,即消息摘要,再用自己的私钥 SK_A 对消息摘要进行加密,形成数字签名。发送方 A 将明文 M 和签名 C 打包在一起发给接收方 B。B 用 A 的公钥 PK_A 对签名 C 解密,验证签名,获得原始摘要;同时对明文

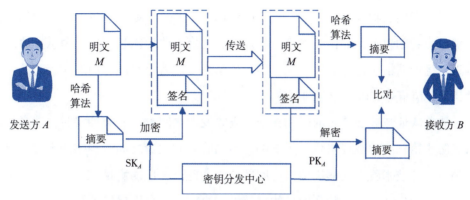

图 3-11　基于公钥密码体制和哈希函数的数字签名

计算哈希值,如果两者相同,则验证签名成功,否则失败。

如果第三方冒充发送方发出了一个明文,因为接收方在对数字签名进行验证时使用的是发送方的公开密钥,只要第三方不知道发送方的私有密钥,解密出来的摘要和经过计算的摘要必然是不相同的,这样就能确保发送方身份的真实性。

3. 基于公钥密码和哈希函数进行数字签名与加密

在上述的数字签名方案中,对于发送信息的不可否认性和可认证性是有保障的,但不能保证机密性,采取如图 3-12 所示的数字签名和加密方式,可以保证明文的机密性,在此方案中,在将明文 M 和签名打包后,再利用接收方的公钥进行一次加密,接收方在接收到密文之后,首先利用自己的私钥进行解密。

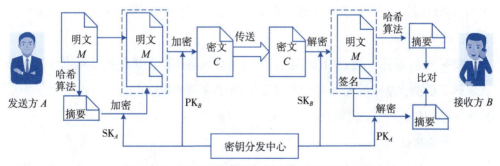

图 3-12　基于公钥密码体制和哈希函数的数字签名

3.3.3　认证技术

在信息安全领域,常见的信息保护手段可以分为保密和认证两大类。目前的认证技术分为消息认证和身份认证。消息认证是验证信息的完整性,即验证数据在传送或存储过程中未被篡改、重放或延迟等。消息认证可以应对网络通信中针对消息内容的攻击,如伪造消息、篡改消息内容、改变消息顺序、消息重放或者延迟。身份认证又称为实体认证,即验证信息发送者是真的,而不是冒充的,包括信源、信宿等的认证和识别。

消息认证与数字签名的区别在于,当收发者之间没有利害冲突时,消息认证对于防止第三者的破坏来说是足够的;但当收者和发者之间有利害冲突时,单纯用消息认证技术就无法解决他们之间的纠纷,此时需借助满足前述要求的数字签名技术。消息认证通过验证消息的完整性和真实性,可以保护信息交换双方不受第三方的攻击,但是它不能处理通信双方内部的相互攻击。因此,数字签名的基本目的是认证、核准和负责,防止相互欺骗和抵赖。数字签名在身份认证、数据完整性、不可否认性和匿名性等方面有着广泛的应用。

1. 消息认证

在消息认证过程中,消息认证码(message authentication code,MAC)是消息认证的关键。消息认证码通常可以通过常规加密和哈希函数产生。

用对称密钥加密消息得到的密文就可作为消息认证码。消息的发送方和接收方共享一个密钥,对于接收方而言,只有消息的发送者才能够成功将消息加密。当然,在这种方式下的消息认证码无法将消息与任何一方关联,也就是发送方可以否认消息的发送,因为密钥由双方共享。

发送方用自己的私钥对消息加密得到的密文(签名)也可作为消息认证码。如图 3-10 所示,但是前面分析过,对整个信息内容进行加密,在实际应用中代价过高,因此不可行。

如图 3-11 所示,通过哈希函数对明文消息计算得到的消息摘要可以作为消息认证码。目前,基于哈希函数的消息认证码是常用的生成方式,它已被用于安全套接字层/传输层安全和安全电子交易等协议标准。

2. 身份认证

身份认证是确认实体对象的数字身份与物理身份是否一致的过程,身份认证技术能够有效防止信息资源被非授权使用,保障信息资源的安全。这里的实体可以是用户,也可以是主机系统。在计算机系统中,身份是实体的一种计算机表达,计算机中的每一项事务是由一个或多个唯一确定的实体参与完成的,而身份可以用来唯一确定一个实体。身份认证分为两个过程:标识与鉴别。标识就是系统要标识实体的身份,并为每个实体取一个系统可以识别的内部名称——标识符 ID（身份标识号）。身份认证主要包含以下形式。

1）基于口令的认证

基于用户名/口令的身份认证是最简单、最易实现、最易理解和接受的一种认证技术,也是目前应用最广泛的认证方法。例如,操作系统及邮件系统等一些应用系统的登录和权限管理,都是采用"用户账户+静态口令"的身份识别方式。静态口令优势在于实现的简单性,无须任何附加设备,成本低、速度快。

动态口令又叫作一次性口令,是指在用户登录系统进行身份认证的过程中,送入计算机系统的验证数据是动态变化的。动态口令的主要思路是在登录过程中加入不确定因素,如时间等,系统执行某种加密算法方法（例如用户名+密码+时间）,产生一个无法预测的动态口令,以提高登录过程的安全性。

2）基于智能卡的认证

智能卡（smart card）是一种集成的带有智能的电路卡,内置可编程的微处理器,可存储数据,并提供硬件保护措施和加密算法。在智能卡中存储用户个性化的秘密信息,同时在验证服务器中也存放该秘密信息,进行认证时,用户输入 PIN（个人身份识别码）,智能卡认证 PIN 成功后,即可读出智能卡中的秘密信息,进而利用该秘密信息与主机进行认证。其中,基于 USB Key 的身份认证是当前比较流行的智能卡身份认证方式。

3）基于生理特征的认证

目前比较成熟的、得到广泛应用的生物特征认证技术有指纹识别、虹膜识别、人脸识别、掌型识别、声音等,还有正在研究中的血管纹理识别、人体气味识别等技术。下面介绍几种应用比较广泛的认证技术。

（1）指纹识别。指纹识别以人的指纹作为身份认证的凭证,通过指纹采集设备获取用户的指纹图像,利用计算机视觉和图像处理技术提取指纹的特征,再根据相应的匹配和识别算法,识别出指纹对应的用户身份。

（2）虹膜识别。虹膜识别以人的虹膜的复杂纹理作为身份认证的凭证,它利用虹膜采集设备获取用户的虹膜图像,综合运用图像处理、人工智能等技术完成虹膜定位、特征提取、匹配等功能。虹膜识别系统已经被广泛应用于军事、行政等安全要求较高的场合。已有的系统甚至可以在几米外远距离扫描人眼虹膜组织,每分钟内可以扫描数十人。

（3）人脸识别。人脸识别是以人的脸部图像作为身份认证的凭证。通过专门的设备采集人脸图像，提取人脸的轮廓特征和局部细节特征，并通过相应的匹配和识别技术来认证用户的身份。人脸识别系统非常适用于人流量较大的区域，可以在人的活动中捕捉人脸图像进行识别。

3.4 访问控制技术

3.4.1 访问控制概述

在访问控制中，通常信息数据、计算处理能力和网络通信资源统称为客体，而"访问"一词可以概括为系统或用户对这些资源的使用，如读取数据、执行程序、占用通信带宽等，这些"访问者"通常被称为主体，而有的实体既可以作为主体，也可以作为客体，如计算机程序等，因此也常用实体统一指代客体和主体。授权是指资源的所有者或控制者准许别的主体以一定的方式访问客体，访问控制（access control）是实施授权的基础，它控制资源只能按照所授予的权限被访问。从另一个角度看，由于对资源的访问进行了控制，权限和授权才得以存在。一般而言，在特定的访问控制基础上，存在不同的授权方式。这就使主体在访问客体时根据需求会有不同的权限。

1. 主体属性

主体属性是指用户的分类，主体属性还可能包括相关执行程序的性质、所处的网络或物理地址等，它们也可能是授权的依据。在安全性要求更高的情况下，主体的属性可能还包括其安全状态。例如，在可信网络连接应用中，访问控制系统在允许某计算机接入前，可以首先评估它的漏洞补丁版本，若版本不是最新的，表明计算机可能遭到攻击或感染病毒的概率较大，因此不予授权连接。

2. 客体属性

客体属性是指所允许的操作及其信息级别。操作系统一般将资源分为是否可读、是否可写、是否可执行、是否可连接等属性。在普通信息系统中，这些属性还可能包括密级、是否可查询、是否可删除、是否可增加等。在安全性要求更高的情况下，客体的属性也可能包括其安全状态，如系统可能认为某些客体已经感染计算机病毒或来源不可信，因而不允许用户访问。

3. 访问控制的理论研究

1969年，B.W.Lampson通过形式化表示方法，运用主体、客体和访问矩阵的思想，第一次对访问控制问题进行了抽象。访问控制矩阵（Access Control Matrix，ACM）模型的基本思想就是将所有的访问控制信息存储在一个矩阵中进行集中管理。当前的访问控制模型都是在它的基础上建立起来的。表3-2为一个简单的访问控制矩阵，其中，行代表主体，列代表客体，每个矩阵元素说明每个用户的访问权限。

表3-2　一个简单的访问控制矩阵

主体	客体1	客体2	客体3
主体1	读取、修改、执行	读取、执行	读取
主体2	读取	—	读取、执行
主体3	读取、执行	读取	
主体4	—	—	读取

访问控制矩阵的实现存在三个主要的问题：存储问题、空间浪费、复杂性问题，因此，人们在访问控制矩阵的基础上研究建立了访问控制表（access control list，ACL）和能力表（capability list，CL）。

4. 访问控制表

访问控制表机制是按访问控制矩阵的列实施对系统中客体的访问控制。每个客体都有一张ACL，用于说明可以访问该客体的主体及其访问权限。对某个共享客体，系统只要维护一张ACL即可。ACL对于大多数用户都可以拥有的某种访问权限，可以采用默认方式表示，ACL中只存放各用户的特殊访问要求。这样对于那些被大多数用户共享的程序或文件等客体就不用在每个用户的目录中都要保留一项。

5. 能力表

能力表保护机制是按访问控制矩阵的行实施对系统中客体的访问控制。每个主体都有一张能力表，用于说明可以访问的客体及其访问权限。主体具有的能力（也被译作权限），是由系统赋予的一种权限标记，它不可被伪造，主体凭借该标记对客体进行许可的访问。能力的最基本形式是对一个客体访问权限的索引，它的基本内容是每一个"客体—权限"对一个主体，如果能够拥有这个"客体—权限"对,就说这个主体拥有访问该客体某项权限的能力。

3.4.2 访问控制模型

访问控制策略是在系统安全较高层次上对访问控制和相关授权的描述,它的表达模型常被称为访问控制模型,是一种访问控制方法的高层抽象和独立于软硬件实现的概念模型。一般而言,访问控制分为五种,即自主访问控制(discretionary access control,DAC)、强制访问控制(mandatory access control,MAC)、基于角色的访问控制(role based access control,RBAC)、基于属性的新型访问控制、基于权限管理基础设施(privilege management infrastructure,PMI)的授权与访问控制。

1. 自主访问控制模型

1)自主访问控制概述

由客体的所有者对自己的客体进行管理,决定是否将自己客体的访问权或部分访问权授予其他主体,这种控制方式是自主的,称为自主访问控制。在自主访问控制下,客体的所有者可以自主选择哪些用户可以共享其文件。对于通用型商业操作系统而言,自主访问控制是一种普遍采用的访问控制手段。几乎所有系统的自主访问控制机制都包括对文件、目录、通信信道以及设备的访问控制。如果通用操作系统希望为用户提供较完备和友好的自主访问控制接口,那么系统还应该包括对邮箱、消息、I/O(输入/输出)设备等客体提供自主访问控制保护。

2)授权管理

自主访问控制的授权管理大致有以下几种。

(1)集中式管理。单个管理者或组对用户进行访问控制授权或授权撤销。

(2)分级式管理。一个中心管理员把管理责任分配给其他管理员,这些管理员再对用户进行访问授权和授权撤销。分级式管理可以根据组织结构实施。

(3)所属权管理。如果一个用户是一个客体的所有者,则该用户可以对其他访问该客体的用户进行访问授权和授权撤销。

(4)协作式管理。对于特定系统资源的访问不能由单个用户授权决定,而必须由其他用户的协作授权决定。

(5)分散式管理。在分散式管理中,客体所有者可以把权力、权限授予其他用户。

3)安全性分析

因为自主访问控制模型允许用户自主地将自己客体的访问操作权转授给别的主体,这成为系统的安全隐患。权力经多次转授后,一旦转授给不可信主体,那么该客体的信息就会被泄露。此外,自主访问控制机制无法抵御木马的攻击。在自主访问控制机制下,某一合法的用户可以任意运行一段程序来修改自己文件的访问控制信息,系统无法区分这是用户的合法修改还是木马程序的非法修改。自主访问控制机制无法像一般的方法一样防止木马程序利用共享客体或隐蔽通道把信息从一个进程传送给另一个进程。另外,因用户无意(如程序错误、误操作等)或不负责任的操作而造成敏感信息的泄露问题,在自主访问控制机制下也无法解决。

2. 强制访问控制模型

(1)基本概念。强制访问控制是一种多级访问控制策略。强制访问控制最早出现在20世纪70年代,是美国政府和军方源于对信息保密性的要求以及防止木马之类的攻击而研发的。强制访问控制是一种基于安全级标签的访问控制方法,通过分级的安全标签实现信息从下向上的单向流动,从而防止高密级信息的泄露。

它的主要特点是系统对访问主体和受控对象实行强制访问控制,系统事先为访问主体和受控对象分配不同的安全级别属性。在实施访问控制时,系统先对访问主体和受控对象的安全级别属性进行比较,再决定访问主体能否访问该受控对象。强制访问控制用于将系统中的信息依据密级和类进行管理,以保证每个用户只能访问资源中被标明可以访问的信息。

(2)授权管理。在强制访问控制中,访问控制完全根据主体和客体的安全级别决定。主体的安全级别是由系统安全管理员赋予用户,而客体的安全级别则由系统根据创建它们的用户的安全级别决定。因此,强制访问控制的授权管理策略比较简单,只有安全管理员能够改变主体和客体的安全级别。

(3)安全性分析。强制访问控制策略目前主要应用于军事系统或是安全级别要求较高的系统。该策略去除了自主访问控制策略由用户来自由分配的特点,而采用集中控制的方法。它对木马攻击有一定的抵御作用,即使某用户进程被木马非法控制,也不能随意扩散机密信息。但它同时也存在一些不足,主要表现在两个方面:完整性方面控制不够;应用领域比较窄。由于强制访问控制的规则制定严格并且缺乏弹性,所以无法适应复杂的现实环境。

3. 基于角色的访问控制模型

（1）基本概念。传统的自主访问控制模型对于客体使用 ACL 制定的访问控制规则。在配置 ACL 时，管理员必须将组织机构的安全策略转换为访问控制规则。随着系统内客体和用户数量的增多，用户管理和权限管理的复杂性增强。同时，对于流动性高的组织，随着人员的流动，管理员必须频繁地更改某个客体的权限。自主访问控制模型和强制访问控制模型不能适应大型系统中数量庞大用户的访问控制。因此，产生了基于角色的访问控制模型。

（2）授权管理。在 RBAC 模型中，系统定义各种角色，每种角色可以完成一定的职能，不同的用户根据其职能和责任被赋予相应的角色，一旦某个用户成为某角色的成员，则此用户具有该角色的职能。RBAC 根据用户的工作角色来管理权限，其核心思想是将权限同角色关联起来，而用户的授权则通过赋予相应的角色来完成，用户所能访问的权限由该用户所拥有所有角色的权限集合的并集决定。这里的角色充当着主体（用户）和客体之间的桥梁，角色不仅是用户的集合，也是一系列权限的集合。

在 RBAC 模型中，当用户或权限发生变动时，系统可以很灵活地将该用户从一个角色移到另一个角色来实现权限的转换，降低了管理的复杂度。另外在组织机构发生职能改变时，应用系统只需要对角色进行重新授权或取消某些权限，就可以使系统重新适应需要。与用户相比，角色是相对稳定的。其所执行的操作与其所扮演角色的职能相匹配，这正是 RBAC 的根本特征。

（3）安全性分析。基于角色的访问控制机制的优点是便于授权管理、可根据工作需要分级、方便赋予最小权限、可实现任务分担、便于文件分级管理以及大规模实现。RBAC 引进了角色表示访问主体具有的职权和责任，可以灵活地表达和实现组织的安全策略，从而简化权限设置管理。RBAC 目前在大型数据库系统的权限管理中得到了普遍应用。但是，在大型开放式和分布式网络环境下，通常无法了解网络实体的身份真实性和授权信息，而 RBAC 无法实现对未知用户的访问控制和委托授权机制，从而限制了 RBAC 在分布式网络环境下的应用。

4. 基于属性的新型访问控制模型

大数据、物联网、人工智能、云计算等新兴技术的广泛应用，产生了海量的数据，这些数据可能存储于开放的网络环境中，并为成千上万的用户提供并发的存储服务，用户可能来自不同的组织。如何安全地应用这些海量数据，成了信息安全领域亟待解决的问题。根据这一场景的需求，基于属性的新型访问控制应运而生。

（1）基本概念。基于属性的新型访问控制模型的属性可以通过一个四元组（S、O、P、E）进行描述。S 表示主体（subject）属性，即主动发起访问请求的所有实体具有的属性，如年龄、姓名、职业等；O 表示客体（object）属性，即系统中可被访问的资源具有的属性，如文档、图片、音频或视频等数据资源；P 表示权限（permission）属性，即对客体资源的各类操作，如文件或数据库等的读、写、新建、删除等操作；E 表示环境（environment）属性，即访问控制过程发生时的环境信息，如用户发起访问的时间、系统所处的地理或网络位置、是否有对同一信息的并发访问等信息，这一属性独立于访问主体和被访问资源。

（2）授权管理。基于属性的新型访问控制模型可分为两个阶段：准备阶段和执行阶段。准备阶段主要负责收集构建访问控制系统所需的属性集合以及对访问控制策略进行描述。而执行阶段主要负责对访问请求的响应及对访问策略的更新。属性权威预先收集存储和管理构建安全的访问控制所需的所有属性以及属性与权限之间的对应关系。为了构建安全的访问策略，需要从海量的类型各异的访问主体和访问客体中挖掘出独立、完备的主体属性、客体属性、权限属性和环境属性集合，并构建这些属性同相关实体之间的关联关系。

在执行阶段，当接收到原始访问请求之后，策略实施点向系统请求主体属性、客体属性以及相关的环境属性，根据所返回的属性结果集构建基于属性的访问请求并传递给策略决策点。策略决策点根据所提供的主体属性、客体属性以及相关的环境属性，对用户的身份信息进行判定。

（3）安全性分析。在基于属性的访问控制系统中，用户的身份是由一系列属性组成的集合来表示的，具有较强的匿名性，这种匿名性导致用户可能滥用其所拥有的属性带来的权限。引入身份认证机制可以有效保证用户所提供属性的可靠性及数据源的不可否认性，增强访问控制系统的安全性。同时，新型计算环境中用户和设备的动态特性带来了权限的频繁变动，需要对这些变动实时响应，及时更改相应的安全权限，保证系统的安全运行。

5. 基于 PMI 的授权与访问控制模型

（1）基本概念。权限管理基础设施又叫授权管理基础设施，是属性证书、属性权威、属性证书库等部分的集合体，用来实现权限和证书的产生、管理、存储、分发和撤销等。它包含两个重要的概念：①属性权威（attribute authority，AA），是用来生成并签发属性证书的机构。它负责管理属性证书的整个生命周期。②属性证书（attribute certificate，AC），是对于一个实体的权限的表示，它是由一个进行了数字签名的数据结构来提供的，由属性权威签发并管理。

PMI 以资源管理为核心，对资源的访问控制权交由授权机构统一处理，即由资源的所有者来进行访问控制。而 PKI 则是以公开密钥技术为基础，以数据的机密性、完整性和不可抵赖性为安全目的而构建的认证、授权、加密等硬件、软件的综合设施。它们的区别是：PKI 证明用户是谁，而 PMI 证明这个用户有什么权限、能干什么，而且 PMI 需要 PKI 为其提供身份认证。

（2）基本模型。PMI 基本模型如图 3-13 所示。该模型包含三类实体：授权机构、权限持有者和权限验证者。基本模型描述了在授权服务体系中主要的三方之间的逻辑联系以及两个主要过程——权限分配和验证。这是 PMI 框架的核心。授权机构向权限持有者授权，权限持有者向资源提出访问请求并声称具有权限，由权限验证者进行验证。权限验证者总是信任授权机构，从而建立信任关系。PMI 基本模型的体系结构类似于简单 CA 的体系结构，SOA 的作用可以看作 CA，对权限的分配是由 SOA 直接进行的。由于 SOA 同时要实现很多宏观控制功能，如制定访问策略、维护撤销列表、进行日志和审计工作等，特别是当用户数目增大时，容易在 SOA 处形成性能瓶颈，因此，一般在实际应用中对 SOA 进行优化处理。

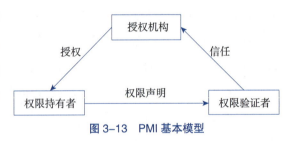

图 3-13　PMI 基本模型

3.5　电子支付安全基础技术

电子支付是电子商务发展的必然产物，是电子商务的核心支撑工具。电子支付的安全性问题是电子商务安全问题最重要的内容。电子支付直接与金钱挂钩，因此，电子支付的安全需求，在电子商务活动中是最高的，也是最容易遭受攻击的，一旦出现问题，会带来较大的经济损失，并会在电子支付链中相互传递风险。电子支付系统面临的安全威胁主要有：以非法手段窃取信息，包含机密的交易或支付的内容，泄露给未被授权者；篡改数据或数据传输中出现错误、丢失都可能导致数据的完整性被破坏；伪造信息或假冒合法用户的身份进行欺骗；系统安全漏洞、网络故障以及感染病毒等。以上安全威胁都会导致系统程序或数据被破坏。

3.5.1 电子支付及安全概述

1. 电子支付的定义及分类

电子支付是支付命令发送方把存于商业银行的资金，通过一定的方法划入收益方开户银行并支付给收益方的一系列转移过程。我国给出的定义是，电子支付是指单位、个人直接或授权他人通过电子终端发出支付指令，实现货币支付与资金转移的行为。电子支付从基本形态看是电子数据的流动，它以金融专用网络为基础，通过计算机网络系统传输电子信息来实现支付。按电子支付指令发起方式，电子支付分为网上支付、电话支付、移动支付、销售点终端交易、自动柜员机支付和其他电子支付；按支付指令的传输渠道，电子支付可以分为卡机支付、网上支付、移动支付。

2. 电子支付的安全需求

一般地，电子支付的安全需求主要包括机密性、完整性、身份认证、不可否认性和容错性。

（1）机密性。人们在进行电子支付时涉及很多敏感信息，如个人身份信息、银行卡号和密码等，这些信息不能泄露给其他人，否则就有可能出现个人隐私泄露或资金被盗等问题。

（2）完整性。完整性是指交易信息或支付信息在存储或传输时不被修改破坏和丢失，保证合法用户能接收和使用真实的支付信息。

（3）身份认证。在交易信息的传输过程中，要为参与交易的各方提供可靠标识，使他们能正确识别对方并互相认证身份，这可以有效防止网上交易的欺诈行为。只有交易各方能正确识别对方，人们才能放心地进行支付，因此，方便而可靠地认证对方身份是支付的前提。

（4）不可否认性。必须防止交易各方否认发出过或接收过某信息。

（5）容错性。电子支付系统要有较强的容错性，即使在意外发生系统故障时，也能保证系统的稳定和可靠，同时保证双方交易和双方的利益不受影响，如不会发生一方已付款，但另一方没收到付款的情况。

在现实中，电子支付系统的安全需求是通过先进的信息安全技术和安全支付协议得到保证的，电子支付的安全性对支付模式的管理水平、信息传递技术等也提出了很高的要求。

3.5.2 电子基本支付模式及安全

1. 电子现金

1）电子现金概述

电子现金是一种以电子形式存在的现金，又称电子货币或数字现金，是现实货币的数字模拟。它把现金数值转换成一系列加密的序列号，通过这些序列号来表示现实中各种金额的币值。电子现金使用时与纸质现金类似，多用于小额支付或微支付，是一种储值型的支付工具，可以实现脱机处理。客户在开展电子现金业务的电子银行设立账户并在账户内存钱，就可以用兑换的电子现金购物，电子现金作为以电子形式存在的现金货币，同样具有传统货币的价值度量、流通手段、储蓄手段和支付手段四种基本功能。

2）电子现金支付模型

电子现金在其生命周期一般要经过四个过程：初始化、提款、支付和存款，涉及用户、商家和银行（或可信第三方、经纪人）三方。电子现金的基本流通模式如图 3-14 所示。

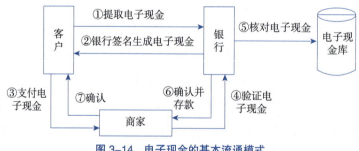

图 3-14　电子现金的基本流通模式

具体来说，客户要提取电子现金，必须首先在银行开设一个账户（需要提供表明身份的证件）。当客户想提取电子现金进行消费时，可以访问银行并提供身份证明（通常利用数字证书）。在银行确认了客户的身份后，银行可以向客户提供一定数量的电子现金，并从客户账户减去相应的金额，然后客户可以将电子现金保存到他的电子钱包或智能卡中。

客户使用电子现金向商家支付商品或服务费时，商家需要验证电子现金。根据商家验证电子现金时是否需要银行在线参与，可将电子现金系统分为离线电子现金系统和在线电子现金系统。离线电子现金系统是指在每次支付时，商家可以自行验证真伪及是否被重复花费；在线电子现金系统是指商家每次需要与银行联机验证电子现金的真伪及是否被重复花费。

3）电子现金支付协议

电子现金支付系统要求客户预先提取电子现金，然后才可以购买商品或服务，所以它是一种预支付系统。电子现金协议包括以下四个基本协议。

（1）取款协议。它是从客户账户提取电子现金的协议。它要求客户和银行之间的通道必须通过身份鉴别。因此，只有在客户向银行证明自己是相应账户的所有者后，银行才允许客户从其账户提取电子现金。

（2）支付协议。它是客户向商家支付电子现金的协议。客户选择电子现金作为支付工具时，将电子现金传送给商家，然后商家将检验电子现金的有效性，并将商品提供给客户。

（3）存款协议。商家利用该协议存储电子现金。

（4）重复检测协议。当商家将电子现金存入自己的银行账户时，银行将检查存入的电子现金是否有效，如果发现是重复花费，则银行可以对账户使用重复检测协议来跟踪重复使用者的身份，以便对其进行惩罚。

4）电子现金系统的实例

目前已经使用的电子现金系统有三种。

（1）E-Cash。它是由 DigiCash 公司开发的，是在互联网上使用的、完全匿名的、安全的电子现金，E-Cash 采用了公钥密码体制，银行虽然完成了 E-Cash 的存取，但不能跟踪 E-Cash 的具体交易，E-Cash 可以实时转账，商家和银行不需要第三方服务中介介入。

（2）Net Cash。它是可记录的匿名电子现金系统，其主要特点是设置分级货币服务器来验证和管理电子现金，使电子线交易的安全性得到保证。

（3）Mondex。它是欧洲使用的以智能卡为电子钱包的电子现金系统，可以应用于多种用途，具有信息存储、电子钱包、安全密码锁等功能，可保证电子交易安全可靠。

2. 电子支票

（1）电子支票概述。电子支票是客户向收款人签发的无条件数字化支付指令，电子支票是网络银行常用的一种电子支付工具，它对应于传统支票，是一个包含了传统支票全部信息的电子文档，是传统支票的替代物，在电子支票支付模型中，电子支票利用各种安全技术实现账户之间的资金转移，以完成传统支票的所有功能，它用基于公钥的数字签名代替传统支票的手写签名，使支票的支付业务和支付过程电子化，从而最大限度地提升现有银行系统的效率。

电子支票的运作类似于传统支票，客户从他的开户行收到电子支票，并为每一个付款交易输入付款数目、货币类型以及收款人的姓名，为了兑换电子支票，付款人和收款人都必须对支票进行签名，收款人将支票拿到银行进行兑现，银行验证无误后即向收款人兑付或转账，然后银行又将支票送回给付款人。由于电子支票在形式上是数字化信息，因此处理极为方便，处理的成本也比较低，电子支票通过网络传输极其迅速，大大缩减了支票在途时间，使客户在途资金损失减为零。

电子支票采用公钥基础设施保证安全，可以实现支付过程的保密性、真实性、完整性和不可否认性，从而在很大程度上解决了传统支票支付中存在的伪造问题。

（2）支付过程及安全保障。当客户决定用电子支票作为支付方式时，支付系统首先要验证交易双方的身份，然后通过以下步骤实现交付过程：客户可以使用发卡银行发放的授权证明文件签发电子支票，然后将签名的电子支票发送给商家，在签发电子支票时，客户利用自己的私有密钥在电子支票上进行数字签名，以保证电子支票内容的真实性，这和在传统支票上签名很相似，电子支票包含客户名、金额、日期、收款人和账号等信息，它向商家提供了完整的支付信息。为了保证电子支票的安全性，客户可以用商家的公钥或双方共享的对称密钥对电子支票内容或部分内容进行加密，然后通过网络将已加密的电子支票传送给商家，以保证只有商家才是该电子支票的唯一合法接收者。然后商家用自己的私钥解密电子支票，采用客户公钥验证客户对电子支票的签名。如果电子支票是有效的，则商家将发货给客户或向客户提供相应的服务，因此，电子支票支付系统也属于后付费交费支付系统。电子支票使用流程如图 3-15 所示。

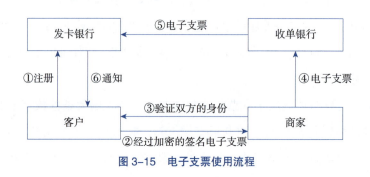

图 3-15　电子支票使用流程

3.5.3 移动支付及安全

1. 移动支付的概念

目前业界还没有统一的、被各方所接受的移动支付定义，不同参与方和研究机构从各自角度对移动支付进行定义。一般认为，移动支付是使用移动设备通过无线方式完成支付行为的一种支付方式。移动支付将终端设备、互联网应用提供商以及金融机构相融合，为用户提供货币支付缴费等金融服务，使用者通过移动设备、互联网或者近距离传感设备，直接或间接地向银行、金融机构发送支付指令，产生货币支付与资金转移行为，从而实现移动支付功能。

移动支付根据支付的空间和时间特点，可分为现场支付和远程支付两种。现场支付已经比较成熟，它是指通过非接触设备将移动设备与 POS 机（销售点终端机）或 ATM 机（自动柜员机）连接，以实现支付功能，这样的交易一般只需要几百毫秒，广泛用于乘坐公交、商场购物等。远程支付，是目前移动商务主要依赖的支付方式，远程支付可以独立于用户的物理位置，不需要在产品销售结算处有支付终端，这种支付一般是通过手机网上支付或者短信支付来完成的。从支付的速度来看，远程支付具有明显的时间延迟，快时需要几秒钟，慢时甚至需要几分钟。目前在国内开展的手机购物、手机银行等均属于此类非现场的远程支付。

2. 移动支付模式

（1）银行独立支付模式。银行独立支付模式是指银行与用户通过专线和移动通信网络互联，将银行账户与手机账户绑定，用户通过银行账户进行移动支付。移动运营商只提供移动网络的通道，不参与支付过程和运营管理。我国绝大部分银行都提供手机银行业务。

（2）移动近场支付模式。移动近场支付模式是指通过移动终端，利用近距离通信技术，如蓝牙、红外线、射频识别（radio frequency identification，RFID）、近场通信（near field communication，NFC）等，完成支付的非接触式支付方式。移动近场支付分为近场脱机支付和近场联机支付。近场脱机支付主要应用于各类存储卡，如交通卡是一种常见的近场脱机支付。近场联机支付主要是向移动终端提供某种支付账户信息，通过现场终端接入支付平台，从而完成支付的过程。

（3）二维码支付模式。二维码是在 20 世纪 90 年代初产生的，它是在水平方向和垂直方向的二维空间存储信息的条码，它可存放 1 KB 字符，储存的信息是一维条码的几十倍到几百倍，它可通过英文、中文、数字、符号和图形描述商品的详细信息，同时还可根据需要进行加密，防止数据的非法篡改。目前我国已批准使用四种二维码标准，其中 PDF417 条码标准使用最为广泛。我国电子支付领域广泛使用了二维码。

二维码支付分为付款方主扫模式和收款方主扫模式。付款方使用支付客户端 App 内置的二维码识读软件（扫一扫）扫描包含支付链接的二维码进行支付。

3. 移动支付流程

移动支付流程如图 3-16 所示。

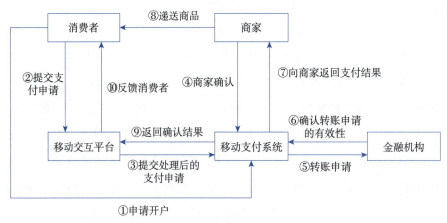

图 3-16　移动支付流程

（1）申请开户。消费者必须先向移动支付系统提出开户申请，才可以使用移动支付服务。

（2）提交支付申请。开通移动支付服务以后，消费者可以通过短信或者其他移动手段提交自己的购物信息和支付请求到移动交互平台。

（3）提交处理后的支付申请。移动交互平台首先根据服务号对消费者的支付申请进行分类，然后把这些申请压缩成中国移动点对点协议（China Mobile Peer to Peer，CMPP）格式，最后把它们提交给移动支付系统。

（4）商家确认。在收到 CMPP 格式的申请以后，移动支付系统会向商家查询并验证一些细节，商家在此后会给出相应的反馈。

（5）转账申请。如果商家同意消费者的支付申请，系统就会处理消费者的申请。

（6）确认转账申请的有效性。金融机构会对转账申请的合法性进行验证，并给出系统反馈。

（7）向商家返回支付结果。在收到金融机构的反馈之后，移动支付系统就会向商家发出转账成功的信息和递送商品的要求。

（8）递送商品。商家把商品通过一定的形式发给消费者。

（9）返回确认结果。当收到金融机构的反馈以后，移动支付系统立即把这个反馈发给移动交互平台。

（10）反馈消费者。移动交互平台会把从移动支付系统那里得到的支付结果反馈给消费者。

以上所讨论的是消费者、商家、金融机构都能在支付网关的支持下进行的移动支付流程，如果在某一部分发生错误，整个流程就会停滞，并且系统立刻向用户发出消息，随着移动技术的不断发展及移动运营成本的不断降低，支付流程还会得到完善。

4. 移动支付的安全需求

基于移动电子商务自身的特点，对于移动支付，可能面临网络安全以及系统安全等需求，本部分只从信息保密的角度对移动电子支付面临的安全需求加以介绍。

（1）密钥协商与双向密钥控制。密钥协商与双向密钥控制是指移动用户和移动网络之间通过安全参数协商确定会话密钥，而不能由一方单独确定，并保证一次一密。这一方面是为了防止由于一个旧的会话密钥泄露而导致的重放攻击，另一方面也是为了防止由一方指定一个特定的会话密钥而带来的安全隐患。

（2）双向密钥确认。移动用户与移动网络系统要进行相互确认，确保对方和自己拥有相同的会话密钥，以保证接下来的会话中经过自己加密的信息，在被对方接收后能够正确地进行解密。

（3）能够检测到DDOS（分布式拒绝服务攻击）和重放攻击。应保证信息的接收方能识别出信息的发送状态，确定是否信息重放，识别出信息重放是否是人为恶意攻击造成的，以及判断出是否存在拒绝服务攻击并进行抵御。

（4）较低的资源消耗。系统的资源消耗不能因为系统安全性增强而大大增加，应尽量减少安全机制所带来的系统资源消耗。

（5）较高的容错能力。信息在网络传输时，设备和线路经常发生故障，要保证在故障产生时，系统不会长时间处于停滞状态，当无线网络中的通信线路或者网关服务器出现故障时，安全机制不会因此而失效，即系统安全性不依赖于网络的可靠性。

【本章小结】

本章围绕密码学的基本理论、技术和应用,以信息加密、解密的方法为基础,介绍了对称密码与非对称密码的设计和应用,哈希函数的功能及应用,以此为基础,进一步介绍了密钥的产生、分发,以及不同分发方式的特点。接下来介绍了数字证书的功能、特征以及在电子商务中的应用,公钥基础设施的组成、数字签名原理以及认证技术的实现。在访问控制技术中讲到访问控制技术的功能以及不同模型的区别及应用。最后,基于以上的理论,介绍了电子支付安全技术的模式以及面临的威胁、安全的需求,在移动支付中介绍了不同的移动支付模式、移动支付流程及其安全需求。

【思考题】

【即测即练】

1. 对称加密和非对称加密有什么不同?
2. 哈希函数有什么功能?主要应用在哪些场景之中?
3. 数字证书的特征有哪些?它在电子商务安全中有哪些应用?
4. 公钥基础设施由哪些部分组成?各部分的功能是什么?
5. 访问控制模型有哪些?它们有什么不同?
6. 基于角色的访问控制策略有什么优势?
7. 基于属性的访问控制模型应用在哪些场景之中?
8. 电子支付有哪些安全需求?
9. 移动支付有哪些支付方式?

第 4 章　电子商务系统安全

【学习目标】

1. 了解电子商务系统安全包含的主要系统模块、物理安全所面临的主要威胁、数据库系统安全应用的安全技术以及云计算数据库面临的安全威胁、代码安全漏洞的防范技术。

2. 熟悉操作系统的系统安全防护，以及应用系统面临的主要安全问题。

3. 掌握 Windows 和 Linux 的安全操作，保护传统数据库安全的方法，恶意代码的主要类型以及防范措施。

【能力目标】

1. 具备从物理安全、操作系统安全、数据库安全及应用安全角度分析电子商务系统安全的能力。

2. 具备操作系统和数据库的安全防护，免受系统漏洞影响、恶意代码攻击的能力。

【思政目标】

1. 在电子商务过程中树立正确的安全意识。

2. 养成遵守安全制度、关心数据安全的作风。

3.掌握恶意代码的防范技术,具备在电子商务应用过程中和不良行为做斗争的自信心。

【思维导图】

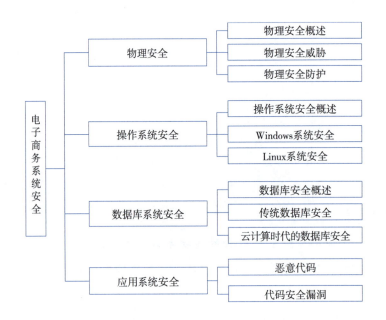

【导入案例】

勒索病毒是一种新型电脑病毒,主要以邮件、程序木马、网页挂马的形式进行传播。该病毒性质恶劣、危害极大,一旦感染,将给用户带来无法估量的损失。这种病毒利用各种加密算法对文件进行加密,被感染者一般无法解密,必须拿到解密的私钥才有可能破解。据"火绒威胁情报系统"监测和评估,从2018年初到9月中旬,勒索病毒总计对超过200万台终端发起过攻击,攻击次数高达1 700万余次,且整体呈上升趋势。2017年12月13日,"勒索病毒"入选国家语言资源监测与研究中心发布的"2017年度中国媒体十大新词语"。

勒索病毒文件一旦进入本地,就会自动运行,同时删除勒索软件样本,以躲避查杀和分析。接下来,勒索病毒利用本地的互联网访问权限连接至"黑客"的服务器,进而上传本机信息并下载加密私钥与公钥,利用私钥和公钥对文件进行加密。除了病毒开发者本人,其他人几乎不可能解密。加密完成后,勒索病毒还会修改壁纸,在桌面等明显位置生成勒索提示文件,指导用户去缴纳赎金。勒索病毒变种速度非常快，对常规的杀毒软件具有免疫性。其攻击的样本以 exe、js、wsf、vbe 等类型为主，对常规依靠特征检测的安全产品是一个极大的挑战。

据火绒监测，勒索病毒主要通过三种途径传播：漏洞、邮件和广告推广。通过漏洞发起的攻击占攻击总数的 87.7%。由于 Windows 7、XP 等老旧系统存在大量无法及时修复的漏洞，而企事业单位的局域网用户使用较多的恰恰是 Windows 7、XP 等老旧系统，因此也成为病毒攻击的重灾区，病毒可以通过漏洞在局域网中无限传播。相反，Windows 10 系统因为强制更新，几乎不受漏洞攻击的影响。通过邮件与广告推广的攻击分别为 7.4%、3.9%。虽然这两类传播方式占比较小，但对于有收发邮件、网页浏览需求的企业而言，依旧会受到威胁。此外，对于某些特别依赖 U 盘、记录仪办公的局域网机构用户来说，外设则成为勒索病毒攻击的特殊途径。

资料来源：国内勒索病毒持续高发，今年来超 200 万台终端被攻击，人民网，2018 年 9 月 22 日。

【讨论题】

1. 勒索病毒有哪些主要表现？
2. 勒索病毒有怎样的攻击过程？
3. 勒索病毒一般会攻击哪种类型的用户？这类用户有什么特点？
4. 在日常的工作环境中，如何防范勒索病毒？

4.1 物理安全

4.1.1 物理安全概述

物理安全是指计算机硬件设备及其运行环境的安全，它是保障电子商务系统运行的基础。因为数据和信息的交换都是以一定的方式运行在物理设备之上的，保障物理设备及其所处环境的安全，就成了信息系统安全的第一道防线。物理安全主要包含环境安全以及计算机硬件设备和网络安全。环境安全是指场地、机房和信息网络所处环境的安全，包括场地安全、防火、防水、防静电、防雷击、电磁防护、线路安全等。计算机硬件设备和网络安全主要是指构成信息网络的各种计算机及其相关设备、网络线路、供电连接、各种媒体数据本身及其存储介质等安全。

4.1.2 物理安全威胁

1. 环境或设备方面

物理安全的威胁主要有：自然灾害等环境事故造成的设备故障或损毁，设备被盗、被毁，设备在设计上的缺陷，硬件恶意代码攻击，旁路攻击等。计算机及网络设备的故障或损毁会对计算机及网络信息的可用性造成威胁，环境对计算机及网络设备的影响主要包括：地震、水灾、火灾等自然灾害，温度、湿度、灰尘、腐蚀、电气与电磁干扰等环境因素，这些因素从不同方面影响计算机的可靠工作。

2. 硬件方面

（1）恶意代码。数字时代，不仅软件有恶意代码，无处不在的集成电路芯片中也会存在恶意代码。这是因为，一方面芯片越来越复杂，功能越来越强大，但是其中的漏洞却越来越多，电路复杂性也决定了根本不可能用穷举法来测试它，这些漏洞会被发现进而被"黑客"利用；另一方面，后门、木马等恶意代码也可能直接隐藏在硬件芯片中。

（2）旁路攻击。旁路攻击是指攻击者通过分析敲击键盘的声音，针式打印机的噪声，不停旋转硬盘或是网络设备的 LED（发光二极管）灯以及显示器（包括液晶显示器）、CPU（中央处理器）和总线等部件在运行过程中向外部辐射的电磁波等来获取一定的信息。键盘和显示器屏幕是最易发生旁路攻击的硬件设备。电磁泄漏是一种容易被忽视的信息泄露途径。

4.1.3 物理安全防护

1. 环境安全

环境安全保障应符合国家标准，在进行机房建设时应参照《信息安全技术 网络安全等级保护基本要求》《电子信息系统机房设计规范》《电子信息系统机房施工及验收规范》《信息安全技术 信息系统物理安全技术要求》《计算机场地通用规范》等规范。GB/T 22239—2019《信息安全技术 网络安全等级保护基本要求》规定，物理环境安全建设应包括物理位置的选择、物理访问控制、防盗窃和防破坏、防雷击、防火、防水防潮、防静电、温湿度控制、电力供应和电磁防护等。

2. 电磁安全

目前对于电磁安全防护的主要措施有以下几种。

（1）设备隔离和合理布局。设备隔离是将信息系统中需要重点防护的设备从系统分离出来，加以特别防护。合理布局是指以减少电磁泄漏为原则，合理地放置信息系统中的有关设备。

（2）使用低辐射设备。低辐射设备即设备在设计和生产时就采取了防辐射措施，把设备的电磁泄漏抑制到最低限度。

（3）应用屏蔽方法。屏蔽是所有防辐射技术手段中最为可靠的一种。屏蔽不但能防止电磁波外泄，而且可以防止外部电磁波对系统内设备的干扰。重要部门的办公室、实验场所可以用有色金属网或金属板进行屏蔽，并注意连接的可靠性和接地良好，防止向外辐射电磁波。

（4）使用干扰器。干扰器通过增加电磁噪声来降低辐射泄露信息的总体信噪比，增大辐射信息被截获后破解还原的难度。这是一种成本相对低廉的防护手段，主要用于保护密级较低的信息。

（5）应用滤波技术。滤波技术是对屏蔽技术的一种补充。被屏蔽的设备和元器件并不能完全密封在屏蔽体内，仍有电源线、信号线和公共地线需要与外界连接。采用滤波技术，只允许某些频率的信号通过，而阻止其他频率范围的信号，从而起到滤波作用。

（6）采用光纤传输。光纤为非导体，可直接穿过屏蔽体，不附加滤波器也不会引起信息泄露。光纤内传输的是光信号，不仅能量损耗小，而且不存在电磁信息泄漏问题。

4.2 操作系统安全

4.2.1 操作系统安全概述

1. 操作系统面临的安全问题

威胁操作系统安全的因素包括但不限于以下几种。

（1）网络攻击破坏系统的可用性和完整性。例如，恶意代码（如 Rootkit 等）造成系统文件和数据文件的丢失或破坏，甚至使系统瘫痪或崩溃。

（2）隐蔽信道破坏系统的保密性和完整性。隐蔽信道就是指系统中不受安全策略控制的、违反安全策略的信息泄露途径。如今，攻击者攻击系统的目的更多集中在获取非授权的信息访问权。这些信息可以是系统运行时内存中的信息，也可以是存储在硬盘上的信息。窃取信息的方法有多种，如使用口令破解工具破解系统口令、使用木马工具记录键盘信息、利用隐蔽信道非法访问资源等。

（3）用户的误操作破坏系统的可用性和完整性。例如，用户无意中删除了系统的某个文件，无意中停止了系统的正常处理任务，这样的误操作或不合理地使用系统提供的命令，会影响系统的稳定运行。操作系统在设计时不可避免地要在安全性和易用性之间寻找一个最佳平衡点，这就使操作系统在安全性方面必然存在缺陷。

2. 操作系统的安全机制

1）操作系统安全目标

根据操作系统的基本功能，操作系统安全目标主要有以下几点。

（1）标识系统中的用户并进行身份鉴别。

（2）依据系统安全策略对用户的操作进行访问控制，防止用户对计算机资源的非法存取。

（3）监督系统运行的安全。

（4）保证系统自身的安全性和完整性。

2）安全机制设计

下面介绍实现操作系统安全目标需要建立的主要安全机制，包括标识与鉴别、访问控制、最小权限管理、信道保护、安全审计、存储保护和文件系统保护等。

（1）标识与鉴别。标识，是指用户向系统表明自己身份的过程，鉴别是系统核查用户身份的过程，这两项工作统称为身份认证。身份认证一般通过用户名、智能卡或是硬件序列号等标识来识别。用户一旦完成身份认证，操作系统会利用标识来跟踪用户的操作。因此，用户标识符必须是唯一的，而且不能被伪造。标识与鉴别机制保证了只有合法用户才能存取系统中的资源。在操作系统中，鉴别通常是在用户登录系统时完成的。

（2）访问控制。操作系统的访问控制是在身份认证的基础上，根据用户的身份对资源访问请求进行控制。访问控制的目的是限制主体对客体的访问权限，使计算机系统在合法范围内使用，它决定用户能进行什么操作，也决定代表用户身份的进程或服务能进行何种操作。

（3）最小权限管理。最小权限是指在完成某种操作时，一方面给予主体必不可少的权限，保证主体能在所赋予的权限之下完成需要的任务或操作。另一方面，只给予主体必不可少的权限,这就限制了每个主体所能进行的操作。如将超级用户的权限进行细粒度划分,分别授予不同的系统操作员/管理员,使各种系统操作员/管理员只具有完成其任务所需的权限,从而减少由于权限用户的口令丢失、被冒充或误操作所引起的损失。

(4)信道保护。信道保护涉及两个方面:一方面是保护正常信道;另一方面是发现和处理隐蔽信道。

①保护正常信道。可信路径机制主要在用户登录或注册时应用。为用户建立可信路径的一种方法是使用通用终端发送信号给系统核心,这个信号是不可信软件不能拦截、覆盖或伪造的,一般称这个信号为安全注意键(secure attention key,SAK)。每当系统识别到用户在一个终端上键入 SAK 时,便终止对应到该终端的所有用户进程(包括木马程序),启动可信的会话过程,以保证用户名和口令不被窃走。例如在 Windows 系统中,SAK 是(Ctrl+Alt+Del)组合键,用户同时按下这 3 个键后,Windows 系统会终止所有用户进程,重新激活登录界面,提示用户输入用户名和口令。

②发现和处理隐蔽信道。隐蔽信道就是指系统中不受安全策略控制的、违反安全策略的信息泄露途径。计算机系统中的隐蔽信道一般可分为存储信道和时间信道,它们都是利用共享资源(如文件,对文件是否存在的判断)来传递秘密信息的,并且要协调好时间间隔。我国的《计算机信息系统 安全保护等级划分准则》对于隐蔽信道分析提出了明确的规定,要求对隐蔽信道进行分析、度量和处置。

(5)安全审计。一个系统的安全审计就是对系统中有关安全的活动进行记录、检查及审核。它的主要目的就是检测和阻止非法用户对计算机系统的入侵,并显示合法用户的误操作。审计作为一种事后追查的手段来保证系统的安全,它对涉及系统安全的操作做一个完整的记录,为处理提供详细、可靠的依据和支持。

(6)存储保护。内存是操作系统中的共享资源,即使对于单用户的个人计算机,内存也是被用户程序与系统程序所共享的,在多道环境下更是被多个进程所共享。存储器保护的主要目的是:防止对内存的未授权访问,防止对内存的错误读写,防止用户的不当操作破坏内存数据区、程序区或系统区。多道程序环境下,防止不同用户的内存区域互相影响。常用的内存保护技术有单用户内存保护、多道程序的保护、内存标记保护和分段与分页保护法。安全操作系统很重要的一点是进行分层设计，而运行域正是这样一种基于保护环的等级式结构。运行域是进程运行的区域，在最内层具有最小环号的环具有最高权限，而在最外层具有最大环号的环具有最低权限。Intel x86 微芯片系列就是使用环概念来实施运行保护的（图 4-1），该环有 4 个级别，环 0 是最高权限，环 3 是最低权限。

图 4-1　Intel 支持的保护环

（7）文件系统保护。文件系统是文件命名、存储和组织的总体结构，是计算机系统和网络的重要资源。文件系统的安全措施主要有以下几方面。

①分区。分区是指将存储设备按逻辑分为多个部分。一个硬盘可以被分为若干个不同的分区，每个分区可用作独立的用途，可以进行独立保护，如加密、设置不同的文件系统结构和安全访问权限等。

②文件共享安全。操作系统在进行文件管理时，为了方便用户，提供了共享功能，但同时也带来了隐私如何保护等安全问题。多人共用一台计算机，很容易就可以打开并修改属于别人的私有文件。系统可以采用对文件加密的方法，保证加密文件只能被加密者打开，即使具有最高权限的计算机管理员，也无法打开他人加密的文件。有时将共享文件夹加上口令也不能保证安全，还可以采用其他方法来保证其安全，如隐藏要共享的文件夹等。

③文件系统的数据备份。系统运行中，经常会因为各种突发事件导致文件系统的损坏或数据丢失。为了将损失减到最小，系统管理员需要及时对文件系统中的数据进行备份。备份就是指把硬盘上的文件复制一份到外部存储载体上，常用的载体有硬盘、U 盘或远程的云存储等。根据备份技术的不同，管理员可以备份单个文件，也可以备份某个文件夹或者分区。

4.2.2　Windows 系统安全

当前，Windows 系统被广泛应用。Windows 操作系统在其设计的初期就把安全性作为核心功能之一。尽管 Windows 安全机制比较全面，但是其安全漏洞仍然不断地被发现。只有了解 Windows 系统的安全机制，并制定精细的安全策略，才能将 Windows 构建成一个高度安全的系统。

1. 标识与控制

1）安全主体类型

（1）用户账户。在 Windows 中一般有两种账户，即本地账户和域账户。前者是在安全账户管理器（Security Accounts Manager，SAM）数据库中创建的，每台基于 Windows 的计算机都有一个本地 SAM，包含该计算机的所有用户。后者是在域控制器（Domain Controller，DC）上创建的，并且只能在域中的计算机上使用，域账户有着更为丰富的内容，包含在活动目录（Active Directory，AD）数据库中。一般来说，本地安全账户管理中存储着两种用户的账户：管理员账户和来宾账户，后者默认是禁用的。

（2）组账户。除用户账户外，Windows 还提供组账户。在 Windows 系统中，具有相似工作或相似资源要求的用户可以组成一个工作组（也称为用户组）。对资源的存取权限许可分配给一个工作组，也就是同时分配给该组的所有成员，从而可以简化管理维护工作。

（3）服务。近年来，微软试图分解服务的特权，但在同一用户的不同服务下还是存在权限滥用的问题。为此，在 Windows Vista 以后的系统中，服务成为主体，每个服务都有一个应用权限。

2）安全标识符

Windows 并不是根据每个账户的名称来区分账户的，而是使用安全标识符（security identifier，SID）来区分账户。在 Windows 环境下，几乎所有对象都具有对应的 SID，如本地账户、域账户、本地计算机等对象都有唯一的 SID。这样做主要是为了便于管理。Windows 是通过 SID 区分对象的，完全可以在需要的时候更改一个账户的用户名，而不用再对新名称的同一个账户重新设置所需的权限，因为 SID 是不会变化的。

3）身份认证

要使用户和系统建立联系，本地用户必须请求本地登录认证，远程用户必须请求网络登录认证。Windows 系统提供两种基本登录认证类型：本地登录认证和基于活动目录的域登录认证。

（1）本地登录认证。本地登录指用户登录的是本地计算机，对网络资源不具备访问权利。本地登录所使用的用户名与口令被存储在本地计算机的安全账户管理器中，由计算机完成本地登录验证，提交登录凭证，包括用户 ID（user ID，UID）

与口令。本地计算机的安全子系统将用户 ID 与口令送到本地计算机上的 SAM 数据库中做凭证验证。这里需要了解的是，Windows 的口令不是以纯文本格式存储在 SAM 数据库中的，而是将每个口令计算哈希值后进行存储。

（2）基于活动目录的域登录认证。基于活动目录的域登录与本地登录的方式完全不同。首先，所有的用户登录凭证（用户 ID 与口令）被集中存放到一台服务器上，结束了分散式验证的行为。该过程中必须使用网络身份认证协议，而且这些过程对于用户而言是透明的。从某种意义讲，这真正做到了统一验证、一次登录、多次访问。

2. 安全管理

在 Windows 系统中，安全管理的对象包括文件、目录、注册表项、动态目录对象、内核对象、服务、线程、进程、防火墙端口、Windows 工作站和桌面等，其中最常见的就是文件。

1）访问控制

Windows 2000 以后的版本中，访问控制是一种双重机制，它对用户的授权基于用户权限和对象许可。用户权限是指对用户设置允许或拒绝该用户访问某个客体对象；对象许可是指分配给客体对象的权限，定义了用户可以对该对象进行操作的类型。例如，设定某个用户有修改某个文件的权限，这是用户权限；若对该文件设置只读属性，这就是对象许可。Windows 的访问控制策略是基于自主访问控制的，根据策略对用户进行授权来决定用户可以访问哪些资源以及对这些资源的访问能力，以保证资源的合法使用。

2）文件系统

（1）新技术文件系统（New Technology File System，NTFS）。Windows 操作系统同大多数操作系统一样，通过使用 NTFS 提供文件保护。NTFS 具有更好的安全性与稳定性。NTFS 权限控制可以实现较高的安全性，通过给用户赋予 NTFS 权限可以有效地控制用户对文件和文件夹的访问。NTFS 分区的每一个文件和文件夹都有一个访问控制列表，该列表记录了每一个用户和用户组对该资源的访问权限。NTFS 可以针对所有的文件、文件夹、注册表键值、打印机和动态目录对象进行权限设置。

（2）加密文件系统（Encrypting File System，EFS）。权限的访问控制行为在某种程度上提高了资源的安全性，防止资源被非法访问或者修改。但事实上这种行为只能针对系统级层面进行控制，如果资源所在的物理硬盘被非法者窃取，那么使用上述权限访问控制行为对资源进行保护将变得没有任何意义。窃取者只需要把资源所在的物理硬盘放到自己的主机上，使用自己的操作系统启动计算机，再将该硬盘设置成为操作系统的资源盘，便可以轻松解除原有操作系统的权限并访问资源。为了防止这样的事情发生，硬盘中需要一种基于文件系统加密的方法来保证资源的安全。

3）Windows 审计/日志机制

日志文件是 Windows 系统中一个比较特殊的文件，它记录 Windows 系统的运行状况，如各种系统服务的启动、运行和关闭等信息。Windows 日志有三种类型：系统日志、应用程序日志和安全日志。Windows 10 系统中，这些日志文件可以通过打开"控制面板"→"系统和安全"→"管理工具"→"事件查看器"来浏览其中内容。

4）Windows 协议过滤和防火墙

针对来自网络的威胁，Windows 提供了包过滤机制，通过过滤机制可以限制网络包进入用户计算机。而 Windows XP SP2 以后的版本则自带防火墙，该防火墙能够监控和限制用户计算机的网络通信。

4.2.3 Linux 系统安全

Linux 操作系统是由芬兰人 Linux Torvalds 为首的一批志愿者以 UNIX 操作系统为基础设计实现的，完全免费并具有很高性价比的网络操作系统。它从架构到保护机制，很多地方都和 UNIX 系统一致或相似。Linux 可以配置桌面终端、文件服务器、打印服务器、Web 服务器等，还可以配置成一台网络上的路由器或防火墙。本节主要从标识与鉴别、访问控制、文件安全管理、最小特权管理和安全审计方面介绍 Linux 安全机制。

1. 标识与鉴别

Linux 也有一些基本的程序和机制来标识与鉴别用户，只允许合法的用户登录计算机并访问资源。

1）用户账户和用户组

Linux 使用用户 ID 来标识和区别不同的用户。UID 是一个数值，是 UNIX/Linux 系统中唯一的用户标识，超级用户的 UID 为 0。在 UNIX/Linux 系统中，用户名和 UID 都可以用于标识用户，只不过对于系统来说 UID 更为重要，而对于用户来说，用户名使用起来更方便。在某些特定情况下，系统中可以存在多个拥有不同用户名但 UID 相同的用户。用户组使用组 ID（group ID，GID）来标识，具有相似属性的多个用户可以分配到同一个组，每个组都有自己的组名，以自己的 GID 来区分。在 Linux 系统中，每个组可以包括多个用户，每个用户可以同时属于多个组。除了在 passwd 文件中指定每个用户归属的基本组之外，还在 /etc/group 文件中指明一个组所包含的用户。

2）用户账户文件

系统中的 /etc/passwd 文件存有系统中每个用户的信息，包括用户名、经过加密的口令、用户 ID、用户组 ID、用户主目录和用户使用的 shell 程序。该文件用于用户登录时校验用户的信息。passwd 文件中的口令虽然加密存储，但任何用户均可读取该文件，而且所采用的 DES 加密算法是公开的，恶意用户取得该文件后，经常对其进行字典攻击。因此，系统通常用 shadow 文件（/etc/shadow）来存储加密口令，限定只有 root 超级用户可以读该文件，而 /etc/shadow 文件的密文域仅显示为一个 x，这样最大限度地降低了密文泄露的可能性。

3）身份认证

Linux 常用的认证方式有以下几种。

（1）基于口令的认证。用户只要提供正确的用户名和口令就可以进入系统。

（2）客户终端认证。Linux 系统提供了一个限制超级用户从远程登录终端的认证模式。

（3）主机信任机制。Linux 系统提供一种不同主机相互信任的机制，不同主机用户无须系统认证就可以登录。

（4）第三方认证。第三方认证是指由第三方提供的认证，而非 Linux 系统自身带有的认证机制。Linux 系统支持第三方认证，如一次一密口令认证 S/Key、Kerberos 认证系统、可插拔认证模块（pluggable authentication modules，PAM）。PAM 是 Linux 中一种常用的认证机制。PAM 采用模块化设计和插件功能，可以很容易插入新的认证模块或替换原先的组件，而不必对应用程序做任何修改，使软件的定制、维持和升级更加轻松。由于认证机制与应用程序之间相对独立，应用程序可以通过 PAM 接口方便地使用其提供的各种认证功能，而不必了解太多的底层细节。

2. 访问控制

Linux 文件系统控制文件和目录的信息存储在硬盘及其他辅助存储介质上，它控制每个用户以何种方式访问哪些信息，具体是通过一组访问控制规则来确定一个主体是否可以访问一个指定客体。Linux 操作系统的用户可以分为三类：文件属主、文件所属组的用户以及其他用户。Linux 系统中的每一个文件都有一个文件属主（或称为所有者），表示该文件是由谁创建的。同时，该文件还有一个文件所属组，一般为文件所有者所属的组。普通的 Linux 系统采用文件访问控制列表来实现系统资源的访问控制，也就是常说的"9 bit"来实现，所谓"9 bit"，就是文件的访问权限属性通过 9 个字符来表示，前 3 个分别表示文件属主对文件的读、写和执行权限，中间 3 个字符表示文件所属组用户对该文件的读、写和执行权限，最后 3 个字符表示其他用户对文件的读、写和执行权限，总之，就是在文件的属性上分别对这三类用户设置读、写和执行文件的权限。

3. 文件安全管理

文件系统是 Linux 系统安全的核心。Linux 核心的两个主要组成部分是文件子系统与进程子系统。文件子系统控制用户文件数据的存取与检索。

（1）文件系统类型。随着 Linux 的不断发展，其所能支持的文件系统格式也在迅速扩充。特别是 Linux 2.6 内核正式推出后，出现了大量新的文件系统，包括 Ext4、Ext3、Ext2、ReiserFS、xfs、jfs 和其他文件系统。Ext3 是 Linux 系统中较为常用的文件系统，它是直接从 Ext2 文件系统发展而来的，Ext3 文件系统具有日志功能，并且非常稳定可靠，同时又兼容 Ext2 文件系统。Ext3 文件系统是能自动修复的文件系统，在默认的情况下，它每间隔 21 次挂载文件系统或每 180 天就要自动运行一次文件系统完整性检测任务。Linux 从 2.6.28 版开始正式支持 Ext4。Ext4 一方面兼容 Ext3，另一方面又在大型文件支持、无限子目录支持、快速文件系统检查和可靠性方面有较大改进。

（2）文件和目录的安全。在 Linux 系统中，文件和目录的安全主要通过对每个文件与目录访问权限的设置来实现。

（3）文件系统加密。eCryptfs 是一个兼容可移植操作系统接口（Portable Operating System Interface，POSIX）的商用级堆栈加密 Linux 文件系统，能提供一些高级密钥管理规则。eCryptfs 把加密元写在每个加密文件的头部，所以加密文件即使被复制到别的主机也可以使用密钥解密。

（4）NFS 安全。网络文件系统（Network File System，NFS）使每个计算机节点都能够像使用本地资源一样方便地通过网络使用网上资源。NFS 是通过远程过程调用（Remote Procedure Call，RPC）来实现的，远程计算机节点执行文件操作命令就像执行本地的操作命令一样，它可以完成创建文件、创建目录、删除文件、删除目录等文件操作命令。正是由于这种独有的方便性，NFS 暴露出一些安全问题，"黑客"可侵入服务器，篡改其中的共享资源，达到侵入、破坏他人机器的目的。NFS 的安全问题在 Linux 操作系统中受到重视。所以，Linux 系统的第一个安全措施就是启用防火墙，使内部和外部的 RPC 无法正常地通信，这在一定程度上减少了安全漏洞。Linux 系统的第二个安全措施是服务器的导出选项。这些选项很多，适合 NFS 服务器对 NFS 客户机进行安全限制的相关导出选项包括服务器读/写访问、端口安全、锁监控程序、部分挂接与子挂接等。

4. 最小特权管理

Linux 将敏感操作（如超级用户的权利）分成 26 个特权，由一些特权用户分别掌握这些特权，每个特权用户都无法独立完成所有的敏感操作。系统的特权管理机制维护一个管理员数据库，提供执行特权命令的方法。所有用户进程一开始都不具有特权，通过特权管理机制，非特权的父进程可以创建具有特权的子进程，非特权用户可以执行特权命令。系统定义了许多职责，一个用户与一个职责相关联。职责中又定义了与之相关的特权命令，即完成这个职责需要执行哪些特权命令。

5. 安全审计

安全审计有助于系统管理员及时发现系统入侵行为或潜在的系统安全隐患。在 Linux 系统中，日志普遍存在于系统、应用和协议层。大部分 Linux 把输出的日志信息放入标准和共享的日志文件。大部分日志存在于 /var/log 文件夹。Linux 有许多日志工具，如 lastlog 跟踪用户登录、last 报告用户的最后登录等。系统和内核消息可由 syslogd 和 klogd 处理。

4.3 数据库系统安全

4.3.1 数据库安全概述

以数据库为基础的信息管理系统正在成为电子商务领域的基础设施。传统的数据库包括关系型数据库、层次数据库和网状数据库，随着计算机网络技术的高速发展，数据库技术得到了很大的发展，出现了面向对象数据库和非结构数据库等新型数据库。随着人们越来越依赖信息技术，数据库中所存储的信息的价值将越来越高，数据库安全也受到人们的高度重视。

1. 数据库面临的安全问题

（1）硬件故障与灾害破坏。支持数据库系统的硬件环境发生故障。比如，由于无断电保护措施因而在断电时造成信息丢失，硬盘故障致使库中数据读不出来，环境灾害也是对数据库系统的威胁。

（2）数据库系统/应用软件的漏洞和"黑客"攻击。"黑客"或内部恶意用户针对数据库系统或应用系统的漏洞进行攻击。例如典型的 SQL（结构化查询语言）注入漏洞，直接威胁网络数据库的安全。

（3）人为错误。操作人员或系统用户的错误输入、应用程序的不正确使用，都可能导致系统内部的安全机制失效，可能导致非法访问数据，还可能造成系统拒绝提供数据服务。

（4）管理漏洞。数据库管理员专业知识不够，不能很好地利用数据库的保护机制和安全策略。例如：不能合理地分配用户的权限；未按时维护数据库（备份、恢复、日志整理等）；不能坚持审核、审计日志，从而没有及时发现并阻止"黑客"或恶意用户对数据库的攻击。

（5）未掌握数据库核心技术。目前我国正在使用的 DBMS（数据库管理系统）大多来自国外，由于国外能够出售给我国的 DBMS 都是安全级别 B 级以下的，缺乏强制访问控制机制，因而整个国家信息的安全都是基于外国公司的技术，这是最大的不安全因素。

（6）隐私数据的泄露问题。数据库中的隐私数据是指公开范围内应该受到限制的数据。隐私数据泄露可能是因为用户保护隐私的意识薄弱造成的，也有可能是人为故意窃取造成的。隐私数据泄露的事件具有普遍性、多发性、爆发性特征。

2. 数据库的安全需求

数据库对保密性、完整性、可用性、可控性、可存活性、隐私性等方面有较高的安全需求。数据库的安全主要应由数据库管理系统来维护，但是操作系统、网络和应用程序与数据库安全也是紧密相关的，因为用户要通过它们来访问数据库，况且，和数据库安全密切相关的用户认证等其他技术也是通过它们来实现的。

4.3.2 传统数据库安全

在一个数据库环境中，不同的应用和用户通过数据库管理系统可以获得其相对应的数据集合。这样一方面能为使用者带来便利；而另一方面，也就带来了涉及数据库安全的威胁问题。4.3.1节分析了数据库安全面临的威胁，本节主要从传统数据库安全需求和传统数据库安全管理的基本方法方面加以介绍。

1. 传统数据库安全需求

面对可能的威胁，数据库的安全维护要针对各种因素和安全需求来制定防范措施，建立安全模型，以保护其资源尤其是存储的数据免受无意或有意的非授权访问攻击。安全需求主要为以下几类。

（1）防止不适当访问。防止不适当访问主要是指只对授权的合法用户授予访问权限。

（2）分级保护。依据数据敏感级别进行保护。在包含敏感数据、非敏感混合数据的数据库中，需要严格控制对敏感数据的访问请求，只能是经过授权的用户有权进行某些操作，并且不允许其权利传播或转让。

（3）防止推断性攻击。防止从非保密信息获得保密数据，尤其对于统计型数据库。

（4）数据库的完整性。该需求涉及防止更改数据内容的非授权访问，以及病毒、蓄意破坏，或是系统级错误及故障等，主要由DBMS通过系统控制以及备份、恢复机制执行并完成保护工作。

（5）数据的操作完整性。在并行事务的模式下，保持数据的操作一致性，通常采用并行管理器和加锁机制完成。

（6）数据的语义完整性。确保对数据在允许的范围之内修改，以保持数据的语义完整性。

（7）审计功能。提供数据的物理完整性，并记录对数据的所有存取访问，根据结果进行分析与追踪。

2. 传统数据库安全管理的基本方法

从DBMS实现的角度看，传统数据库安全管理的基本方法包括用户身份认证、存取控制、数据加密、审计追踪与攻击检测。

（1）用户身份认证。用户身份认证是安全系统的第一道防线，目的是防止非法用户访问系统。除口令控制外，用户身份认证还可以采用比较复杂的计算过程和函数来完成。而智能卡技术、数字签名技术和生理特征（如指纹、声纹、视网膜纹等）等认证技术的迅速发展也为具有更高安全要求的用户身份认证提供了实用可行的技术基础。

（2）存取控制。数据库的存取控制机制是定义和控制用户对数据库数据的存取控制权限，以确保只授予有资格的用户访问数据库的权限，并杜绝对数据库中数据的非授权访问，通常在认证已成功的基础之上进行。访问控制技术可以应用于数据库的安全控制。

如果采用强制型访问控制策略，则数据库中每个存取对象被指派一个密级，对每个用户授予一个存取级。对任意一个对象，只有具有合法存取级别的用户才可以存取，这可以有效地防止类木马的恶意攻击。在基于角色的访问控制中，数据库用户的访问权限必须指派到角色，用户通过加入某个角色具备成员资格，才可以获得这些权限。这种简洁的思路方法极大地减轻了授权管理的负担。

通过以上的分析可知，数据库系统安全策略一般是以数据库系统内核强制访问控制（以系统的主、客体敏感标识为基础）、自主访问控制、责任保证构成的多级安全控制策略，概括来说，就是以多级强制访问控制为核心的系统安全策略。

（3）数据加密。数据加密是防止数据库中数据泄露的有效手段，与传统的通信或网络加密技术相比，由于数据保存的时间要长得多，对加密强度的要求更高。而且，由于数据库中数据是多用户共享，对加密和解密的时间要求也更高，要求在数据加密和解密的过程中不会明显降低系统性能。

（4）审计追踪与攻击检测系统。审计追踪在系统运行时，将对数据库的所有操作自动地记录在审计日志中。攻击检测系统则是根据审计数据分析检测内部和外部的攻击者的攻击企图，再现导致系统现状的事件，分析发现系统安全的弱点，追查事故的原因。

4.3.3　云计算时代的数据库安全

在云计算时代，信息的海量规模及快速增长给传统的数据库技术带来了巨大的冲击，也对云数据库提出了新的需求，新的数据库应具备如下特性。

（1）支持快速读写、快速响应，以提升用户的满意度。

（2）支撑PB级数据与百万级流量的海量信息处理能力。

（3）具有高扩展性，易于大规模部署与管理。

（4）成本低廉。

在上述目标的驱使下，各类非关系型数据库（NoSQL 数据库）应运而生。在云计算时代，数据库安全研究面临如下新问题。

（1）海量信息安全检索需求。现有的信息安全技术无法支持海量信息处理，如数据经加密后丧失了许多原有特性，除非经过特殊设计，否则难以支持用户的各种检索。因此，如何在保证数据私密性的前提下，支持用户快速查询与搜索，是当前亟待解决的问题。

（2）海量信息存储验证需求。经典的签名算法与哈希算法等均可用于验证某数据片段的完整性，但当需要验证的内容是海量信息时，上述验证方法需耗费大量的时间与带宽等资源，以至用户难以承受。

4.4 应用系统安全

应用软件安全主要包含三方面的含义：①防止应用软件对支持其运行的计算机系统的安全产生破坏，如恶意代码的防范等。②防止对应用软件漏洞的利用，如代码安全漏洞的防范等。③防止对应用软件本身的非法访问，如对软件版权的保护等。本节从技术方面介绍应用系统安全所面临的问题及解决方案。

4.4.1 恶意代码

恶意代码，是在未被授权的情况下，以破坏软件和硬件设备、窃取用户信息、干扰用户正常使用、扰乱用户心理为目的而编制的软件或代码片段。恶意代码的实现方式可以有多种，如二进制执行文件、脚本语言代码、宏代码或寄生在其他代码或启动扇区中的一段指令等。恶意代码包括计算机病毒、蠕虫、木马、后门、内核套件、间谍软件、恶意广告、流氓软件、逻辑炸弹、僵尸网络、网络钓鱼、恶意脚本、垃圾信息等恶意或令人讨厌的软件及代码片段。恶意代码已经成为攻击计算机信息系统主要的载体，攻击的威力越来越大、攻击的范围越来越广。下面介绍恶意代码的几种主要类型。

1. 计算机病毒

1）计算机病毒的特征

1994 年 2 月 18 日颁布、2011 年 1 月 8 日修订的《中华人民共和国计算机信息系统安全保护条例》是这样定义计算机病毒的:"指编制或者在计算机程序中插入的破坏计算机功能或者毁坏数据,影响计算机使用,并能自我复制的一组计算机指令或者程序代码。"计算机病毒是一种计算机程序。此处的计算机为广义的、可编程的电子设备,包括数字电子计算机、模拟电子计算机、嵌入式电子系统等。计算机病毒既然是程序,就能在计算机的中央处理器的控制下执行。这种执行,可以是直接执行,也可以是解释执行。此外,它还能像正常程序一样,存储在硬盘、内存储器中,也可固化成为固件。计算机病毒不是用户所希望执行的程序,因此病毒程序为了隐藏自己,一般不独立存在(计算机病毒本原除外),而是寄生在其他有用的程序或文档之上。计算机病毒有如下特征。

(1)破坏性。病毒一旦被触发而发作就会对系统和应用程序产生影响,造成系统不正常运行或数据丢失。一般来说,病毒会占用系统资源,降低计算机系统的工作效率。如果病毒设计者的目的在于彻底破坏系统及其数据,那么这种病毒对于计算机系统进行攻击造成的后果是难以想象的,其可以毁掉系统的部分或全部数据并使之无法恢复。

(2)传染性。计算机病毒的传染性也叫自我复制或传播性。病毒通过各种渠道从已被感染的计算机扩散到未被感染的计算机。所谓"传染",就是病毒将自身嵌入合法程序的指令序列,致使执行合法程序的操作招致病毒程序的执行。因此,只要一台计算机染上病毒,如不及时处理,那么病毒就会通过这台机器迅速扩散。

(3)隐蔽性。病毒一般占用存储较小,是很短的一段代码,通常附着在正常程序代码中。如果不经过代码分析,病毒程序与正常程序是不容易区别开的,这体现了病毒程序的隐蔽性。很多情况下,病毒程序取得系统控制权后,计算机系统通常仍能正常运行,用户不会感到任何异常,这体现了病毒传染的隐蔽性。

(4)潜伏性。病毒进入系统之后一般不会马上发作,可以在几周或者几个月甚至几年内隐藏在合法程序中,默默地进行传染扩散而不被人发现。病毒的内部有一种触发机制,不满足触发条件时,病毒除了传染外不做什么破坏。一旦触发条件得到满足,病毒便开始执行破坏工作。触发条件可能是预定时间或日期、特定数据出现、特定事件发生等。

(5)多态性。病毒试图在每一次感染时改变自身的形态,使对它的检测变得更困难。一般不能通过扫描特征字符串来发现一个病毒是原生还是变种。病毒代码的主要部分相同,但表达方式发生了变化,也就是同一程序由不同的字节序列表示。

（6）不可预见性。计算机病毒制作技术水平不断提高、种类不断翻新，而相比之下，反病毒技术通常落后于病毒制作技术。新型操作系统、工具软件的应用，为病毒制作者提供了便利。对未来病毒的类型、特点及其破坏性，很难预测。

2）计算机病毒的生命周期

（1）潜伏阶段。这一阶段的病毒处于休眠状态，这些病毒最终会被某些条件（如日期、某特定程序或特定文件的出现或内存的容量超过一定范围）所激活。并不是所有的病毒都会经历此阶段。

（2）传染阶段。病毒程序将自身复制到其他程序或磁盘的某个区域，每个被感染的程序又因此包含了病毒的复制品，从而也就进入传染阶段。

（3）触发阶段。病毒在被激活后，会执行某一特定功能，从而达到某种既定的目的。和处于潜伏阶段的病毒一样，触发阶段病毒的触发条件是一些系统事件，包括病毒复制自身的次数。

（4）发作阶段。病毒在触发条件成熟时，即可在系统中发作。由病毒发作体现出来的破坏程度是不同的。有些是无害的，如在屏幕上显示一些干扰信息等；有些则会给系统带来巨大的危害，如破坏程序以及文件中的数据等。

3）病毒预防技术

病毒预防是指在病毒尚未入侵或刚刚入侵还未发作时，就进行拦截阻击或立即报警。要做到这一点，首先要清楚病毒的传播途径和寄生场所，然后对可能的传播途径严加防守，对可能的寄生场所实时监控，达到封锁病毒入口、杜绝病毒载体的目的。不管是传播途径的防守还是寄生场所的监控，都需要一定的检测技术手段来识别病毒。

其常见的措施包括：对不可移动的计算机硬件设备[包括 ROM（只读存储器）芯片、ASIC（专用集成电路）芯片和硬盘]，以及可移动的存储介质设备（包括软盘、磁带、光盘以及可移动式硬盘等），经常用检测病毒软件或其他病毒检测手段（包括人工检测方法）检查；建立封闭的使用环境，即做到专机、专人、专盘和专用，如果通过移动存储设备与外界交互，要进行病毒检测；采取各种措施保证网络服务器上的系统、应用程序和用户数据没有染毒，如坚持用硬盘引导启动系统，则需经常对服务器进行病毒检查等；对网络内的共享区域（如电子邮件系统、共享存储区等），用户一旦发现计算机出现染毒迹象，应立即隔离并进行查杀病毒，防止通过网络再传给其他计算机。

4）病毒检测技术

病毒检测就是采用各种检测方法将病毒识别出来。识别病毒包括对已知病毒的识别和对未知病毒的识别。目前，对已知病毒的识别主要采用特征判定技术，即静态判定技术；对未知病毒的识别除了特征判定技术外，还有行为判定技术，即动态判定技术。

（1）特征判定技术。特征判定技术是根据病毒程序的特征，如感染标记、特征程序段内容、文件长度变化、文件校验和变化等，对病毒进行分类处理，而后在程序运行中凡有类似的特征点出现，则认定是病毒。

（2）行为判定技术。识别病毒要以病毒的机理为基础，不仅识别现有病毒，而且基于现有病毒的机理设计出对一类病毒（包括基于已知病毒机理的未来新病毒或变种病毒）的识别方法，其关键是对病毒行为的判断。行为判定技术就是要解决如何有效辨别病毒行为与正常程序行为，其难点在于如何快速、准确、有效地判断病毒行为，如果处理不当，就会带来虚假报警。行为监测法是常用的行为判定技术，其工作原理是利用病毒的特有行为特征进行检测，一旦发现病毒行为，则立即警报。

2. 蠕虫

1）蠕虫的特征

早期恶意代码的主要形式是计算机病毒，1988 年 Morris 蠕虫暴发后，人们为了区分蠕虫和病毒，产生了这样的定义：网络蠕虫是一种智能化、自动化，综合网络攻击、密码学和计算机病毒技术，不需要计算机使用者干预即可运行的攻击程序或代码，它会扫描和攻击网络上存在系统漏洞的节点主机，通过局域网或者互联网从一个节点传播到另外一个节点。该定义体现了网络蠕虫智能化、自动化和高技术化的特征，也体现了蠕虫与计算机病毒的区别。传统计算机病毒主要感染计算机内的文件系统，而蠕虫传染的目标是计算机。计算机网络条件下的共享文件夹、电子邮件、网络中的恶意网页、大量存在漏洞的服务器等都是蠕虫传播的途径。互联网的发展使蠕虫可以在几个小时内蔓延全球，从而造成巨大损失。

2）蠕虫的分析和防范

对于个人用户而言，蠕虫一般采取电子邮件和恶意网页传播方式。这些蠕虫对个人用户的威胁最大，同时也最难以根除，造成的损失也很大。防范蠕虫需要从以下几点入手。

（1）增强防杀恶意代码的意识。

（2）保持各种操作系统和应用软件的更新，解决漏洞问题。

（3）购买正版的防病毒（蠕虫）软件。

（4）经常升级病毒库。

（5）不随意查看陌生邮件，尤其是带有附件的邮件。

（6）建立备份和容灾系统。对于数据库和数据系统，必须采用定期备份、多机备份和容灾等措施，防止意外灾难下的数据丢失。

3. 木马

1）木马的特征

特伊洛木马，此名称取自希腊神话的故事。在信息安全领域的木马是指在一个有用的程序上，隐藏了某种有害功能的代码。它使非法用户达到进入系统、控制系统和破坏系统的目的。它是一种基于客户机/服务器方式的远程控制程序，由控制端和受控端两个部分组成。"中了木马"就是指被安装了木马的受控端程序。木马具有隐蔽性和非授权性等特点，隐蔽性是指木马的设计者为了防止木马被发现，会采用多种技术隐藏木马，这样受控端即使发现感染了木马，也不能确定其具体位置；非授权性是指一旦控制端与受控端连接，控制端将享有受控端的部分操作权限，包括修改文件、修改注册表、控制鼠标和键盘等，这些权限并不是受控端赋予的，而是通过木马程序窃取的。

2）木马的预防

用户要提高对木马的警惕，尤其是电子商务参与者更应该加强对木马的关注。以下是几种木马预防方法和措施。

（1）不随意打开来历不明的邮件，拒绝可疑邮件。

（2）不随意下载来历不明的软件。

（3）及时修补漏洞和关闭可疑的端口。

（4）尽量少用共享文件夹。

（5）运行实时监控程序。

（6）经常升级系统和更新病毒库。

（7）限制使用不必要的具有传输能力的文件。

4.4.2 代码安全漏洞

随着软件系统数量的不断增加和功能的日益复杂，其潜在的安全隐患也不断增多,软件中关于安全漏洞的报告逐年增长。本节介绍代码安全漏洞的概念以及两种典型的安全漏洞:缓冲区溢出漏洞、SQL 注入漏洞。

1. 缓冲区溢出漏洞

缓冲区溢出漏洞是一种非常普遍、非常危险的漏洞,在各种操作系统、应用软件中广泛存在。缓冲区溢出攻击是利用缓冲区溢出漏洞所进行的攻击行动。攻击者利用缓冲区溢出攻击,可以导致程序运行失败、系统关机、重新启动等后果,精心设计的缓冲区溢出攻击甚至可以执行非授权指令、取得系统特权,进而进行各种非法操作。

1)缓冲区溢出攻击的基本原理

缓冲区溢出攻击的基本原理是攻击者通过向目标程序的缓冲区写超出其长度的内容,造成缓冲区的溢出,从而破坏程序的堆栈,使程序转而执行其他指令,以达到攻击的目的。造成缓冲区溢出的原因是程序中没有仔细检查用户输入的参数。例如下面的程序:

```
Void function(char*in
char buffer[128];
strcpy(buffer, in);
```

在这个简单的函数中,函数 strcpy( ) 将直接把输入的字符串 in 中的内容复制到 buffer 中。程序在进行函数调用时,首先按顺序将函数参数、返回地址、框架指针、局部变量等数据压入堆栈,如图 4-2 所示。

如果输入 in 的长度大于 128,就会造成缓冲区溢出,即输入数据覆盖了程

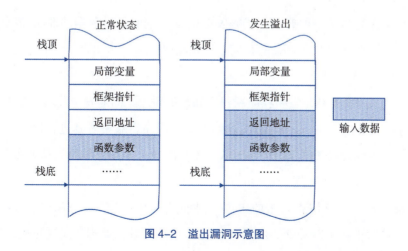

图 4-2 溢出漏洞示意图

序的正确返回地址，造成程序运行出错。存在像 strcpy 这样问题的标准函数还有 strcat( )、sprint( )、vsprintf( )、get( )、scanf( ) 等。

通常情况下，攻击者往缓冲区填过多的数据造成溢出只会出现分段错误（segmentation fault），而不能达到控制目标主机的目的。其常见的手段是，通过制造缓冲区溢出，使程序转而执行攻击者通过缓冲区溢出植入内存的特殊指令。如果该受到溢出攻击的程序只有管理权限，攻击者可以很容易地获得一个有管理员权限的 shell，从而实现对目标主机的控制。

在程序设计过程中，未对输入数据的合法性（如长度）进行认真检查是导致缓冲区溢出漏洞的重要原因。缓冲区溢出漏洞在很多软件中都存在，根据计算机应急响应小组的统计，超过 50% 的安全漏洞都是缓冲区溢出造成的。"红色代码""冲击波""Slammer 蠕虫"等恶意代码均是利用不同的缓冲区溢出漏洞进行传播和实施攻击的。

2）缓冲区溢出攻击的防范

对缓冲区溢出攻击的防范，目前有三种方法。

（1）通过操作系统控制使接收转入数据的缓冲区不可执行，从而阻止攻击者植入攻击代码。

（2）要求程序员编写正确的代码，包括严格检查数据、不使用存在溢出风险的函数、利用 Fault Injection 等工具进行代码检查等。

（3）利用编译器的边界检查来实现缓冲区的保护，这个方法使缓冲区溢出不可能出现，从而完全消除了缓冲区溢出的威胁，但是相对而言代价比较大。

2. SQL 注入漏洞

SQL 注入漏洞是一种典型的代码安全问题，主要是对数据的非法访问，因此也涉及数据库安全，本节详细介绍 SQL 注入漏洞。

1）SQL 注入原理

SQL 注入漏洞通常是发生在应用程序和数据库层之间的安全漏洞。如果在输入的查询字符串中注入 SQL 语句，而设计不良的程序忽略了对其进行检查，那么这些注入的指令就会被数据库服务器误认为正常的 SQL 指令而执行，造成数据泄露。

2）SQL 注入攻击防范

随着一些自动化注入攻击的出现，目前针对 Web 应用的 SQL 注入攻击越来越普遍，技术也在不断翻新。但是 SQL 注入攻击的基本原理还是通过构造畸形的

SQL 语句，绕过认证系统获得敏感信息。为了使用 Web 服务器和数据库服务器的功能，实现信息交互的目的，就不可避免地暴露出一些可以被攻击者非法利用的安全缺陷。采取有效的措施阻止内部信息泄露、将系统的安全威胁降至最低是防护的关键。这需要从多方面着手，加强系统安全性。

（1）修改服务器初始配置。服务器在安装时会添加默认的用户和默认口令，开启默认的连接端口等，这些都会给攻击者留下入侵的可能。在安装完成后应该及时删除默认的账号或者修改默认登录名的权限。关闭所有服务器端口后，再开启需要使用的端口。

（2）及时安装服务器及数据库安全补丁。及时对服务器模块进行必要的更新，特别是官方提供的有助于提高系统安全性的补丁包，使服务器及数据库保持最新的补丁包，运行稳定的版本。

（3）关闭服务器和数据库的错误提示信息。错误提示信息对于调试中的应用程序有着很重要的作用，但是 Web 应用一旦发布，如一些变量、数据库、表、字段的名称，这些错误提示信息就应该被关闭。详细的错误信息也会让攻击者获得很多重要信息。自行设置一种错误提示信息，即所有错误都只返回同一条错误消息，让攻击无法获得有价值的信息。

（4）配置目录权限。对于 Web 应用程序所在的目录可以设置其为只读。通过客户端上传的文件单独存放，设置为没有可执行权限，并且不在允许 Web 访问的目录下存放机密的系统配置文件。

（5）删除危险的服务器组件。有些服务器组件会为系统管理员提供方便的配置途径，如通过 Web 页面配置服务器和数据库、运行系统命令等。但是这些组件可能被恶意用户加以利用，从而对服务器造成严重的威胁。为安全起见，应当及时删除这样的服务器组件。

（6）及时分析系统日志。将服务器程序和数据库的日志存放在安全目录中，定期对日志文件进行分析，以便第一时间发现入侵。但是日志分析只是一种被动的防御手段，只能分析和鉴别入侵行为的存在，对于正在发生的入侵无法作出有效防范。

（7）数据库应用最小权利法则。Web 应用程序连接数据库的账户只拥有必要的权限，这有助于保护整个系统尽可能少地受到入侵。用不同的用户账户执行查询、插入、删除等操作，可以防止用于执行 select 的情况下，被恶意插入执行 insert、update 或者 delete 语句。

【本章小结】

本章介绍了电子商务系统相关的安全问题，围绕物理安全、操作系统安全、数据库安全以及应用系统安全几个方面展开。物理安全是指计算机硬件设备及其运行环境的安全，它是保障电子商务系统运行的基础，从环境或设备和硬件方面介绍了物理安全面临的威胁，介绍了环境安全和电磁安全的防护。在操作系统安全方面，首先介绍了操作系统的安全需求以及安全机制的设计，然后重点介绍了Windows与Linux的安全机制。数据库系统安全是数据安全的重要保障，介绍了传统数据库和云计算时代的数据库的安全机制。在应用系统安全方面，介绍了计算机病毒、蠕虫和木马三种恶意代码的表现、原理和防范方法；在代码安全漏洞中重点讲解了缓冲区溢出漏洞和SQL注入漏洞的原理与防范方法。

【思考题】 【即测即练】

1. 环境和设备一般包含哪些方面的安全因素？
2. 操作系统安全的机制设计有哪些？
3. Windows有哪两类身份认证方式？
4. 数据库面临的安全问题有哪些？有哪些安全需求？
5. 传统数据库安全管理的方法有哪些？
6. 从应用需求看，云数据应该具备哪些特性？
7. 常见的恶意代码的类型有哪些？都会造成哪些危害？
8. 蠕虫的防护方法有哪些？
9. 简述木马入侵的过程。
10. 如何防范SQL注入漏洞？

第 5 章 电子商务网络安全

【学习目标】

1. 学习电子商务网络安全相关的基础知识，了解网络安全协议的层次模型，安全套接字层协议和安全电子交易协议的概念、原理，移动网络的安全机制。

2. 熟悉防火墙和入侵检测的概念、分类、原理以及发展趋势。

3. 掌握安全套接字层协议和安全电子交易协议在电子商务中的应用，以及防火墙、入侵检测系统、虚拟专用网的关键技术及应用。

【能力目标】

1. 了解网络安全协议的层次模型，安全套接字层协议和安全电子交易协议的概念、原理，移动网络的安全机制。具备在电子商务过程中辨别和识别风险的能力。

2. 熟悉防火墙和入侵检测的概念、分类、原理以及发展趋势。具备在电子商务过程中规避风险的能力。

3. 掌握安全套接字层协议和安全电子交易协议在电子商务中的应用，以及防火墙、入侵检测系统、虚拟专用网的关键技术及应用，具备使用网络安全工具的能力。

【思政目标】

1. 了解网络安全协议的层次模型，安全套接字层协议和安全电子交易协议的概念、原理，移动网络的安全机制。树立正确的安全意识。

2. 熟悉防火墙和入侵检测的概念、分类、原理以及发展趋势。养成计算机操作过程中规避风险的习惯。

3. 掌握安全套接字层协议和安全电子交易协议在电子商务中的应用，以及防火墙、入侵检测系统、虚拟专用网的关键技术及应用，养成规范使用安全工具的习惯。

【思维导图】

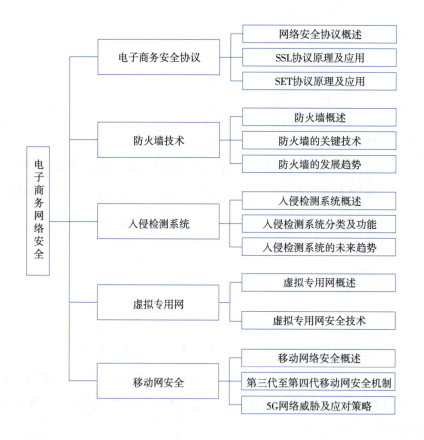

【导入案例】

环球银行金融电信协会（SWIFT）是国际银行同业间的合作组织，成立40多年以来，其利用全球计算机通信网络系统的支撑，为200多个国家和地区超过8 000家金融机构提供国际贸易金融结算等服务，并以安全、可靠、高效为主要特点。然而，2016年2月，孟加拉国央行的SWIFT系统遭到攻击，损失了8 100万美元，成为迄今为止规模最大的网络金融盗窃案，在业内掀起巨大震动。

在孟加拉国 SWIFT 系统安全事件中,"黑客"用植入木马的方式逐步控制了 SWIFT 客户端计算机系统,从而最终成功完成了交易转账。在攻击过程中,"黑客"对孟加拉国央行存放在纽约联储的 1.01 亿美元进行了转账。其中,2 000 万美元被转到斯里兰卡,目前已被追回;另外 8 100 万美元被转到菲律宾,至今去向未明。据报道,孟加拉国 SWIFT 系统的网络拓扑结构设计存在巨大缺陷,SWIFT 用户端计算机系统所在网络和其他计算机网络并未实现隔离,并且网络中缺乏防火墙设备,使得 SWIFT 用户端计算机系统十分容易被植入木马。木马植入成功后,该木马可实施监听转账交易、控制数据库、劫持打印机等关键操作,几乎操控客户端所有的关键行动。由此,攻击者利用孟加拉国央行 SWIFT 系统部署中的各项网络安全漏洞(包括网络拓扑设计漏洞、网络入侵检测能力漏洞、本地软件安全漏洞等),通过木马程序实施了整个攻击过程并造成了巨额损失。

资料来源:跨国网安公司:朝鲜黑客窃取孟加拉 8100 万美元,中华网,2017 年 4 月 5 日。

【讨论题】

1. "黑客"常用的攻击方式有哪些?
2. 孟加拉国央行网络存在哪些漏洞,从而遭受巨大损失?
3. 你认为可以采取哪些措施来保障网络安全?

5.1 电子商务安全协议

5.1.1 网络安全协议概述

国际标准化组织(International Organization for Standardization,ISO)在 1983 年制定了著名的 ISO 7498 标准,面向计算机网络通信提出了著名的开放式系统互连通信(Open Systems Interconnection,OSI)参考模型。这一标准定义了网络通信协议的 7 层模型,第 1~7 层从低到高分别是物理层、数据链路层、网络层、传输层、会话层、表示层和应用层,成为实用网络系统结构设计和标准化的纲领性文件。随后,国际标准化组织于 1989 年发布了 ISO 7498-2 标准,作为 ISO 7498 标准的补充,它和后继的相关安全标准给出的网络信息安全架构被称为 OSI 安全体系结构。OSI 安全体系结构包含网络系统需要的安全服务和实现机制,并给出了各类安全服务在 OSI 网络 7 层中的位置。表 5-1 为 OSI 安全体系结构定义的主要安全服务及其实现机制和网络层次,从安全角度看,可分为应用级安全、端系统级安全、网络级安全和链路级安全。

表 5-1　OSI 安全体系结构定义的主要安全服务及其实现机制和网络层次

安全服务	实现机制	网络层次
对等实体认证	加密、签名、认证	3、4、7
数据起源认证	加密、签名	3、4、7
访问控制	认证授权与访问控制	3、4、7
连接机密性	加密、路由控制	1、2、3、4、6、7
无连接机密性	加密、路由控制	2、3、4、6、7
选择字段机密性	加密	6、7
连接完整性	加密、完整性验证	4、7
无连接完整性	加密、签名、完整性验证	3、4、7
选择字段连接完整性	加密、完整性验证	7
选择字段无连接完整性	加密、签名、完整性验证	7
数据源非否认	签名、完整性验证、第三方公证	7
传递过程非否认	签名、完整性验证、第三方公证	7

1. 应用级安全

与应用直接相关的安全需求一般只能在应用层完成,这主要包括被保护数据存在语义相关和中继的场合。在这些场合,OSI 安全组件通过各类信息安全技术保护应用层数据的安全,实现的安全性被称为应用级安全。

被保护数据存在语义相关,一般是指信息安全系统对具体数据的处理需要了解该数据的一些情况或该数据与其他数据的关系。很多应用仅仅需要保护一部分数据,数据存在安全保护范围问题,因此安全保护需要有不同的操作粒度,这些过程是应用协议的一部分,在 OSI 标准中,这些应用被称为选择字段机密性、选择字段完整性、选择字段非否认性等。显然,这些随不同应用而不同的处理不能在更低的网络层次实现。

被保护数据存在中继是指应用层数据在传输中需要被中继获得、处理并继续传输。在这种情况下,中继系统需要在应用层对传输的数据进行处理或转换,因此,若在低层实现安全机制,需要包括这些中继系统,这在很多情况下是不便的。例如,一个安全电子邮件的应用试图通过加密邮件的方法保护邮件内容，邮件必须经过发送和接收服务器中继，但要将全部可能的这类服务器包括进安全系统是困难的。为了实现任何地域之间的邮件安全发送和接收，需要在应用层解决安全问题，对应网络通信协议的应用层，如图 5-1 所示。

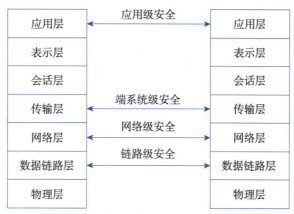

图 5-1　OSI 安全结构体系的 4 个主要安全结构层

2. 端系统级安全

当安全构件在应用层以下和网络层以上实现时，OSI 安全体系结构实现了端系统与端系统之间的安全通信，网络信息系统获得了端系统级安全。选择实现端系统级安全的主要场合一般对通信安全的要求较高，但这里的通信安全并非面向特定的应用，而是以一种安全的方式实现相应网络层次的功能。

3. 网络级安全

在 OSI 安全体系结构中，在网络层提供安全功能能够实现网络与网络之间的安全通信，获得网络级安全。网络级安全在 OSI 规范中也被称为子网级安全，这是因为 OSI 规范认为分布在各个地理位置上的网络是整个网络的子网。很多场合都适合实现网络级安全。网络级安全能够免除在每个端系统中部署安全构件，在成本等方面具有优势；实现这类安全也可以配合少量端系统级安全的应用，实现主次分明的安全保障体系；当收发双方的内部网络可靠时，仅实现网络级安全就可以保障通信的安全。当前，可以在互联网大量使用的虚拟专用网（virtual private network，VPN）、互联网安全协议（Internet Protocol Security，IPSec）等协议中看到 OSI 网络级安全的框架。

4. 链路级安全

为了在数据传输中对所有的上层协议通信进行透明的保护，安全应用的设计者可以选择实现链路级安全，方法是在链路层保护通信帧的内容。但一般这只适合点到点通信的场合，在这些场合下，有限的连接点可以认为是可信的。例如，大型网络通信中心可以采取这类技术保护它们之间的数据传输。但是，在公共网络中，链路层保护显然难以实施，而且实施代价较高。

5.1.2 SSL 协议原理及应用

1. 传输层安全协议的概念

传统的安全体系一般都建立在应用层上。这些安全体系虽然具有一定的可行性，但也存在着巨大的安全隐患。因为 IP（网际协议）包本身不具备任何安全特性，很容易被修改、伪造、查看和重播。在 TCP（传输控制协议）传输层实现数据的安全传输是另一种安全解决方案，传输层安全协议通常指的是安全套接字层协议和传输层安全（Transport Layer Security，TLS）协议两个协议。目前，SSL 协议已经成了安全 Web 应用的工业标准。当前流行的客户端软件（如 Microsoft IE 等）、绝大多数的服务器应用（Microsoft、Apache、Oracle 等）以及证书授权机构如 VeriSign 等都支持 SSL 协议。

2. SSL 协议提供的面向连接的基本安全性质

SSL 协议使用公钥密码系统和技术进行客户机与服务器通信实体间身份的认证和会话密钥的协商，使用对称密码算法对传输的敏感数据进行加密。SSL 协议提供的面向连接具有以下三个基本安全性质。

（1）保密性。在初始握手定义会话密钥后，系统用对称密码加密数据。加密 SSL 协议连接要求所有在客户机和服务器之间发送的信息都被发送方软件加密，并且由接收方软件解密，以提供高度的机密性，防止非法用户破译。

（2）可认证性。实体的身份能够用非对称密码进行认证。SSL 协议服务器认证允许用户确认服务器的身份，支持 SSL 协议的客户端软件使用标准的公钥密码技术检查服务器的证书和公共 ID 是否有效，并且是由属于客户端的可信证书授权列表中的 CA 颁发证书。SSL 协议客户端认证允许服务器确认用户的身份。采用与服务器认证同样的技术，支持 SSL 协议的服务器端软件检查客户证书和公共 ID 是否有效，并且由属于服务器端的可信证书授权列表中的 CA 颁发证书。

（3）可靠性。消息传输包括利用安全哈希函数产生的带密钥的消息认证码，因此，具有可靠性。

3. SSL 协议应用的安全机制

SSL 协议应用的安全机制有加密机制、数据签名机制、数据完整性机制、鉴别交换机制和公证机制，下面分别进行介绍。

（1）加密机制。SSL 协议使用了多种不同种类、不同强度的加密算法对应用层以及握手层的数据进行加密传输。而加密算法所用的密钥由消息哈希函数产生。

（2）数据签名机制。SSL 协议多处使用了数据签名技术：SSL 协议在握手过程中要相互交换自己的证书以确定对方身份；证书的内容由 CA 签名，通信双方收到对方发来的证书时，可使用 CA 的证书来进行验证。若服务器没有证书或拥有的证书只能用于签名，则服务器就会产生一对临时密钥来进行密钥交换。为了防止在传输过程中伪造、篡改、冒充等主动攻击，在此消息中，服务器对公钥进行了签名。

（3）数据完整性机制。数据完整性机制包括两种形式：一种是数据单元的完整性，另一种是数据单元序列的完整性。SSL 协议使用报文鉴别码 MAC 技术来保证数据完整性，也就是说，在 SSL 协议的记录协议中，密文与 MAC 一起被发送到接收方，接收方收到数据后进行校验。其包含消息的序列号，序列号可以检验所检测的消息是否被篡改或失序，有效地防止重放攻击。

（4）鉴别交换机制。SSL 协议使用了基于密码的鉴别交换机制，这种技术一般与数字签名机制和公证机制一起使用。

（5）公证机制。SSL 协议的双方在真正传输数据之前，先要互相交换证书以确认身份。证书就是一种公证机制，双方的证书都是由 CA 产生且用 CA 证书验证。

4. SSL 协议的内容

下面基于 SSL 协议第 3 版介绍 SSL 协议的主要结构，如图 5-2 所示，SSL 协

图 5-2　SSL 协议结构

议主要包括：SSL 握手协议（SSL Hand Shake Protocol）、SSL 记录协议（SSL Record Protocol），密码规程给出算法名称和参数，SSL 修改密码规程协议允许通信双方在通信过程中更换密码算法或参数，SSL 报警协议是管理协议，通知对方可能出现的问题。

（1）SSL 握手协议。SSL 握手协议是各子协议中最复杂的协议，它提供客户和服务器认证并允许双方商定使用哪一组密码算法。SSL 握手过程完成后，建立一个安全的连接，客户端和服务器可以安全地交换应用层数据。

（2）SSL 记录协议。SSL 记录协议的作用是在客户端和服务器之间传输应用数据和 SSL 控制信息，在使用底层可靠的传输协议传输之前，还进行数据的分段或重组、数据压缩，附以数字签名和加密处理。

5. SSL 协议的安全性分析

SSL 协议所采用的加密算法和认证算法使它具有较高的安全性。下面是 SSL 协议对几种常用攻击的应对能力。

（1）监听和中间人攻击。SSL 协议使用一个经过通信双方协商确定的加密算法和密钥，对不同的安全级别应用都可以找到不同的加密算法。它在每次连接时通过产生一个哈希函数生成一个临时使用的会话密钥。除了不同连接使用不同密钥外，在一次连接的两个传输方向上也使用各自的密钥。尽管 SSL 协议为监听者提供了很多明文，但由于 RSA 交换密钥有较好的密钥保护性能，以及频繁更换密钥的特点，因此对监听和中间人攻击具有较高的防范性。

（2）流量分析攻击。流量分析攻击的核心是通过检查数据包的未加密字段或未保护的数据包属性，试图进行攻击。在一般情况下该攻击是无害的，SSL 协议无法阻止这种攻击。

（3）重放攻击。通过在 MAC 数据中设置时间戳可以防止这种攻击。SSL 协议本身也存在诸多缺陷，如认证和加密、解密的速度较慢；对用户不透明；SSL 不提供网络运行可靠性的功能，对拒绝服务攻击无能为力，依赖于第三方认证等。

（4）SSL 协议的应用。SSL 协议应用于 HTTP（超文本传输协议）形成了 HTTPS（Hyper Text Transfer Protocol Over Secure Socket Layer，超文本传输安全协议）。SSL 协议也常应用于 VPN，当需要确保网络上所传输信息的完整性和机密性时，特别是在互联网这样的公共网络上，其中的一种方法就是使用协议。HTTPS 为正常的 HTTP 包封装了一层 SSL 协议。应用了 SSL 协议的 HTTPS 有两个主要功能：一个功能是建立一个信息安全通道,来保证数据传输的安全;另一个功能就是确认网站的真实性。凡是使用了 HTTPS 的网站,都可以通过单击浏览器地址栏的锁头标志来查看网站认证之后的真实信息,也可以通过 CA 颁发的数字证书来查询。用户在网上传输敏感信息,如使用网上支付系统,一定要确认当前主机访问的网站是否采用了协议,以确保保密性和对方网站的真实性。例如京东的网址为 https://www.jd.com,用户可以验证京东网站的真实性,同时确保主机与京东网站的通信是保密的。

5.1.3 SET 协议原理及应用

在电子商务交易过程中,购买者不用去商家所在地现场购物,买卖双方开展电子商务需要解决的核心问题是信息安全问题,不但买家的账户和购买信息是需要保护的,买卖双方也需要相互确认对方的身份,卖家和负责支付的电子金融机构之间也存在交互的安全问题,当前解决电子商务安全的主要途径是借助密码技术实现对信息完整性、机密性和真实性等的保护与验证。本节介绍安全电子交易协议标准保障电子商务安全交易的基本原理。

1. SET 协议概述

SET 协议是设计用于保护基于信用卡在线支付的电子商务的安全协议,它是由 VISA(维萨)和 MasterCard 两大信用卡公司于 20 世纪 90 年代联合推出的规范,IBM(国际商业机器公司)、微软、Netscape、RSA、Terisa 和 Verisign 等信息技术企业都参与了 SET 协议的制定。SET 协议通过制定标准和采用各种密码技术手段,解决了当时困扰电子商务发展的安全问题。目前它已经获得 IETF(互联网工程任务组)标准的认可,成为事实上的工业标准。SET 协议主要是为了解决用户、商家和银行之间通过信用卡支付的交易而设计的,以保证支付信息的机密、支付过程的完整、商户及持卡人的合法身份以及可操作性。SET 协议中的核心技术主要有公钥加密、数字签名、电子信封、电子安全证书等。目前公布的 SET 协议正式文本涵盖了信用卡在电子商务交易中的交易协定、信息保密、资料完整及数字认证、数字签名等。这一标准被公认为全球网际网络的标准,其交易形态成为未来"电子商务"的规范。从本质说,SET 协议提供三种服务:①为交易各方提供安全的信道。②通过使用 X.509 V3 数字证书提供信任。③确保信息私密性。

2. SET 协议产生的商业需求

(1)提供支付和订购信息的保密性。持卡人账户和支付信息应该在网络传输过程中保持机密性,且信息只能被指定的接收方访问。持卡人的信用卡号码仅仅为发卡银行所知,不能为商家所获得。保密性减少了一方被另一方或怀有恶意的第三方欺诈的危险。

(2)确保传送数据的完整性。确保在 SET 协议消息的传送过程中消息内容不被改变。SET 协议通过在所有时刻保持信息加密来对抗消息在传送过程中被篡改的风险。数字签名用以提供支付信息的完整性。

(3)持卡人账号认证。商家需要一种机制确保持卡人是有效账号的合法用户。将持卡人和特定账号相联系的机制减少了欺诈的发生和支付处理的总开销。一般使用数字签名和证书来验证持卡人是否为合法账号的合法用户。

(4)为商家提供认证。持卡人需要识别他们将要进行安全交易的商家,验证商家与金融机构(清算行)具有允许其接受支付卡的关系。仍然使用数字签名和商家证书来确保商家的认证。

(5)安全技术保护电子交易中所有合法方的利益。SET 协议是基于高度安全的密码算法和协议并经过严格测试的规范。

(6)创建一个不依赖传输安全机制也不妨碍其使用的协议。SET 协议可以在原始的 TCP/IP 上实现访问,提供点到点的安全。SET 协议不妨碍其他安全机制如 IPSec 协议和 SSL/TLS 协议的使用。它们都提供安全服务,但工作方式不同。SET 专门设计用于安全支付交易。

3. SET 协议系统的构成

SET 协议系统的构成如图 5-3 所示。

(1)持卡人。在电子商务环境中,消费者和企业采购员使用个人电脑与商家通过互联网进行交互。持卡人(cardholder)是由发行机构发行的、经过授权的支付卡(如 MasterCard、VISA)的持有者。

(2)商家。商家(merchant)是拥有持卡人所需商品或服务的个人或组织。一般地,这些商品和服务是通过 Web 站点或电子邮件提供的。能接受支付卡的商家必须与清算银行有联系。

(3)发卡机构。发卡机构(issuer)是一个向持卡人建立账号并发放支付卡的金融机构,如银行等金融机构,一般通过邮件或个人申请账号。最终,由发卡机构为持卡人的支付账务负责。

(4)清算银行。清算银行(clearing bank)是为商家建立账号、处理支付卡认

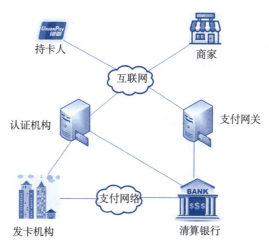

图 5-3　SET 协议系统的构成

证和支付的金融机构。商家通常可以接受多种品牌的信用卡，但并不想与所有发卡机构打交道。清算银行向商家提供认证，提供给定卡号是否合法和信用卡的消费限额等信息。清算银行还将支付信息传送到商家的账户中。随后，发卡机构还要为支付网络中的电子资金流动向清算银行提供补偿。

（5）支付网关。支付网关（payment gateway）由清算银行或指定的第三方提供，处理商家支付信息。它完成众多卡品牌的支付授权服务，并完成清算服务和数据捕获。支付网关是 SET 协议和现存的银行卡支付网络的接口，提供认证和支付功能。商家通过互联网使用支付网关交换 SET 协议信息，而支付网关与清算银行的金融处理系统具有某种直接的连接或网络连接。支付网关以如下方式工作：加密消息，认证交易中的所有参与者，将 SET 协议消息转换为与商家销售系统兼容的格式。

4. SET 协议的交易流程

在交易之前，应确保消费者和商家在 SET 协议电子交易的银行开户，经银行审核后，由银行向消费者和商家发送由银行 CA 签发的 X.509 公钥证书与签名私钥，具体需要经过以下流程。

（1）持卡人选择商品。持卡人使用浏览器在商家的 Web 页面上查看和浏览在线商品及目录，选择要购买的商品。

（2）持卡人填写商品信息。持卡人填写订单，包括项目列表、价格、总价、运费、搬运费和税费等。订单可通过电子化方式从商家传送过来，或由持卡人的电子购物软件建立。有些在线商店允许持卡人与商家协商物品的价格。

（3）选择付款方式。持卡人选择付款方式，此时 SET 协议开始介入。

（4）持卡人通过网络发送给商家一个完整的订单及要求付款的指令。在 SET 协议中，订单和付款指令由持卡人进行数字签名，同时，利用双重签名技术保证商家看不到持卡人的账号信息。

（5）商家确认支付申请。商家接受订单，通过支付网关向持卡人的金融机构请求支付认可。在银行和发卡机构确认与批准交易后，支付网关给商家返回确认信息。

（6）商家配货。商家通过网络给顾客发送订单确认信息，为顾客配送货物，完成订购服务。客户端软件可记录交易日志，以备将来查询。

（7）商家收款。商家可以立即请求银行将钱从购物者账号转移到商家账号，也可以等到某一时间，请求成批划账处理。到此为止，一个交易流程结束。

5. SET 协议支持的交易行为

SET 协议具有多种功能，支持以下的交易行为。

（1）支付请求。顾客发给商家的消息，包括商家的订购信息和支付信息。

（2）支付认可。商家和支付网关间交换的消息，验证给定信息卡账号能够支付一次购买。

（3）支付获取。商家向支付网关申请支付。

（4）证书询问状态。持卡人或商家发送证书询问消息查询证书请求的状态。

（5）购买询问。持卡人在收到购买应答后查询订购处理的状态。

（6）撤销认可。商家更正以前的认可请求。如果订购未完成，则商家退回所有的认可；如果部分订购未完成（如退货），则商家退回部分认可。

（7）撤销获取。商家更正获取请求中的错误，如店员输入不正确的交易数据等。

（8）退还支付。商家在退货或商品在运输过程中损坏时向持卡人账号退还支付。

（9）撤销退还支付。商家修正前一个退还请求。

（10）支付网关证书请求。商家询问网关，得到它的密钥交换和签名证书。

（11）批管理。商家根据批命令与支付网关交换信息。

（12）拒绝消息。由于格式或内容验证问题，接收者拒绝消息。

5.2 防火墙技术

在网络安全领域，防火墙是控制介于网络不同安全区域间的一台设备或者一套系统，它能增强机构内部网络的安全性，用来保护网络免受恶意的侵害，并在定义的网络边界点停止其非法行为。防火墙系统决定了哪些内部服务可以被外界访问，哪些外部服务可以被内部人员访问。要使一个防火墙有效发挥作用，所有来自和去往互联网的信息都必须经过防火墙，接受防火墙的检查。防火墙被嵌入本地网络和互联网之间，从而建立受控制的连接并形成外部安全墙或者说是边界。这个边界的目的在于防止本地网络受到来自互联网的攻击，并在安全性将受到影响的地方形成阻塞点。防火墙必须只允许安全数据通过，也必须能够免于渗透。

5.2.1 防火墙概述

防火墙是一个有存储器、存储设备、支持网络接入的接口卡及其他设备的计算机。它运行一个操作系统，并且能执行应用程序。它一般部署在内部网络（内部网）和外部网络（通常是互联网）之间，内部网络被认为是安全和可信赖的，外部网络则是不安全和不可信赖的。防火墙的作用是隔离风险区域（外部网络）与安全区域（内部网络）的连接，阻止不希望或者未授权的通信进出内部网络，通过边界控制强化内部网络的安全，同时不会妨碍内部网络对外部网络的访问。

根据不同的分类标准，可将防火墙分为不同的类型。从工作原理角度看，防火墙技术主要可分为网络层防火墙技术和应用层防火墙技术。为支持两个层次的防火墙技术的具体实现，可将防火墙分为包过滤（packet filtering）防火墙、代理服务器防火墙、状态检测防火墙。按实现防火墙的硬件环境不同，可将防火墙分为基于路由器的防火墙和基于主机系统的防火墙。包过滤防火墙和状态检测防火墙可基于路由器实现，也可基于主机系统实现；而代理服务器防火墙只能基于主机系统实现。按防火墙的功能不同，可将防火墙分为FTP（文件传输协议）防火墙、Telnet防火墙、电子邮件防火墙、病毒防火墙、个人防火墙等各种专用防火墙。

5.2.2 防火墙的关键技术

1. 包过滤技术

网络层防火墙技术根据网络层和传输层的原则对传输的信息进行过滤。网络层技术的一个范例就是包过滤技术。因此，利用包过滤技术在网络层实现的防火墙也叫包过滤防火墙。

1）包过滤原理

在基于 TCP/IP 的网络上，所有往来的信息都被分割成许许多多一定长度的数据，即 IP 分组，包中包含发送方 IP 地址和接收方的 IP 地址等信息。当这些数据包被送上互联网时，路由器会读取接收方的 IP 地址信息并选择一条合适的物理线路发送数据包。数据包可能经由不同的路线到达目的地，当所有的包到达目的地后会重新组装还原。常用的包头信息包括源地址、目的地址、源端口、目的端口、协议类型等。包过滤防火墙模块结构如图 5-4 所示。

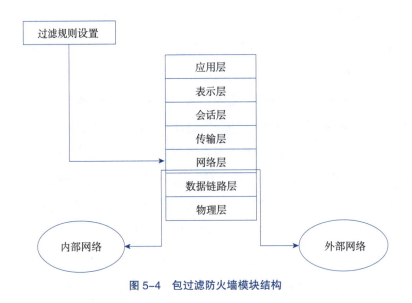

图 5-4 包过滤防火墙模块结构

2）包过滤防火墙的优点

包过滤技术是一种简单、有效的访问控制技术，它通过在网络相互连接的设备下加载允许/禁止来自某些特定的源地址、目的地址、TCP 端口号等规则，对通过的数据包进行检查，限制数据包进出内部网络。包过滤防火墙技术有如下优点。

（1）一个过滤器能协助保护整个网络。如果仅有一个包过滤路由器连接内部网络与外部网络，不论内部网络的大小和内部拓扑结构如何，通过该路由器进行数据包过滤，都可在网络安全保护上取得较好的效果。

（2）包过滤用户对用户透明。数据包过滤不要求任何自定义软件或客户机配置，也不要求用户任何特殊的训练或操作。

（3）过滤路由器速度快、效率高。过滤路由器只检查包头相应的字段，一般不查看数据包的内容，而且某些核心部分是由专用硬件实现的，故其转发速度快、效率较高。

（4）技术通用、廉价、有效。包过滤技术不是针对各个具体的网络服务采取特殊的处理方式，而是对各种网络服务都通用。大多数路由器都提供包过滤功能，不用再增加更多的硬件和软件，因此其价格低廉，能很大程度地满足企业的安全要求，其应用行之有效。

（5）包过滤防火墙易于安装、使用和维护。

3）包过滤防火墙的缺点

（1）安全性较差。防火墙过滤的只有网络层和传输层的有限消息，因而各种安全要求不可能充分满足。在许多过滤器中，过滤规则的数目有限，且随着规则数目的增加，性能将受到影响。

（2）由于防火墙可用的信息有限，它所提供的日志功能也十分有限。包过滤器日志一般只记载那些曾经作出过访问控制决定的信息（源地址、目的地址和通信类型）。

（3）无法执行某些安全策略。包过滤路由器上的信息不能完全满足人们对安全策略的需求。例如，数据包仅仅表明它们来自什么主机，而不是什么用户，因此多数包过滤防火墙不支持高级用户认证方案，这导致了防火墙缺少上层功能。

（4）这种防火墙通常容易受到利用 TCP/IP 规定和协议栈漏洞的攻击。例如网络层地址欺骗，如果攻击者将自己主机的 IP 地址设置成一个合法主机的 IP 地址，就可以轻易通过路由器。因此，包过滤路由器在 IP 地址欺骗上大都无能为力。对于一些安全要求较高的网络，过滤路由器是不能胜任的。

从以上分析可以看出，包过滤技术虽然能确保一定的安全保护，且也有许多优点，但是它毕竟是早期的防火墙技术，本身存在较多缺陷，不能提供较强的安全性。在实际应用中，很少把这种技术作为单独的解决方案，而是把它与其他防火墙技术组合在一起使用。

2. 代理服务技术

1）代理服务技术原理

代理服务器防火墙又称应用层网关、应用层防火墙，它工作在 OSI 模型的应用层，掌握着应用系统中可用作安全决策的全部信息。代理服务技术的核心是运行于防火墙主机上的代理服务器程序，这些代理服务器程序直接对特定的应用层进行服务。代理服务器防火墙完全阻隔了网络通信流,通过对每种应用服务编制专门的代理服务程序,实现监视和控制应用层通信流的作用。从内部网络用户发出的数据包经过这样的防火墙处理后,就像是源于防火墙外部网卡一样,从而可以达到隐藏内部网络结构的目的。其技术原理如图 5-5 所示。

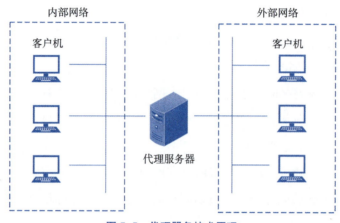

图 5-5 代理服务技术原理

代理服务器通常运行在两个网络之间,在某种意义上,可以把这种防火墙看作一个转发器和翻译器,它负责外部网络和内部网络之间的通信。当防火墙两端的用户使用 Telnet 和 FTP 之类的 TCP/IP 应用程序时,两端的通信终端不会直接联系,而是由应用层的代理来负责转发。代理会截获所有的通信内容,如果连接符合预定的访问控制规则,则代理将数据转发给目标系统,目标系统回应给代理,然后代理再将传回的数据送回客户机。对于客户来说,代理服务器像是一台真正的服务器,而对于客户想要访问的真正服务器来说,它又像一台客户机。

2)代理服务器的实现方式

代理服务技术控制对应用程序的访问,它能够代替网络用户完成特定的 TCP/IP 功能。代理服务器适用于特定的互联网服务,对每种不同的服务都应用一个相应的代理,如代理 HTTP、FTP、电子邮件、Telnet、WWW(万维网)、DNS、POP3(邮局协议版本 3)等。代理服务器的实现方式有以下几种。

(1)应用代理服务器。应用代理服务器可以在网络应用层提供授权检查及代理服务功能。当外部某台主机试图访问受保护的内部网络时,它必须先在防火墙上经过身份认证。通过身份认证后,防火墙运行一个专门程序,把外部主机与内部主机连接。在这个过程中，防火墙可以限制用户访问的主机、访问时间及访问方式。同样，受保护的内部网络用户访问外部网络时，也需要先登录防火墙，通过验证后才可使用 Telnet 或 FTP 等有效命令。

（2）回路级代理服务器。回路级代理服务器也称一般代理服务器，它适用于多个协议，但不解释应用协议中的命令就建立连接回路。套接字服务器（sockets server）就是回路级代理服务器。套接字（sockets）是一种网络应用层的国际标准。当受保护的网络客户机需要与外部网交互信息时，在防火墙上的套接字服务器检查客户的 ID、IP 源地址和 IP 目的地址，经过确认后，套接字服务器才与外部服务器建立连接。对用户来说，受保护的内部网与外部网的信息交换是透明的，感觉不到防火墙的存在，因为互联网用户不需要登录防火墙。

（3）智能代理服务器。如果一个代理服务器不仅能处理转发请求，同时还能做其他许多事情，这种代理服务器称为智能代理服务器。智能代理服务器可提供比其他方式更好的日志和访问控制能力。一个专用的应用代理服务器很容易升级到智能代理服务器，而回路级代理服务器则比较困难。

（4）邮件转发服务器。当防火墙采用相应技术使外部网络只知道防火墙的 IP 地址和域名时，从外部网络发来的邮件就只能发送到防火墙上。这时防火墙对邮件进行检查，只有当发送邮件的源主机是被允许的，防火墙才对邮件的目的地址进行转换，送到内部的邮件服务器，由其进行转发。

3）代理服务器技术的优点

（1）安全性好。每一个内、外网络之间的连接都要通过代理服务技术的接入和转换，通过专门特定的服务（如 HTTP 等）编写的安全化应用程序进行处理，然后由防火墙向外部服务器提交请求和向内部用户发送回答。这种方式没有给内、外网络计算机任何直接会话的机会，从而避免了入侵者使用数据驱动类型的攻击方式入侵内部网。另外，代理服务技术还按特定的应用协议对数据包的内容进行审查和扫描，因此增加了防火墙的安全性。安全性好是代理服务技术突出的特点。

（2）易于配置。因为代理服务是一个软件，所以它较过滤路由器更易配置，配置界面十分友好。如果代理服务实现得好，可以对配置协议要求较低，从而避免配置错误。

（3）能生成各项记录。代理服务技术在应用层，可以检查各项数据，所以可以按一定准则，让代理生成各项日志和记录。这些日志和记录对于流量分析、安全检验是十分重要的。

（4）能完全控制进出的流量和内容。通过采取一定的措施，按照一定的规则，借助代理技术实现一整套安全策略。

（5）能过滤数据内容。可以把一些过滤规则应用于代理服务，让它在高层实现过滤功能，如文本过滤、图像过滤、预防病毒和扫描病毒等。

（6）能为用户提供透明的加密机制。用户通过代理服务收发数据，可以让代理服务完成加/解密，从而方便用户，确保数据的保密性。这点在虚拟专用网中特别重要。代理服务可以广泛地用于企业内部网中，提供较高安全性的数据通信。

（7）可以方便地与其他安全技术合成。目前安全问题解决方案很多，如验证、授权、账号、数据加密、安全协议等。如果把代理服务技术与这些技术联合使用，将大大增强网络的安全性。

4）代理服务技术的缺点

（1）速度较慢。对于内网的每个访问请求，应用代理都要开一个单独的代理进程。它要保护内网的 Web 服务器、数据库服务器、文件服务器、邮件服务器及业务程序等，就需要建立一个个的服务代理，以处理客户端的访问请求。这样，应用代理的处理延迟会很大。

（2）对用户不透明。许多代理要求客户端做相应改动或安装特定客户软件，这提高了对用户的不透明度。

（3）难以配置。对于不同服务器代理可能要求不同的服务器，可能需要为每项协议设置一个不同的代理服务器。因为代理服务器不得不理解各项协议以便判断什么是允许和不允许的，选择、安装和配置所有这些不同的服务器是一项较繁重的工作。

（4）通常要求对客户进行限制。除了一些为代理而设置的服务，代理服务器要求对客户进行限制，每一种限制都有不足之处，人们无法经常按他们自己的步骤使用快捷可用的方式。由于这些限制，代理应用就不能像非代理应用运行得那样好，它们往往可能曲解协议的说明。

（5）不能增强底层协议的安全性。因为代理服务工作于 TCP/IP 的应用层，所以它不能改善底层通信协议的能力。

在实际应用中，通常也将几种防火墙技术结合在一起使用，以便取长补短，提高系统的安全性能。

5.2.3 防火墙的发展趋势

网络安全通常是通信技术与管理两者结合来实现的，良好的网络管理加上优秀的防火墙技术是提高网络安全性能的最好选择。随着网上的攻击手段不断出现，以及防火墙在用户的核心业务系统中占据的地位越来越重要，用户对防火墙的要求越来越高。这些要求归纳起来是防火墙技术应具备智能化、高速度、分布式并行结构、多功能的发展趋势。

1. 智能化

防火墙将从目前的静态防御策略向具备人工智能的智能化方向发展。未来智能化的防火墙应能实现以下功能。

（1）自动识别并防御各种"黑客"攻击手法及其相应变种攻击手法。

（2）在网络出口发生异常时，自动调整与外网的连接端口。

（3）根据信息流量自动分配、调整网络信息流量及协同多台物理设备工作。

（4）自动检测防火墙本身的故障并自动修复。

（5）具备自主学习能力并制定防御方法。

2. 高速度

随着网络传输速率的不断提高，防火墙必须在响应速度和报文转发速度方面做相应的升级，这样才不至于成为网络的瓶颈。

3. 分布式并行结构

分布式并行处理是防火墙的另一发展趋势，在这种理念下，多台物理防火墙协同工作，共同组成一个强大的、具备并行处理能力和负载均衡能力的逻辑防火墙。

4. 多功能

未来网络防火墙将在现有基础上继续完善其功能并不断增加新的功能，主要表现在以下方面。

（1）保密性方面更强，将继续发展高保密性的安全协议用于建立 VPN，基于防火墙的 VPN 在较长一段时间内将继续成为用户使用的主流。

（2）在过滤方面更完备。将从目前的地址、服务、URL（统一资源定位符）、文本、关键字过滤发展到对 CGI（通用网关接口）、ActiveX、Java 等 Web 应用的过滤，并将逐渐具备病毒过滤的功能。

（3）在服务方面更完善。将在目前透明应用的基础上完善其性能，并将具备针对大多数网络通信协议的代理服务功能。

（4）在管理方面集中、易用。将从子网和内部网络的管理方式向基于专用通道和安全通道的远程集中管理方式发展，管理端口的安全性将是其重点考虑内容。用户费用统计、多种媒体的远程警报及友好的图形化管理界面将成为防火墙的基本功能板块。

（5）在安全方面更标准。对网络攻击的检测、拦截及报警功能将继续是防火墙最重要的性能指标。

5.3 入侵检测系统

5.3.1 入侵检测系统概述

上文中介绍的防火墙是一种主动防御系统，阻止一些不良事件发生，它限制用户的某些行为之后，用户才能访问计算机。但在现实中，许多安全问题是由于内部人员造成的，内部人员不受防火墙的限制，而且具有一些重要的访问权限。内部人员由于不慎可能造成对系统的破坏；此外，还有一些恶意破坏者突破防火墙的限制，非法侵入。入侵检测相对于传统意义的防火墙入侵检测而言，可以作为安全的一道屏障，在一定程度上预防和检测来自系统内部与外部的入侵。

1. 入侵检测的概念

入侵是指任何企图危及资源的完整性、机密性和可用性的活动。它不仅包括发起攻击的人（如恶意的"黑客"等）取得超出合法范围的系统控制权，也包括收集漏洞信息，造成拒绝服务等对计算机系统产生危害的行为。入侵检测是指通过对计算机网络或计算机系统中的若干关键点收集信息并对其进行分析，从中发现网络或系统中是否有违反安全策略的行为和被攻击的迹象。入侵检测的软件与硬件的组合便是 IDS（intrusion detection system，入侵检测系统）。与防火墙类似，IDS 除了基于 PC（个人计算机）架构，主要功能由软件实现。

2. 入侵检测系统功能

入侵检测系统有如下功能。

（1）监视用户和系统活动。

（2）识别系统活动中存在的已知攻击模式。

（3）评估关键系统和数据文件的完整性。

（4）异常行为模式的统计分析。

（5）审计系统配置中存在的弱点和错误配置。

（6）管理审计跟踪，当用户违反策略或正常活动时，给出警示。

（7）安装、运行陷阱以记录入侵者的相关信息。

（8）纠正系统配置错误。

3.入侵检测系统的架构

（1）事件产生器。事件产生器从整个计算环境中获得事件，并向系统的其他部分提供此事件。它是采集和过滤事件数据的程序或模块。负责收集原始数据，对数据流、日志文件等进行追踪，然后将收集到的原始数据转换成事件，并向系统的其他部分提供此事件。

（2）事件分析器。事件分析器是分析传送给它的各种数据，检测是否有入侵的迹象，或描述入侵响应的数据，产生分析结果。

（3）响应单元。响应单元是对分析结果作出反应的功能单元，它可以作出切断连接、改变文件属性等强烈反应，也可以只是简单地报警，针对分析组件所产生的分析结果，根据响应策略采取相应的行为，发出命令响应攻击。

（4）事件数据库。事件数据库是存放各种中间数据和最终数据的地方的统称，它可以是复杂的数据库，也可以是简单的文本文件。IDS 需要分析的数据统称为事件，事件可以是网络中的数据包，也可以是从系统日志等其他途径得到的信息。

在这个系统中，前三者以程序的形式出现，而最后一个组件则往往是以文件或数据流的形式出现。入侵检测系统架构如图 5-6 所示。

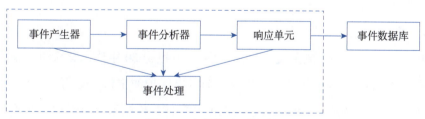

图 5-6　入侵检测系统架构

4.入侵检测系统的工作流程

一个入侵检测系统的工作流程需要以下步骤：首先，它需要充分并可靠地采集网络和系统中的数据，提取描述网络和系统行为的特征；然后，它必须根据以上数据和特征，高效并准确地判断网络和系统行为的性质；最后，它需要对网络和系统入侵提供响应手段。其具体的工作流程如图 5-7 所示。

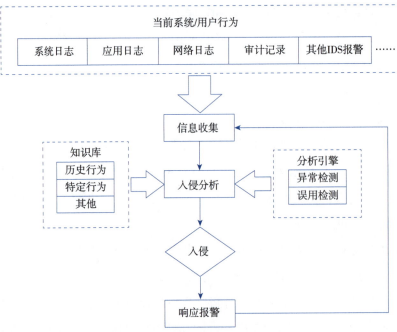

图 5-7 入侵检测系统的工作流程

5.3.2 入侵检测系统分类及功能

对现有的入侵检测系统可以用以下两类方法进行分类。

1. 基于检测对象的分类

按照检测对象或者数据来源的不同,可将入侵检测系统分为基于主机的入侵检测系统(host-based IDS,HIDS)、基于网络的入侵检测系统(network-based IDS,NIDS)和混合式入侵检测系统三类。

1)基于主机的入侵检测系统

基于主机的入侵检测系统开始并兴盛于20世纪80年代,其检测对象是主机系统和本地用户。其检测原理是在每一个需要保护的主机上运行一个代理程序,根据主机的审计数据和系统的日志发现可疑事件,检测系统可以运行在被检测的主机上,从而实现监控。

(1)基于主机的 IDS 的优点主要有以下几方面。

①能确定攻击是否成功。基于主机的 IDS 使用含有已发生的事件信息,根据该事件信息能准确判断攻击是否成功,因而基于主机的 IDS 误报率较小。

②监控更为细致。基于主机的 IDS 监控目标明确。它可以很容易地监控一些在网络中无法发现的活动,如敏感文件、目录、程序或端口的存取。例如,基于

主机的 IDS 可以检测所有用户的登录及退出登录的情况，以及各用户联网后的行为。

③配置灵活。用户可根据自己的实际情况对主机进行个性化的配置。

④适用于加密和交换的环境。由于基于主机的 IDS 是安装在监控主机上的，因而不会受加密和交换的影响。

⑤对网络流量不敏感。基于主机的 IDS 不会因为网络流量的增加而放弃对网络的监控。

（2）基于主机的 IDS 的缺点主要有以下几方面。

①由于它通常作为用户进程运行，依赖于操作系统底层的支持，与系统的体系结构有关，所以它无法了解发生在下层协议的入侵活动。

②基于主机的 IDS 要驻留在受控主机中，对整个网络的拓扑结构认识有限，根本检测不到网络上的情况，只能为单机提供安全防护。

③基于主机的 IDS 必须配置在每一台需要保护的主机上，占用一定的主机资源，使主机产生额外的开销。

④缺乏对平台的支持，可移植性差。

2）基于网络的入侵检测系统

基于网络的入侵检测系统通过监听网络中的分组数据包来获得分析攻击的数据源，分析可疑现象。它通常使用报文的模式匹配或模式匹配序列来定义规则，检测时将监听到的报文与规则进行比较，根据比较的结果来判断是否有非正常的网络行为。通常情况下是利用混杂模式的网卡来捕获网络数据包。

（1）NIDS 的优点主要有以下方面。

①检测速度快。NIDS 能在微秒或秒级发现问题。

②能够检测到 HIDS 无法检测的入侵。例如，NIDS 能够检查数据包的头部而发现非法的攻击，能够检测那些来自网络的攻击和非授权的非法访问。

③入侵对象不容易销毁证据。被截取的数据不仅包括入侵的方法，还可以定位入侵对象的信息。

④检测和响应的实时性强。一旦发现入侵行为，就立即终止攻击。

⑤与操作系统无关性。由于 NIDS 是配置在网络上对资源进行安全监控，因此，它具有与操作系统无关的特性。

（2）NIDS 的缺点主要有以下方面。

① NIDS 无法采集高速网络中的所有数据包。

② 缺乏终端系统对待定数据包的处理方法等信息，使从原始的数据包中重构应用层信息很困难，因此，NIDS 难以检测发生在应用层的攻击。

③ NIDS 对以加密传输方式进行的入侵无能为力。

④ NIDS 只检查它直接连接网段的通信，并且精确度较差，在交换式网络环境下难以配置，防入侵欺骗的能力较差。

3）混合式入侵检测系统

混合式入侵检测系统综合了基于网络的入侵检测系统和基于主机的入侵检测系统两种结构的特点，既可以利用来自网络的数据，也可以利用来自计算机主机的数据信息，有很好的操作性，能够取得更好的检测效果。

2. 基于检测技术的分类

（1）异常检测。异常检测也称为基于行为的检测，它基于这样的思想：任何一种入侵行为都能由于其偏离正常或者所期望的系统和用户的活动规律而被检测出来。异常检测通常首先从用户的正常或者合法活动模式中收集一组数据，这一组数据集被视为"正常调用"。若用户偏离了正常调用模式，则会被认为入侵。

异常检测方法的优点有：①正常使用行为是被准确定义的，检测的准确率高。②能够发现任何企图发掘、试探系统最新和未知漏洞的行为，同时在某种程度上，它较少依赖特定的操作系统环境。异常检测的缺点有：①必须枚举所有的正常使用规则，否则会导致有些正常使用的行为被误认为入侵行为；②在检测时，某个行为是否属于正常，通常不能做简单的匹配，而要利用统计方法进行模糊匹配，在实现上有一定的难度。

（2）误用检测。误用检测又称为特征检测，建立在对过去各种已知网络入侵方法和系统缺陷知识的积累之上。入侵检测系统存储着一系列已知的入侵行为描述，当某个系统的调用与一个已知的入侵行为相匹配时，则认为是入侵行为。误用检测是直接对入侵行为进行特征化描述，其主要优点有：依据具体特征库进行判断，检测过程简单，检测效率高，针对已知入侵的检测精度高，可以依据检测到的不同攻击类型采取不同的措施。其缺点有：对具体系统依赖性太强，可移植性较差，维护工作量大，同时无法检测到未知的攻击。

除以上两种分类外，按照体系结构组成的不同，可将入侵检测系统分为集中式入侵检测系统和分布式入侵检测系统。

5.3.3 入侵检测系统的未来趋势

今后，入侵检测将主要向分布式、智能化、高检测速度、高准确度、高安全性的方向发展，入侵检测的研究重点会包括以下几个。

1. 分布式入侵检测

分布式入侵检测系统主要面向大型网络和异构系统，它采用分布式结构，可以对多种信息进行协同处理和分析，与单一架构的入侵检测系统相比，具有更强的检测能力。

2. 智能入侵检测

智能入侵检测方法在现阶段主要包括机器学习、神经网络、数据挖掘等方法。国内外已经开展了各种智能技术在入侵检测中的应用研究，研究的主要目的是降低检测系统的虚警和漏报概率，提高系统的自学习能力和实时性。从目前的一些研究成果看，基于智能技术的入侵检测方法具有许多传统检测方法所没有的优点，有良好的发展潜力。

3. 高效的模式匹配算法

对目前广泛应用的基于误用检测方法的入侵检测系统，模式匹配算法在很大程度上影响着系统的检测速度。随着入侵方式的多样化和复杂化，检测系统存储的入侵模式越来越多，对入侵模式定义的复杂程度也越来越高，因而迫切需要研究和使用高效的模式匹配算法。

4. 基于协议分析的入侵检测

对网络型入侵检测系统而言，如果其检测速度跟不上网络数据的传输速度，检测系统就会漏掉其中的部分数据包，从而导致漏报而影响系统的准确性和有效性。基于协议分析的入侵检测所需的计算量相对较少，可以利用网络协议的高度规则性快速探测攻击的存在，即使在高负载的网络上也不容易产生丢包现象。

5. 与操作系统的结合

目前入侵检测系统的普遍缺陷是与操作系统结合不紧密，这会导致很多不便。与操作系统结合，可以知道"黑客"拥有系统哪个级别的权限、"黑客"是否控制了一个系统等，可以提升入侵检测系统对攻击，特别是比较隐蔽的、新出现的攻击的检测能力。

6. 入侵检测系统之间以及和其他安全组件之间的互动性研究

在大型网络中，网络的不同部分可能使用了多种入侵检测系统，甚至还有防火墙、漏洞扫描等其他类别的安全设备，这些入侵检测系统之间以及 IDS 和其他安全组件之间的互动，有利于共同协作、减少误报，并更有效地发现攻击、作出响应、阻止攻击。

7. 入侵检测系统自身安全性的研究

入侵检测系统是个安全产品，自身安全极为重要。因此，越来越多的入侵检测产品采用强身份认证、限制用户权限等方法，免除自身安全问题。

8. 入侵检测系统的标准化

到目前为止，尚没有一个关于入侵检测系统的正式的国际标准出现，这种情况不利于入侵检测系统的应用与发展。国际上有一些组织正在做这方面的研究工作。入侵检测系统的标准化工作应该主要包括大型分布式入侵检测系统的体系结构、入侵特征的描述（数据格式）、入侵检测系统内部的通信协议和数据交换协议、各个部件间的互动协议和接口标准等。

5.4 虚拟专用网

5.4.1 虚拟专用网概述

虚拟专用网是在公用网络上建立专用网络的技术。其之所以称为虚拟网，主要是因为整个 VPN 的任意两个节点之间的连接并没有传统专用网所需的端到端的物理线路，而是架构在公用网络服务商所提供的网络之上的逻辑网络，用户数据在逻辑链路中传输。用户不再需要拥有实际的长途数据线路，而是使用互联网公众数据网络的长途数据线路。可以形象地称 VPN 为"网络中的网络"。专用网络是指用户可以为自己定制一个最符合自己需求的网络。虚拟专用网通常是通过一个公用的网络（如互联网等）建立一个临时的、安全的、模拟的点对点连接。这是一条穿越公用网络的安全信息隧道，信息可以通过这条隧道在公用网络中安全传输。

5.4.2 虚拟专用网安全技术

1. VPN 安全分类

VPN 依据不同的方法，有多种不同的分类。最常用的是根据网络类型的差异将 VPN 分为两种最基本的类型：client-LAN（客户端对客户端，即远程接入方式）

和 LAN-LAN（网关对网关，即内联网方式），如图 5-8、图 5-9 所示。其他类型是在这两种类型上的延伸和扩展。

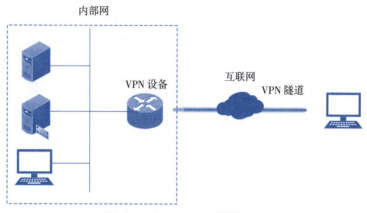

图 5-8　client-LAN 类型的 VPN

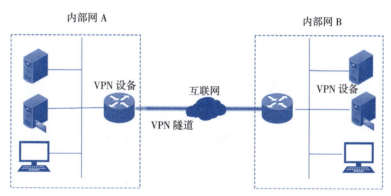

图 5-9　LAN-LAN 类型的 VPN

（1）client-LAN 类型的 VPN。client-LAN 也称为远程接入 VPN（access VPN），即远程访问方式的 VPN。它提供了一种安全的远程访问手段，使用公网作为骨干网在设备之间传输 VPN 数据流量。例如，出差在外的员工，有远程办公需要的分支机构，都可以利用这种类型的 VPN，对企业内部网络资源进行安全的远程访问。

（2）LAN-LAN 类型的 VPN。LAN-LAN 类型的 VPN 也称为内联网 VPN（Intranet VPN），即网关到网关，通过公司的网络架构连接来自同一公司的资源。为了在不同局域网之间建立安全的数据传输通道，如在企业内部各分支机构之间或者企业与其合作者之间的网络进行互联，可以采用 LAN-LAN 类型的 VPN。LAN-

LAN 类型的 VPN，可以利用基本的互联网和内联网网络建立全球范围内物理的连接，再利用 VPN 的隧道协议实现安全保密需要，就可以满足公司总部与分支机构以及合作企业间的安全网络连接。

除了以上两种类型，还有一种合作伙伴企业网构成的外联网（Extranet VPN），这个网络将两个合作公司的资源进行连接，可以共享资源。这种类型和 client-LAN 类型类似。

2. VPN 的特点

（1）使用 VPN 可降低成本。通过公用网络来建立 VPN，就可以节省大量的通信费用，而不必投入大量的人力和物力去安装与维护 WAN（广域网）设备和远程访问设备。一般来说，VPN 连接方式性价比较高，使用 VPN 可以降低企业使用网络的成本，这是 VPN 最大的优点。

（2）传输数据安全可靠。虚拟专用网产品都采用加密及身份验证等安全技术，保证连接用户的可靠性及传输数据的安全性和保密性。

（3）连接方便灵活。用户想与合作伙伴联网，如果没有虚拟专用网，双方的信息技术部门就必须协商如何在双方之间建立租用线路或帧中继线路，有了虚拟专用网之后，只需双方配置安全连接信息即可。

（4）完全控制。虚拟专用网使用户可以利用 ISP（互联网服务提供商）的设施和服务，同时又完全掌握自己网络的控制权。用户只利用 ISP 提供的网络资源，对于其他的安全设置、网络可自由操作管理，在企业内部也可以自己建立虚拟专用网。

3. VPN 工作原理

通常情况下，VPN 网关采取双网卡结构，外网卡使用公网 IP 接入互联网。VPN 的基本工作步骤如下。

（1）访问准备。网络 1（假定为公网互联网）的终端 A 访问网络 2（假定为公司内网）的终端 B，其发出的访问数据包的目标地址为终端 B 的内部 IP 地址。

（2）数据包封装。网络 1 的 VPN 网关在接收到终端 A 发出的访问数据包时对其目标地址进行检查，如果目标地址属于网络 2 的地址，则将该数据包进行封装，封装的方式根据所采用的 VPN 技术不同而不同，同时 VPN 网关会构造一个新 VPN 数据包，并将封装后的原数据包作为 VPN 数据包的负载，VPN 数据包的目标地址为网络 2 的 VPN 网关的外部地址。

（3）经公网传输数据。网络 1 的 VPN 网关将 VPN 数据包发送到互联网，由于 VPN 数据包的目标地址是网络 2 的 VPN 网关的外部地址，所以该数据包将被互联网中的路由正确地发送到网络 2 的 VPN 网关。

（4）经网关接收解包数据。网络 2 的 VPN 网关对接收到的数据包进行检查，如果发现该数据包是从网络 1 的 VPN 网关发出的，即可判定该数据包为 VPN 数据包，并对该数据包进行解包处理。解包的过程主要是先将 VPN 数据包的包头剥离，再将数据包反向处理还原成原始的数据包。

（5）数据到达终端。网络 2 的 VPN 网关将还原后的原始数据包发送至目标终端 B，由于原始数据包的目标地址是终端 B 的 IP，所以该数据包能够被正确地发送到终端 B，在终端 B 看来，它收到的数据包就和从终端 A 直接发过来的一样。

（6）相互通信。从终端 B 返回终端 A 的数据包处理过程和上述过程一样，这样两个网络内的终端就可以相互通信了。

通过上述说明可以发现，在 VPN 网关对数据包进行处理时，有两个参数对于 VPN 通信十分重要：原始数据包的目标地址（VPN 目标地址）和远程 VPN 网关地址。根据 VPN 目标地址，VPN 网关能够判断对哪些数据包进行 VPN 处理，对于不需要处理的数据包，通常情况下可直接转发到上级路由；远程 VPN 网关地址则指定了处理后的 VPN 数据包发送的目标地址，即 VPN 隧道的另一端 VPN 网关地址。由于网络通信是双向的，在进行 VPN 通信时，隧道两端的 VPN 网关都必须知道 VPN 目标地址和与此对应的远端 VPN 网关地址。

4. VPN 技术原理

1）VPN 使用的安全协议

VPN 通过使用安全协议来实现安全保护目的，它所使用的安全协议主要有如下几个。

（1）点对点隧道协议（Point-to-Point Tunneling Protocol，PPTP）。PPTP 可以实现对数据流进行封装和加密，从而可以通过互联网实现多功能通信。

（2）第二层隧道协议（Layer 2 Tunneling Protocol，L2TP）。PPTP 和 L2TP 十分相似，因为 L2TP 有一部分就是采用 PPTP，两个协议都允许客户通过其间的网络建立隧道，L2TP 还支持信道认证。

2）互联网协议安全

互联网协议安全用于确保网络层之间的安全通信。

3）SSL 协议

这个协议在 5.1 节介绍过，它是 Netscape 公司所研发，用以保障在互联网上数据传输的安全，利用数据加密技术，可确保数据在网络的传输过程中不会被截取及窃听。SSL 协议位于 TCP/IP 与各种应用层协议之间，为数据通信提供安全支持。

5. VPN 的实现

由于传输的是私有信息，VPN 用户对数据的安全性要求比较高。目前 VPN 主要采用四项技术来保证安全，这四项技术分别是隧道技术（tunneling）、加解密技术（encryption & decryption）、密钥管理技术（key management）、用户与设备身份认证技术（authentication）。

（1）隧道技术。隧道技术是 VPN 的基本技术。类似于点对点连接技术，它在公用网建立一条数据通道（隧道），让数据包通过这条隧道传输。隧道是由隧道协议形成的，分为第二、三层隧道协议。第二层隧道协议是先把各种网络协议装到点对点协议（Point-to-Point Protocol，PPP），再把整个数据包装入隧道协议。第二层隧道协议有第二层转发协议（Layer 2 Forwarding Protocol，L2F）、点对点隧道协议等。第三层隧道协议是把各种网络协议直接装入隧道协议，形成的数据包依靠第三层协议进行传输。第三层隧道协议有虚拟局域网干道协议（VLAN Trunking Protocol，VTP）、IPSec 等。IPSec 是由一组请求注释（Request for Comments，RFC）文档组成的，定义了一个系统来提供安全协议选择、安全算法，确定服务所使用密钥等服务，从而在 IP 层提供安全保障。

（2）加解密技术。加解密技术（对称加密、公钥加密等）是数据通信中一项较成熟的技术，VPN 可直接利用现有技术。

（3）密钥管理技术。密钥管理技术的主要任务是保证在公用数据网上安全地传递密钥而不被偷听、窃取。

（4）用户与设备身份认证技术。用户与设备身份认证技术最常用的是用户名与密码或卡片式认证等方式。

除了以上几种技术外，还有一种比较常用的 VPN 方式：SSL VPN，即 SSL 协议被使用于 VPN 中。这种方式在电子商务应用中比较常见。通过计算机使用银行的网银系统时使用的就是 SSL VPN。它是将 HTTP 和 SSL 协议相结合形成的 HTTPS。

5.5 移动网安全

5.5.1 移动网络安全概述

按照攻击者的对象,可以将移动通信系统的安全威胁分为对移动网络的威胁、对服务网络的威胁和对移动终端的威胁。本节主要介绍对移动网络的威胁,它主要有以下形式。

1. 窃听

由于链路具有开放性,在无线链路或服务器网内,攻击者可以窃听用户数据、信令数据以及控制数据,试图解密或者进行流量分析。

2. 伪装

伪装成网络单元截取用户数据、信令数据及控制数据。

3. 破坏

破坏即插入、修改、重放、删除用户数据或信令数据以破坏数据完整性。

4. 拒绝服务

在物理或协议上干扰用户数据、信令数据及控制数据在无线链路上的正常传输,或通过使网络服务过载耗尽网络资源。

5. 否认

用户否认业务费用、业务数据来源及其他用户的数据,网络单元否认提供的网络服务。

6. 非授权访问

非授权访问指未经授权使用网络资源或以未授权的方式使用网络资源,主要包括非法用户进入网络或系统进行违法操作和合法用户以未授权的方式进行操作。

5.5.2 第三代至第四代移动网安全机制

1. 第三代移动通信的网络安全

3G 是第三代移动通信技术,是指高速数据传输的蜂窝移动通信技术。3G 服务能够同时传送声音及数据信息,速率一般在几百 Kbit/s。目前 3G 存在三种标准:CDMA2000(码分多址 2000,电信)、WCDMA(宽带码分多址,联通)、TD-SCDMA(时分同步码分多址,移动)。

1)通用移动通信系统鉴权过程

通用移动通信系统（Universal Mobile Telecommunications System，UMTS）是3G技术的统称。鉴权过程如下。

（1）发起请求鉴权。移动台（mobile station，MS）首先向网络中的访问位置寄存器（Visitor Location Register，VLR）发送服务请求，如果MS在VLR中没有登记，VLR就向MS所属的鉴权中心（Authentication Center，AuC）请求鉴权五元组[随机数（RAND）、期望响应数（Expect user RESponse，XRES）、加密密钥（CK）、完整性密钥（KI）、认证令牌（AUTN）]。

（2）计算参数。AuC根据MS的目标移动用户识别码（International Mobile Subscriber Identity，IMSI），在数据库表中查找到该MS的参数，并产生若干组RAND，计算出XRES、CK、KI、AUTN，发送给VLR。

（3）验证参数。VLR/SGSN（Serving GPRS Support Node，服务GPRS的支持节点）发出鉴权操作，传送一个RAND和AUTN给手机。手机系统根据KI、RAND，通过f1算法得到自己的AUTN，然后验证两个AUTN是否相等。

（4）鉴权成功。手机系统根据KI、RAND，通过f2算法得到响应数，通过f3算法得到CK，通过f4算法得到KI，并将计算出的响应数RES传送给VLR/SGSN，VLR/SGSN将MS的RES与自己的XRES对比。

2）UMTS加密过程

（1）产生密钥。当网络和MS双向鉴权通过后，手机已经有了CK和KI，网络侧根据KI、RAND，通过同样的f3算法得到CK，通过f4算法得到KI。

（2）验证密钥。当双方需要通话时，无线空口就用CK进行加密，用加密的KI进行完整性保护；到对方端口后，就可以用同样的CK进行解密，用加密的KI来验证信息的完整性。

2. 第四代移动通信的网络安全

第四代移动电话行动通信标准包括TD-SCDMA长期演进（TD-SCDMA Long Term Evolution，TD-LTE）和频分双工长期演进（Frequency Division Duplex Long Term Evolution，FDD-LTE）两种制式。4G移动系统网络结构可分为三层：物理网络层、中间环境层、应用网络层。物理网络层提供接入和路由选择功能，由无线和核心网的结合格式完成。中间环境层的功能包括QoS（服务质量）映射、地址转换和完全性管理等。物理网络层与中间环境层及其应用环境之间的接口是开放的，它使发展和提供新的应用及服务变得更加容易，提供无缝高数据率的无线服务，并运行于多个频带。4G 系统包括终端、无线接入网、无线核心网和 IP 骨干网四个部分，威胁也来自这四个方面。熟知的伪基站大多采用如下技术手段：①用高强度的干扰信号屏蔽掉一个区域内所有的 3G、4G 手机信号。②大多数手机在无法连接 3G、4G 信号时，会选择自动寻找 2G 信号、被引向伪基站的 2G 信号，然后不知不觉接收了诈骗信息。

5.5.3　5G 网络威胁及应对策略

移动通信历经了从第一代到第五代移动通信，从窄带到宽带、从话音通信到移动互联网的发展。如今，随着移动设备的技术升级以及普遍应用，移动通信系统已经完全融入人类的日常生活，移动通信的广泛应用，对于电子商务的普及起到了至关重要的作用。5G 将进一步提升人们的移动宽带应用使用体验，并以创新驱动为理念，力求成为软件化、服务化、敏捷化的网络。毫无疑问，5G 已经成为全球移动通信领域新一轮信息技术的热点。

1. 5G 网络安全威胁

为实现通信系统中信息的安全传输，应具备如下特点：①保证通信系统及信道的有效性或可用性。②保证信息在传递过程中不被篡改，即信息的完整性。③网络对通信用户身份和设备进行合法性认证，用户对接入的网络设备进行认证。④随着大数据等信息处理技术的提升，针对隐私的攻击也越来越多，还需要对用户的机密数据隐私加强保护。

（1）系统有效性面临的威胁。系统有效性用于评估系统在面对各种攻击时的稳健性，目前已知的系统有效性攻击手段主要是干扰和拒绝服务（denial of service，DoS）攻击，此外还有恶意节点攻击和智能干扰器。通信网络中的恶意节点或第三方软件无线电设备，也可能故意或无意地干扰和破坏合法用户之间的数据通信，甚至阻止授权用户访问无线电资源。目前已出现一种根据当前的无线电环境灵活地控制干扰策略的智能干扰器，其通过可编程软件无线电设备实现。

（2）信息完整性面临的威胁。信息完整性需要通信系统保证信息在传输的过程中不被篡改或替换。中间人（man in the middle，MITM）攻击是常见的破坏信息完整性的攻击方式，它通过秘密控制两个合法通信方之间的通信通道，拦截、修改和替换通信消息，由于无线通信的广播特性，其更有可能受到 MITM 攻击。

（3）身份认证面临的安全威胁。关于身份认证，通信网络不仅要对通信网络中的实体单元进行认证，有时也要对信息进行认证。用户设备与移动管理实体之间的互认证是传统蜂窝安全框架中最重要的安全特性。已公开的 5G 身份认证安全威胁包括网络切换漏洞和身份认证漏洞等。此外，在认证协议方面，5G 面对的安全威胁不仅包括协议漏洞，更包括近来快速增强的量子计算（quantum computing）能力带来的安全威胁。由于量子力学（quantum mechanics）效应的存在，使用量子计算机来解决某些加密问题的效率比在经典计算机上解决要高得多。

（4）隐私保护面临的安全威胁。隐私保护方面的威胁在 5G 网络中是一个很大的威胁。这是因为 5G 网络中业务和场景的多样性，以及网络的开放性。5G 网络中端到端的数据流包含广泛的个人隐私信息，如机密数据、身份、位置等。一般情况下对用户机密数据的隐私保护也可以称为机密性保护。目前，窃听和通信流量分析是常见的威胁隐私保护的攻击方式。

5G 网络中新应用、新技术，以及新空口（全新空中无线接口）的引入，在使网络开放性、灵活性得到保障的同时扩大了网络的攻击面，使 5G 网络更容易受到 DoS 等主动攻击，用户更容易受到侧信道攻击，从而影响系统有效性、身份认证，以及用户隐私保护。而边缘节点的出现，在满足用户计算需求的同时，增加了其受到 MITM 攻击的风险，给信息的完整性带来挑战。

2. 5G 安全应对策略

基于系统有效性、信息完整性、身份认证、隐私保护方面的安全威胁，5G 网络也有相应的安全架构来应对。5G 网络的密钥体系、身份认证方面都更加复杂，增强了抵抗攻击的能力。同时 5G 网络的移动性和网络注册协议都更加灵活以适应 5G 网络的需求，并且增强了用户面和运营商网络间的信息交互的安全。

（1）信任模型和密钥体系。由于 5G 服务框架的更新，5G 安全的信任模型也发生了相应的变化。用户侧由全球用户识别模块（universal subscriber identity module, USIM）和移动设备组成，网络侧由有源天线基站、分布式单元、中心单元、安全锚定功能、认证服务功能、身份认证凭据存储库、处理函数和统一数据管理组成。在新的信任模型中，离核心网越近的层越被信任，离核心网越远就需要越复杂的认证过程，通用用户标识模块离核心网最远，也就需要最复杂的认证过程。

（2）身份认证。5G 有两种认证类型：①所有设备访问移动网络服务时必须执行的主认证。②在外部数据网需要的时候进行的二次认证。在 LTE（长期演进）

身份认证过程中，IMSI 在 LTE 网络中不经过任何加密被清晰地发送，因此导致了各种隐私相关的攻击。而在 5G 网络中被发送的是经过加密的用户隐藏标识符（subscription concealed identifier，SUCI），需要认证的时候会在统一数据管理（unified data management，UDM）/ 认证凭证存储库和处理管理（authentication credential repository and processing function，ARPF）中返回经过解密的永久标识符（subscription permanent identifier，SUPI）进行身份认证，基于 SUCI 和 SUPI 的 5G 主身份认证化解了 IMSI 暴露在无线环境中的风险，同时还提供二次认证，增强了身份认证安全性。

（3）安全上下文与公共陆地移动网之间的安全。在 5G 网络中，为了确保跨网互联，即用户在不同公共陆地移动网（Public Land Mobile Network，PLMN）之间漫游的安全性，5G 安全架构引入安全边缘保护代理（Security Edge Protection Proxy，SEPP）。作为驻留在 PLMN 周边的实体，为两个不同 PLMN 之间交换的所有服务层信息实现应用层安全。SEPP 提供完整性保护，部分消息和重放保护的机密性保护，相互认证，授权和密钥管理。这也是新增接口来增强 5G 网络的安全性，以满足用户在不同 PLMN 之间频繁切换过程中的安全需求。

（4）用户面安全。用户面和控制面的分离是 5G 核心网的重要特征，因此需要新的安全措施来保护用户面安全。在协议数据单元（protocol data unit，PDU）会话建立过程中，会话管理功能（session management function，SMF）需要向下一代基站（next generation node B，gNB）提供 PDU 会话的用户平面（user plane，UP）安全策略。UP 安全策略用于为属于 PDU 会话的所有无线数据承载（data radio bearers，DRB）提供机密性和完整性保护，增强了用户面安全性。

5G 安全架构中新增的安全锚管理（security anchor function，SEAF）等安全功能单元和新的密钥体系以及基于 SUCI 和 SUPI 的 5G 认证程序有效地保护了身份认证的安全，避免了 IMSI 等信息在空口中暴露的风险。新增的 SEPP 安全功能增强了 PLMN 之间的信息完整性和机密性，同时也增强了用户在 PLMN 间通信的身份认证安全性，保护了用户在漫游环境下的通信安全。

【本章小结】

本章围绕电子商务网络安全，介绍了电子商务安全协议、防火墙技术、入侵检测系统、虚拟专用网以及移动网安全等几个方面。在电子商务安全协议中，着重介绍了两个常用的电子协议：安全套接字层协议和安全电子协议。防火墙和入侵检测系统是网络安全必备的工具，在防火墙技术中介绍了它的一些关键技术原理、方法和发展趋势，在入侵检测系统中介绍了入侵检测系统的分类及功能特点。在虚拟专用网中介绍了虚拟专业网的应用原理、技术以及它的优点。移动网络是电子商务业务的支撑，其安全对于电子商务至关重要，在移动网安全中介绍了移动网面临的安全威胁、第三代至第四代移动通信的安全机制，重点介绍了 5G 的网络安全威胁以及其应对策略。

 【思考题】　　　　　　　　　　　　　　　　 【即测即练】

1. 安全套接字层协议具有哪些性质以及保密机制？
2. 安全电子协议提供哪些主要的服务？
3. 简述安全电子协议交易流程。
4. 包过滤技术有哪些优点和不足？
5. 代理服务器可以分为哪几类？
6. 入侵检测系统和防火墙有什么不同？它有哪些功能？
7. 入侵检测系统未来的趋势有哪些？
8. 虚拟专用网的特点有哪些？
9. 简述虚拟专用网的工作原理。
10. 简述 5G 移动网面临的安全威胁以及安全应对策略。

第 6 章　电子商务数据安全

【学习目标】

1. 了解电子商务安全中数据安全技术的发展趋势,以及信息隐藏、数据备份与恢复及大数据安全等技术的相关概念。

2. 熟悉信息隐藏、数据备份与恢复及大数据安全在电子商务领域的应用现状和趋势。

3. 掌握信息隐藏、数据备份与恢复及大数据安全等技术在电子商务中的应用方式和应用场景。

【能力目标】

1. 了解新时期电子商务发展中数据安全技术的趋势和方向,以及信息隐藏、数据备份与恢复、大数据安全技术在电子商务领域的内在驱动力。

2. 熟悉信息隐藏、数据备份与恢复、大数据安全技术等电子商务新技术的应用原理以及在电子商务领域的作用。

3. 掌握运用相关技术解决电子商务安全问题的方法,提高应用所学知识解决实际问题的基本能力;并在思维能力、分析问题能力、创新能力、情感态度与价值观等方面得到锻炼和提高。

🔍【思政目标】

1. 了解大数据环境下电子商务中数据安全的保障方法，鼓励学生敢于技术创新、思维创新、尊重科学、管理方法创新，培养学生的工匠精神。

2. 通过归纳总结电子商务中数据安全相关技术与电子商务安全发展之间的关系，让学生体验辩证看待科学问题和行业发展，培育学生理论实践结合的思维和意识，以及实事求是的科学态度。

🔍【思维导图】

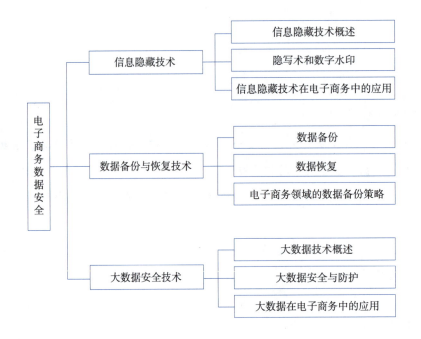

🔍【导入案例】

从CSDN（中国软件开发者网络）网站可以查到某国有银行在电子商务安全方面的实施案例。该银行是中国早期四大银行之一，总行设在上海。为了适应激烈的市场竞争，近年来该银行大力开展网上银行业务。在短短的3年中，该银行完成了网上银行的整体框架构建，形成了以特色信用卡、全国通、外汇宝、基金买卖等功能为支撑的网上银行服务体系和以普通版、大众版、专业版为特征的对公网上银行服务体系，并实现了网上银行的功能完善和业务量的快速增长。然而随着钓鱼网站、专业偷盗银行账号和密码的木马程序的泛滥，人们对网上银行的安全性越来越表示质疑。怎样才能加强系统应用的安全性，提升人们对网上银行的信任度，成为各家银行网上银行业务中最为亟待解决的问题。同样，该银行也面临同样的问题。

数字证书是网上银行业务中确认用户身份的唯一标志，具有不可复制性和不可替代性，所有网上交易必须事先通过数字证书进行安全认证，它可以看作是用户的网上身份证，既然是网上身份认证的唯一标志，确保其安全性就至关重要。普通个人用户常把数字证书存储在电脑硬盘中，这种做法的危险性不言而喻。对于资金交易量较大的企业用户，为了确保其资金安全，该银行的措施为强制要求使用更加安全的存储介质以达到更加有效的资源访问控制。经过充分的测试和详细的比较后，该银行选择 SafeNet iKey2032 作为其网上银行企业客户的身份验证工具。SafeNet iKey2032 之所以在这样一家大型国有银行竞标中胜出，主要源于其突出的产品特性。其是一款基于 USB（通用串行总线）接口的可移动身份认证设备，专门针对对应行业或其他数字证书用户。

资料来源：银行应用 USB Key 身份认证方案 [EB/OL].（2014-03-20）[2022-11-22]. https://blog.csdn.net/u014033362/article/details/21601449.

【讨论题】

1. 大数据环境下如何保证电子商务的数据安全？
2. 保证电子商务数据安全的主要方法有哪些？

由于电子商务是在开放的网上进行的贸易，大量的商务信息数据在计算机上存放、传输和处理，因此，数据安全是电子商务安全体系中非常重要的环节。本章聚焦电子商务数据安全领域，主要介绍信息隐藏技术、数据备份与恢复技术、大数据安全技术等。

6.1 信息隐藏技术

为了建立人们对电子商务的信任，保障电子商务的顺利开展和实施，信息安全是必须首先解决的问题。目前，信息隐藏已经成为信息安全领域中的一个研究热点，是一门新兴的交叉学科，在保护网络信息安全领域起到重要作用，在计算机、通信、保密等领域有着广阔的应用前景。

6.1.1 信息隐藏技术概述

1. 定义

信息隐藏技术,也叫数据隐藏,它是指将特定的信息嵌入数字化宿主信息中达到特定的隐藏目的的技术。信息隐藏包含两方面的内容:①侧重于隐藏和加密,保证正常的信息存取和访问,但要保证秘密信息不引起监控者的注意和重视,从而降低被攻击的可能性。②侧重于公开和加密,保护公开信息被信息拥有者独享和占有,可以有效保证信息的独占性和完整性。要注意的是,这两方面内容并不是互相矛盾、互相竞争的技术,而是相互补充的技术,它们的区别在于应用的场合不同、对算法的要求不同,但在实际应用中需要互相配合。

2. 信息隐藏技术的特点

(1)透明性。透明性即不可感知性,是指利用人类视觉系统或人类听觉系统属性,经过隐藏处理,含密信息和秘密信息都不被人类视觉与听觉系统所感知,也就是无法人为地看见或听见,而且目标数据没有明显的降质现象。

(2)鲁棒性。信息传输过程中对含有秘密的信息进行改动,如噪声影响、采样、编码压缩、数模转换以及有意或无意的各种攻击,不会对秘密信息造成损失,秘密信息依然能被提取出来或证明其存在。

(3)自恢复性。经过一些操作或变换后,含密信息可能会因改动而受到较大破坏,留下的片段数据能恢复隐藏信号,而且恢复过程不需要宿主信号,这就是自恢复性。

(4)不可检测性。不可检测性指含密信息和掩护信息具有一致性,如有一致的直方图、一致的噪声分布等,使非法拦截者无法判断是否有隐蔽信息的存在。

(5)隐藏容量。隐藏容量是指能够在载体信息中嵌入的最大秘密信息量。通常是在保证透明性的前提下,其隐藏容量,越大算法相对越优。

6.1.2 隐写术和数字水印

信息隐藏技术的两个重要分支为隐写术和数字水印,前者侧重于隐藏和加密,后者则保证公开信息拥有者的独占和版权。

1. 隐写术

1)隐写术的特点

隐写术是一门关于信息隐藏的技巧与科学,信息隐藏,指的是不让除预期的接收者之外的任何人知晓信息的传递事件或者信息的内容。隐写术以隐藏格式发送数据，被发送的数据都会伪装成各种形式。隐写术常见的载体有图片、音频、视频、压缩包等。总之，隐写术是将隐秘信息嵌入伪装载体的一门科学，其主要目标就是使嵌入的隐秘信息不易检测。

2）隐写术与加密技术的区别

隐写术和密码学中的加密技术有非常普遍的联系，许多嵌入和提取算法使用对称和非对称加密方法原理。但是和加密技术不同的是，隐写术强调不影响公开信息的存取和访问，而是尽可能地弱化秘密信息引起监控者注意和重视的程度，从而主动降低被攻击的可能性。因此，可以把隐写术作为加密技术的有效补充，更好地应用在电子商务信息安全领域解决信息的保密性问题。

3）隐写术的技术要点

任何隐写系统都包含四个要素：选择嵌入算法、提取算法、隐秘消息和载体。采用隐写术的隐写系统，其输入包括需要进行隐藏的信息以及载体。载体主要有文本、音频、图像和视频等种类。以数字图像为例，隐藏的信息容量受到载体的限制，通常嵌入的信息容量应远小于载体的信息量。传统的图像隐藏又可以分为两类：空域信息隐藏和变换域信息隐藏。其嵌入方式分为三种：顺序嵌入、随机嵌入和自适应嵌入。

（1）顺序嵌入。该方式就是将隐秘信息按照载体的排列位置逐个嵌入。

（2）随机嵌入。该方式就是在载体中随机选取位置，这里选取的位置不仅包含图像的单个比特平面，还包括多比特面的高级嵌入方法，通常这个随机嵌入过程是"伪随机"的，也就是在嵌入之前已经生成了一个"伪随机序列"。

（3）自适应嵌入。这是近年推出的嵌入算法，它根据载体自身内容（纹理细节）来确定最佳的嵌入位置，以尽可能降低被检测到的概率。近几年被提出的自适应隐写术可以自动地将隐秘信息嵌入纹理、噪声丰富的图像区域，从而保持复杂的图像高阶统计特性。

2. 数字水印

1）数字水印的基本概念

数字水印技术是指运用某种算法在数字图像、音频、视频或文档中植入各种可见或不可见的标识码——水印，用以证明原创作者对作品的所有权，或作为鉴定侵权或盗版的依据，还可以通过对水印的检测来认证数字作品的完整性等。嵌入的水印信息可以是公司商标、作者的序列号、有特殊含义的文档等，可用来识别数字图像、文件或音乐作品的来源、原创作者、版权、发行者、所有者、合法用户对数字商品的拥有权。

2）数字水印技术与加密技术的区别

数字水印技术与加密技术不同，它无法阻止盗版行为的发生，但它却可以判断商品是否受到保护，跟踪监视被保护作品的传播、非法复制，解决版权纠纷、鉴别真伪并为法院提供证据。数字水印的实施通常包含两个基本过程，即水印的植入和水印的提取或检测。

3）数字水印的基本原理

（1）从图像信号处理的角度来看，植入水印的过程可以认为是在强背景（原始图像）下叠加一个弱信号（即水印）。由于人类的视觉系统分辨率受到一定的限制，只要叠加信号的幅度小于人类视觉系统的对比度阈值，则无法感知到水印信号的存在。对比度阈值与视觉系统的时间、空间和频率特性有关。因此，有可能在不改变视觉效果的情况下，通过对原始图像做某种程度的调整，植入一些附加信息。

（2）从数字通信的角度来讲，植入水印可以看作在一个宽带信道（原始图像）上用扩频通信技术传输一个窄带信号（水印）。虽然植入的水印信号具有一定的能量，但扩散到信道中任一频率上的能量是难以觉察到的。水印的提取或译码就是从一个含有噪声的信道中检测出微弱信号的过程。

6.1.3 信息隐藏技术在电子商务中的应用

1. 数据保密

在具体电子商务活动中，有很多涉密信息，如敏感信息、谈判双方的秘密协议和合同、网上银行交易中的敏感数据信息、重要文件的数字签名和个人隐私等。这些数据在网络上进行传输一定要防止非法用户截获并使用。隐写术使用掩护信息来承载秘密信息，使之安全到达接收方，可以保护秘密信息不被泄露，增强信息的透明性，从而达到信息保密的目的。隐写术在电子商务中的应用主要体现在确保信息的保密性上。

2. 数据的不可否认性

在网上交易中，交易双方的任何一方都不能抵赖自己曾经做出的行为，也不能否认曾经接收到的对方的信息，这是交易系统中的一个重要环节。可以使用信息隐藏技术中的水印技术，在交易体系的任何一方发送或接收信息时，将各自的特征标记以水印的形式加入传递的信息，这种水印是不能被去除的，可达到确认其行为的目的。

3. 防伪和防篡改

在商务活动的各种票据中嵌入数字水印，这些水印在经受各种编辑修改和噪声等攻击后依然能完整提取出来，可以防止信息伪造。数字票据中隐藏的水印经过打印后仍然存在，可以通过扫描形成数字形式，从中提取防伪水印，以证实票据的真实性。数字水印技术可以为各种票据提供不可见的认证标志，从而大大增加伪造的难度；除此之外，还可以防止票据数据在网上传输或存储过程中被篡改，一旦被水印保护的信息被篡改，就会破坏水印信息，从而被识别。

4. 版权保护

在电子商务领域中，图像、数字音乐、视频、三维动画等的版权保护是必须要解决的问题。这是因为数字作品的复制、修改非常容易，而且很容易做到和原作品完全相同。以前，原创者不得不采用一些严重损害作品质量的办法来加上版权标志，而这种明显可见的标志很容易被篡改。相较这种原始的方式，数字水印技术优势明显。它可以使版权标志不可见或不可听，既不损害原作品，又达到版权保护的目的。目前，用于版权保护的数字水印技术已经进入初步实用化阶段，很多平台系统在其软件中提供了水印功能，但目前市场上的数字水印产品在技术上还不成熟，很容易被破坏或破解，距离真正的实用还有很长的路要走。此外，隐蔽标识水印可以将保密数据的重要标注隐藏起来，限制非法用户对保密数据的使用。总之，从理论讲，信息隐藏技术完全可以保护版权。

6.2 数据备份与恢复技术

在电子政务、电子商务等领域中，数据占有十分重要的地位。但是在实际应用过程中，人为操作错误、系统软件或应用软件缺陷、硬件损毁、电脑病毒、"黑客"攻击、突然断电、意外宕机、自然灾害等诸多因素都有可能造成计算机中关键数据的破坏和丢失，给我们带来无法弥补的损失。因此拥有好的"数据保护系统"和"数据保护方案"，可以将灾难的损失降到最低程度。造成数据丢失的最主要原因可以归结为以下几种。

（1）程序错误。指对数据库操作的程序难免有些错误，造成数据丢失。

（2）人为错误。指由于使用人员的误操作造成数据破坏，还有可能是"黑客"对系统攻击造成数据丢失等。

（3）计算机失败。指运行数据库的服务器操作系统或软件损坏，有可能造成数据的损坏。

（4）磁盘失败。指硬盘等存储数据的硬件设备，长时间运行后可能损坏，造成数据丢失。

（5）灾难和偷窃。指自然灾害（如地震、水灾）等的发生，或偷窃事件的发生，有可能造成数据丢失。

备份可以保存相当完整的数据信息，在因为数据出现问题而发生系统意外中断时，通过恢复系统把备份的数据在最短时间内恢复正常，保证系统提供服务的及时性、连续性。关键数据的备份与恢复操作已经成为系统日常运行维护的一个重要组成部分。而且企业及各级部门电子化程度越高，对计算机系统和网络的依赖就越深，对备份和恢复的要求也就越高，规模越大、技术越新。

备份和恢复，是指为了避免数据在某些故障（如病毒、硬件故障和自然灾害等）发生时损失，重建或者恢复数据库到事故前的状态所进行的一系列过程。总的来说，为了预防数据库中数据因意外故障导致丢失，数据库备份与恢复是保证数据丢失后能重建而采用的策略。备份是恢复的基础，恢复是备份的目的。本章节所介绍的备份和恢复主要指数据库的备份和恢复。数据库备份的重要性主要体现在以下几个方面。

（1）提高系统的高可用性和灾难可恢复性，在数据库系统崩溃时，没有数据库备份就没法找到数据。

（2）使用数据库备份还原数据库，是数据库崩溃时提供数据恢复最小代价的最优方案，如果让用户重新添加数据，则代价很大。

（3）没有备份就没有一切，数据库备份是一种防范灾难的强力手段。

6.2.1 数据备份

数据备份不仅实现数据的复制，还包括其他一些相关信息如控制文件、数据文件等，此操作能记录数据库中所有数据的当前状态，当数据库被破坏时，系统也能根据备份文件重建业务系统之前完整的数据环境。数据库备份分为物理备份和逻辑备份两种类型。

1. 物理备份

物理备份的核心思想是复制文件，将构成数据库的文件进行复制而不管这些文件的逻辑内容，通常进行物理复制的文件有数据文件、控制文件、联机重做日志文件等。通过物理方式创建的备份，其备份时的数据库与其恢复的数据库是相同的。物理备份是数据库备份恢复策略中最常用的方式之一，恢复时对操作系统以及数据库有一定要求，通常由操作系统自带的命令和工具来进行物理备份。总之，物理备份是对磁盘块的备份、对数据操作系统的物理文件（数据文件、日志文件等）的备份，主要方法如下。

（1）冷备份（脱机备份）。这是在关闭数据库时进行的备份操作，能够较好地保证数据库的完整性。

（2）热备份（联机备份）。这是在数据库运行状态下进行的操作，这种备份方法依赖于数据库的日志文件。

（3）温备份。这是在数据库锁定表格（不可写入但可读）的状态下进行的备份操作。

2. 逻辑备份

逻辑备份的核心思想是复制数据，可利用一些导出实用程序将数据库中的数据读取出来，然后写入操作系统的一个或者多个转储文件。当数据库对象被意外删除或截断需要恢复时，使用工具程序等将这些转储文件中的对象结构及其数据导入数据库，如图6-1所示。

总之，逻辑备份是对文件进行备份，是对数据库逻辑组件（如表等数据库对象）的备份，主要方法如下。

1）完全备份

完全备份是每次对数据进行完整的备份，可以备份整个数据库，包含用户表、

图6-1　数据库逻辑备份示意图

系统表、索引、视图和存储过程等所有数据库对象,但它需要花费更多的时间和空间,所以,做一次完全备份的周期要长些。完全备份示意图如图 6-2 所示,其特点可以总结为:备份文件占用空间巨大,并且有大量的重复数据。恢复时,直接使用完全备份的文件即可。

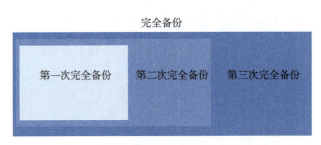

图 6-2　完全备份示意图

2)差异备份

差异备份是备份那些自从上次完全备份之后被修改过的文件,只备份数据库部分的内容,它比最初的完全备份小,因为只包含自上次完全备份以来所改变的数据库,它的优点是存储和恢复速度快。差异备份示意图如图 6-3 所示,其特点可以总结为:每次差异备份,都会备份上一份完全备份之后的数据,可能会出现重复数据。在恢复时,先恢复完全备份的数据,再恢复差异备份的数据。

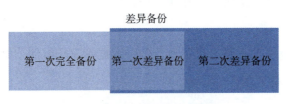

图 6-3　差异备份示意图

3)增量备份

增量备份是只有在上次完全备份或者增量备份后被修改的文件才会被备份。增量备份示意图如图 6-4 所示,其特点可以总结为:每次增量备份都是在备份上一次完全备份或增量备份之后的数据,不会出现重复数据的情况,也不会占用额外的磁盘空间恢复数据,需要按照次序恢复完全备份和增量备份。

三种备份方式对比见表 6-1。

图 6-4 增量备份示意图

表 6-1 三种备份方式对比

备份方式	完全备份	差异备份	增量备份
完全备份时的状态	表1、表2	表1、表2	表1、表2
第一次添加内容	创建表3	创建表3	创建表3
备份内容	表1、表2、表3	表3	表3
第二次添加内容	创建表4	创建表4	创建表4
备份内容	表1、表2、表3、表4	表3、表4	表4

4）完全备份、差异备份、增量备份的实际组合应用

（1）完全备份与差异备份结合。该种方式被广泛建议使用。以每周数据备份计划为例，我们可以在星期一进行完全备份，在星期二至星期五进行差异备份。如果在星期五数据被破坏了，则只需要还原星期一的完全备份和星期四的差异备份。这种策略备份数据需要较多的时间，但还原数据使用较少的时间。

（2）完全备份与增量备份结合。以每周数据备份为例，在星期一进行完全备份，在星期二至星期五进行增量备份。如果在星期五数据被破坏了，则需要还原星期一的完全备份和从星期二至星期五的所有增量备份。这种策略备份数据需要较少的时间，但还原数据使用较多的时间。

3. 物理备份和逻辑备份的对比

通常情况下，备份恢复策略中，会用逻辑备份作为物理备份的一种补充方式。

相比物理备份，通过逻辑备份导出的数据文件和存储的数据库之间脱离关系，该数据文件可被导入其他的数据库，甚至数据库运行的操作系统平台可不同，因此具有更大的灵活性。

相对逻辑备份而言，物理备份的备份环境和恢复环境必须完全相同，因此物理备份基本上不具备移植性。由于物理备份的对象是数据库的文件，恢复速度相对比较快，因此在电子商务等特大型业务系统中对数据的备份大多以物理备份为主、逻辑备份为辅。

6.2.2 数据恢复

恢复是在故障发生后将系统恢复到可用的状态。数据库的恢复主要是指在故障发生后，使数据库从瘫痪或者不正确的状态恢复到最近正确的状态或一致的状态。数据库的恢复主要分为两个步骤，即数据库修复和数据库恢复。

1. 数据库修复

数据库修复是指利用备份文件将损坏的数据库文件修复到正常可用状态的过程，这项操作主要是在操作系统级别完成的。当系统出现介质故障即硬件故障时，往往会导致数据库文件的损坏或丢失，可通过数据库修复来弥补数据库的物理缺失。

2. 数据库恢复

数据库恢复是指应用所有重做日志，将数据库恢复到崩溃前的状态，或者将数据库恢复到指定的时间点，这项操作主要是在数据库管理系统级别完成的。数据恢复可以弥补数据库的逻辑损失，即数据库中的逻辑数据的损失与丢失。

3. 针对物理备份的修复和恢复

数据库的物理备份会保留数据库在备份时间点的精确副本。如果要将数据恢复到进行数据备份那一刻的状态，可通过数据修复来完成。如果要将数据库恢复到发生故障那一刻的状态，就需要通过应用归档重做方式对数据库系统进行恢复。换句话说，首先恢复数据库到进行备份的那个时刻的状态，然后基于前面的备份，通过工具应用重做数据来实现数据库故障发生以前这段时间所有对数据的插入修改等操作的重现，正是恢复到故障前的这些操作才能使数据库故障发生之前的状态得以恢复。

4. 针对逻辑备份的修复和恢复

数据库的逻辑备份主要是通过记录需要备份的数据库的各类对象的信息来实现，如数据库框架和各种表结构。因此数据库逻辑备份的数据可移植性比较强，不受操作系统和数据库版本的限制。换句话说，在不同操作系统平台、不同版本的数据库上均能恢复数据库的逻辑备份。对于逻辑备份而言，数据量的大小决定了数据备份和恢复的效率。当数据量较大时，数据库逻辑备份和恢复的效率比较低，因此逻辑备份一般不会作为大型应用系统的主要备份方式。因为大多数系统用户无法接受系统故障发生后冗长的恢复时间。

5. 数据库系统数据备份和恢复应遵循的原则

（1）可靠性。对数据库进行备份和恢复的目标是避免异常情况导致数据丢失，备份的目的是在恢复数据库时能提供正确的文件，保证数据库恢复的正确性。因此数据库系统备份和恢复的方案设计与实施过程要保证系统运行的可靠性，能足够应对各种突发情况。

（2）时效性。故障出现后，系统用户的数据丢失量以及恢复系统到正常状态所需要的时间都要在用户可接受范围之内。备份和恢复的效率越高、时间越短，造成的各种损失越小。

（3）方便性。要尽可能降低数据库备份和恢复的技术门槛，过于烦琐的操作不利于用户掌握和应用，所以实现功能的操作步骤要尽可能简单化。方案实施和运行时最好不要影响系统的正常运行，尽可能满足两方面的要求：①不需要用户手动干预，能按照设定的备份和恢复策略自动执行。②用户想要手动操作时，就可以按照自己的意愿进行个性化的数据库备份和恢复。

随着办公自动化和电子商务的飞速发展，企业对信息系统的依赖性越来越高，数据库作为信息系统的核心，担当着重要的角色，要做好备份和恢复工作。数据库备份，是在数据丢失的情况下，能及时恢复重要数据、防止数据丢失的一种重要手段，一个合理的数据库备份方案，能够在数据丢失时，有效地恢复数据，而且也需要考虑技术实现难度和有效地利用资源。

6.2.3 电子商务领域的数据备份策略

1. 小型电商企业的零散数据备份

小型电商企业的数据往往非常分散，大量的数据分布在企业各个部门级的服务器中。这时，企业首先要做的事情就是对这些零散的数据进行备份。此时，数据备份系统就能满足客户的需求。当公司业务数据量比较小、不要求系统连续不断地处理业务时，可以采用以下做法：在凌晨进行数据备份；位于各地的办事处同时开始用小型磁带机对服务器进行备份，以防止传输数据的丢失；每周都做好上一周的备份工作，然后送到一定距离以外的安全地区存储。这些方法虽然简单，但效果良好。

2. 中型电商企业的跨平台数据备份

中型电商企业往往有一大堆不同类型的服务器、计算机、操作系统、数据库和应用软件。这就需要企业将数据集中起来管理，建立数据集中管理中心。很多中型电商企业都具有一个海量的数据中心或是中心数据仓库，相应地，这些企业就需要较大的备份容量,高可用系统可以满足。如一个中型电商企业选用 Oracle 的大型关系数据库,总的存储需求为 800 GB。考虑到系统性能,备份系统做了 4 个镜像备份,达到 3.2 TB,即 3 200 GB 的备份容量。但是这只能防止本地计算机系统软件或硬件的故障,面对毁灭性的灾难将无法真正保证数据的安全,因此不适合大型的电商企业。

3. 大型电商企业的不间断密集数据备份

大型电商企业业务运行不允许有任何间断,任何数据丢失都可能造成很大的经济损失,而且这种损失会随系统中断时间延长而呈几何级数增长。灾难发生从而引发的系统宕机可能导致生产停顿,失去客户以及减少订单、收入。因此大型电商企业要考虑数据备份的最高级模式:异地灾难同步备份模式。该模式下,业务数据的主要生产处理中心和相距几千米的备份存储服务器租用光纤或是宽带专线相连。在主要业务中心,每周 7 天 24 小时不间断运行的时候,备份服务器也在同步源源不断地备份数据。一旦灾难发生,主要服务器被损毁,备份服务器记录的就是最近、最完整的备份数据。异地灾难同步备份模式可靠性好但造价很高。一些电商企业在数据备份系统以外还有一套完整的网络设施,一旦事故发生,企业可以将整个网络体系切换到备用的网络系统,保证企业业务流和信息流的不间断运行。

6.3 大数据安全技术

6.3.1 大数据技术概述

1. 大数据的概念

美国名列前茅的咨询公司麦肯锡是最早研究大数据的,该公司把大数据定义为:大小超出常规的数据库工具获取、存储、管理和分析能力的数据集。亚马逊的大数据科学家把大数据定义为:大数据是任何超过一台计算机处理能力的数据量。微软公司对大数据的定义为:对大量、动态、能持续的数据,通过运用新系统、新工具、新模型的挖掘,从而获得具有洞察力和新价值的东西。

从当今时代大数据的发展趋势来看,大数据的战略意义不仅在于收集海量信息,整合在一起,而且在于对这些含有一定意义的数据进行专业化处理,通过加工实现数据的增值,从而产生新的、可以为人类创造更大价值的信息。

2. 大数据的特征

大数据又称海量数据，业界把大数据的特征用 4 个 V 和 1 个 O 来总结。

（1）大量（volume）。大量是指数据量大。现在的很多数据是非结构化的数据，这种数据的超大规模增长导致数据集合的规模不断扩大，数据单位已经从 GB 级到 TB 级再到 PB 级，甚至开始以 EB 和 ZB 来计数。

（2）多样（variety）。多样是指数据的表现形式繁多，以前的数据大多都是以文本的形式存在，而现在不仅是文本型，更多的是网络日志、音频、视频、图片、地理位置信息等结构化数据，还包括半结构化数据甚至是非结构化数据，具有异构性和多样性的特点。

（3）低价值密度（value）。低价值密度是指数据的可用价值密度低，以音频数据为例，几千字几万字的音频数据，可能其中只有一句或一个词有可用价值。这是因为物联网的广泛应用，使信息感知无处不在，信息海量，但价值密度较低，存在大量不相关信息。虽然单位数据的价值密度在不断降低，但是数据的整体价值在提高。

（4）高速（velocity）。高速是指数据处理的速度快，这是大数据与传统数据挖掘相比最为显著的特征之一。这就需要实时分析而非批量式分析，数据的输入、处理和分析连贯性地处理，因而能够在最短的时间内从各类型的数据中以最快的速度获取最有价值的信息。

（5）在线（online）。在线指的是数据是永远在线的，是随时能调用和计算的，这是大数据区别于传统数据的又一特征。大数据不仅仅是大，更重要的特点是在线，这源于互联网的高速发展。对于大数据而言，在线才有意义，离线将大大影响其商业价值。

6.3.2　大数据安全与防护

大数据作为企业转型升级的重要支撑性技术，在数据采集、加工、存储、聚合、交换、应用等诸多环节存在安全防护需求。随着数据驱动创新战略的提出，数据已成为一种重要的生产因素，数据安全程度将对企业转型升级的成败产生重大的影响。企业在使用信息平台进行管理和对外提供服务时，要制定技术和管理措施，推进数据全生命周期过程的安全防护，提升数据防窃取、防丢失的能力，为成功实现数字化转型提供技术支撑。

在大数据时代，数据的产生、流通和应用愈加普遍与密集，信息系统的安全边界更加模糊，并可能引入新的、未知的安全漏洞和隐患，分布式节点之间和大数据相关组件之间的通信信息容易被截取与分析，分布式数据资源池的应用造成了用户数据隔离的困难。另外，随着数据的广泛、多源收集，大数据自身安全及个人信息保护面临新的挑战，大数据来源和真实性验证存在困难，个人信息过度收集、未履行告知义务等现象侵害了个人合法权益。大数据开放共享对国家数据资源和企业商业秘密的安全也构成一定威胁。

数据在采集、存储、传输、交换、使用等诸多环节需要进行安全防护，通过制定数据安全管理制度和安全标准，加强对大数据处理及应用环节的信息保护，对数据进行脱敏、失真、匿名化限制发布等技术处理后，可让处理后的数据达到安全交易、开放共享的目的，可让更多的大数据得到更充分的利用，也确保遵从行业/监管数据隐私法令和法规。大数据安全防护的作用不应该局限于企业内部，防止机密信息被非法获取和利用，而应该在企业与外部及整个产业链的信息交互中进行实践，推动建立更安全可靠的大数据生态体系。大数据几乎影响人们生活的方方面面，现在的电子商务无疑也处于大数据环境之下，其同样面临着一些安全隐患。

1. 大数据环境下电子商务面临的安全隐患

大数据环境下电子商务面临一些安全隐患，从技术的角度可以归纳为电子商务相关信息的存储、传输、处理和泄露四个方面的安全问题。

1）电子商务信息存储安全问题

对于很多电子商务企业而言，建立自己的私有云平台比较困难，电子商务相关大数据的存储往往要依赖第三方云平台，也就是商家的私有信息以及商家收集到的客户个人信息都交由第三方存储机构，其实就是电子外包。企业把自己的数据中心资源移至云端，云计算运营商向企业提供服务，该方式的优势在于：降低了企业的运营成本，简化了企业运营流程。其劣势就是大数据的存储存在安全隐患。这也是如今的电子商务发展受到制约的主要原因之一。现在有很多的电子商务企业还是不敢尝试使用云计算服务。

2）电子商务信息传输安全问题

电子商务信息的传输安全不是电子商务领域的特有问题，传统的网络数据传输的安全问题一直都是个难题，计算机技术也在寻求不同的创新。而大数据属于海量数据范畴，海量信息的传递给相关技术带来了新的压力和挑战，如从信息源端到中介机构的信道安全、中介机构之间的信息传输安全，以及从中介机构到消费者浏览器的信道安全等，如何保证信息能够准确、完整、及时、有效地发送给正确的接收方，如何保证发送方和接收方身份的不可抵赖性，信息是否被干扰篡改，是否被截获窃听，又是否非正常中断，这些都是大数据时代网络信息传输需要解决的问题。

3）电子商务信息的处理安全问题

大数据的出现和处理，必然会伴随云平台和云计算的技术使用。由于云计算的数据和服务外包具有跨域共享、虚拟化和多租户的特点，这就使云计算面临前所未有的安全挑战。基于云计算的基础设施有一个明显的安全问题：由于企业的业务处于云端，可能暴露在公共互联网中。企业存储在云平台中的应用程序、数据、其他资产与位于核心防火墙之后的应用程序、数据和其他资产相比，具有脆弱性。这为攻击者寻找弱点和漏洞创造了更多的攻击机会。

4）电子商务信息泄露问题

电子商务数据泄露的含义是，关于公司的各种电子报表以及用户的个人资料被别人盗取，或者不慎丢失。电子商务公司的数据以及用户的个人资料数据，属于公司的重要财产。如果发生泄露，很容易给公司造成重大损失。比如被对手知道资金情况、公司重大事项，以及公司客户的资料，都会造成无法挽回的损失。现在各个电子商务公司都开始重视各种数据，也把数据当成公司重要资产来对待。

在电子商务交易的各个环节中都存在着信息泄露的风险。由于商家开始重视数据的价值，有的为了节省信息收集的费用成本，又想准确获得自己所需的数据资源，从而盗取其他商家收集的信息，或买卖客户信息。其原因可以归结为以下两点。

（1）消费者个人信息的电商平台接触者逐利。一些电子商务平台，特别是很多小型电商平台，通常存在招聘员工，尤其是基层员工门槛低、待遇差等状况，这些员工面对一些诱惑，再加上法律意识淡薄，比较容易出现倒卖消费者数据的现象。电商平台员工流动性大，职业的约束力低，在出售几批数据之后，可以换另一个地方或另一家公司继续上岗。电商平台员工泄露消费者数据的接触者分别是内部员工、外包员工和黑入员工。外包员工泄露个人信息被侦破或见诸媒体的已屡有发生，外包的应用系统开发与维护的参与员工与客服是信息泄露的重点人群。黑入员工即"黑与灰产业"直接派去应聘、然后拿数据的员工，其流动性很大。

（2）消费者个人信息保护意识差。部分消费者对个人信息泄露带来的危害没有清醒的认识，网络安全防范意识差。其账户和密码设置过于简单，习惯用自己的生日或者姓名拼音，还有一部分消费者所有的消费平台都用同一份密码，这极大地增加了犯罪嫌疑人获取个人信息的便利性。当个人信息账户被窃取后，犯罪嫌疑人运用大数据分析软件将会把个人信息由点到面地进行二次处理，更为隐私的习惯和信息将被挖掘出来，这会对消费者的财产安全，甚至人身安全造成极大的潜在威胁。随着手机智能化的不断升级，现在大部分消费者都是用手机在电商平台进行消费或服务，个别消费者警觉意识不强，在外出场景中，喜欢用免费的手机充电桩，连接免费的Wi-Fi，从而增加了个人信息数据被泄露的风险。

2. 大数据环境下电子商务面临的安全隐患的解决策略

大数据安全架构主要从六个方面考虑，包括物理安全、系统安全、网络安全、应用安全、数据安全和管理安全。物理安全强调物理硬件的国产化；系统安全强调操作系统的开源化；网络安全包括设备安全和部署安全两个层面的内容，一律采用国产设备；应用安全则重点考虑统一认证和分级授权，对大数据的访问操作必须遵循一定的安全规则；数据安全从数据存储、访问和传输三个方面保障；管理安全强调的是规章和规范。具体而言应该从技术和管理两个层面入手。

1）技术层面

（1）防火墙。防火墙是应对病毒破坏的有效方式，通过防火墙，能够对数据包安全问题作出检测和识别，屏蔽其中的非法异常访问问题，避免病毒程序蔓延至平台，从而维持电子商务平台运行的稳定性。同时，进一步完善状态检测技术，可以对系统运行状态进行全程监测，在不影响平台运行安全的前提下，对通信层次进行检测，作出科学的安全决策，保证系统运行安全。

（2）容灾与备份技术。安全防范技术的应用可以保证电子商务平台中各项数据的可靠性和安全性，但是，电商平台在运行时，会遇到硬件损坏、突发停电、火灾等因素的破坏，影响数据信息的完整性，而容灾与备份技术的应用即可有效解决上述问题，保证数据的运行安全。容灾有着"可复制""可恢复"的特征，可以安全恢复各类重要数据，两套数据系统单独存在，在原系统发生问题后，可以随时调用备用系统。

（3）数据加密。虽然防火墙能够防范病毒、"黑客"进攻，但对于少数不安全信息，还是无法解决，为此，需要配合应用数据加密技术，对各项数据信息作出加密保护和处理，避免数据遭到不法分子的窃取。对于电子商务平台而言，数据加密技术如同绿色的大伞，能够保护电子商务信息、用户各项信息的安全传播，目前常见的数据加密技术为程序与工具文件加密法。

（4）信息识别。借助信息识别技术，可以减少电子商务交易中的不安全行为，确保双方交易的安全性。信息识别技术集各项技术于一体，通过身份认证、数字签名技术的应用，实现了"交流信息""交易习惯""消费信息"的密码转化，形成独有的加密信息；再配合身份验证技术的应用，可以大大提高电子商务的交易安全性。以当前常用的 CA 数字证书为例，安装 CA 数字证书后，可以解决假冒网站的问题，在用户登录、付款时，验证其身份与电子签名。

（5）入侵检测。为了窃取用户信息，一些不法分子利用大数据来恶意破坏计算机及电子商务安全，这对于电子商务领域而言，是一个致命的打击，会给电商企业造成巨大的损失，因此必须采取行之有效的方法来处理该种问题。防火墙、非法入侵检测技术的应用，可以为电子商务交易提供安全保障。从类型来看，防火墙、非法入侵检测技术隶属于不同的领域范畴，防火墙主要防范外部病毒，非法入侵检测技术则主要防范内部攻击，如果检测到各项异常操作，都能够及时启动保护程序，将其消除在萌芽中。通过上述两种技术的应用，能构建双重安全屏障保护，从内部、外部两个层面提供监控。

2）管理层面

数据即财富。面对庞大的数据量，强化内部管控，构建数据安全管理系统显得极为重要。关于数据安全的威胁长期存在。目前在泄密事故中，由内部人员行为所导致的泄密事故占有比较大的比例。虽然通过管理制度规范、访问控制约束再加上审计手段威慑等防护措施，能大幅降低内部泄密风险，但在终端由个人灵活掌控的今天，这些防护手段依然柔弱，终端信息一旦脱离组织内部环境，泄密情况仍可能会发生。具体来说，管理层面可采用以下几点措施保障大数据的安全。

（1）加强防范意识。作为电子商务企业的网络管理人员，必须有敏感的安全防范意识。这就需要从日常的大数据管理制度、企业内部管理制度和员工保密制度等制度层面加强管理，对于内部人员使用、访问大数据的行为作出明确的规定；对于涉及大数据的网络设备进行物理层面的隔绝，防止未经授权的访问或恶意盗取大数据的行为。

（2）强化各种工具软件的使用。采取各种杀毒软件、安全软件和网络运维软件加强大数据安全管理。对大数据安全的加固，要充分利用企业内部局域网中的各种杀毒软件、安全软件和网络运维系统，通过技术手段防范电脑遭遇病毒木马侵袭、"黑客"攻击等安全事件的发生。通过网络运维系统及时更新系统补丁、管控客户端电脑使用行为、检测各种网络设备的运行状况，并形成较为翔实的日志报告，便于管理员实时审计、预警和备查。

（3）明确数据访问权限。加强应用安全，采取统一认证和分级授权机制，防止越权访问操作大数据的行为。在单位内部，必须加强应用安全，采取统一认证和分级授权访问大数据的机制，对大数据的访问操作必须遵循一定的安全规则，防止未经授权或越权访问大数据的行为。同时，也要防止不小心或恶意访问大数据的行为，做好应急备份和数据还原工作。

（4）预警式管理。利用大数据技术对大数据的安全进行预警式管理，将威胁消灭在萌芽状态。通过对各种网络安全事件的大数据分析，掌握病毒木马、"黑客"攻击的方式、技术和手段，然后采取对应的安全防范举措，力争对大数据的安全攻击事件做到事先预警、事中应对、事后反思，实现更为有效和直接的大数据安全防范举措，最大限度保护大数据的安全。

（5）规范日志记录。网络管理员还需要采取技术手段详细记录局域网用户对大数据访问操作日志，便于备查审计，同时也可以威慑一些人员恶意访问或泄露大数据的企图和行为。

6.3.3 大数据在电子商务中的应用

大数据对电子商务行业有着深远的影响。如今人们的生活时刻都在产生各种离线、在线数据。这些数据通常来源于网站分析、销售指标、潜在客户信息、电子邮件用户号码等。这些原始数据数量庞大，企业很难直接利用，但通过处理和智能分析就可以变成零售商与电子商务企业可以利用的信息。电子商务企业现在可以使用从大数据收集的信息来增加收入、获得新客户，并简化运营。大数据在过去几年已经改变了电子商务的面貌，主要表现在以下几个方面。

1. 引导购物行为

电子商务企业可以根据客户在网上浏览和购买的行为数据，查看哪些产品最受欢迎，以便给用户提供个性化的推送，也可以在经历需求高峰时，利用这些数据来制定营销策略。例如，网站分析数据可能会显示客户正在访问其网站，寻找尚未购买的特定产品。电子商务企业还可以借助大数据建立意想不到的买家模式。最典型的例子是沃尔玛超市发现顾客经常在买啤酒时，也会顺便购买尿布。在网上商店购买宠物产品的客户，很可能在买猫食时经常浏览猫砂。所以从一个页面添加一个链接到另一个页面是有意义的。

2. 优化客户服务

使用大数据分析客户服务数据，监控客户满意度并跟踪交付时间，或者查看客户需要多长时间才能访问客户服务部门或接收相关的电子邮件问询。如果电子商务企业通过分析客户服务相关数据发现任何问题或确定其客户服务方面可以进行改进，就可以分配更多的资源到这一领域，并密切监控，以达到优化的目的。提供良好的客户服务是电子商务企业的关键。电子商务企业需要尽可能容易地让客户与其联系以解决问题或提出问题。电子商务客户经常会因为电子商务企业的客户服务差而放弃品牌或网站，而大数据技术可以优化客户服务，从而保证电子商务企业的客户占有率。

3. 电子商务数据资产化

随着信息时代的发展与进步，数据或大数据作为信息时代的产物将占据越发重要的地位。相关学者分析表示，数据化竞争将引领未来的商业竞争，而企业制胜的关键是掌握大数据。利用这些数据资产，可以动态定价。大数据可以成为电子商务零售商制定动态定价和特价优惠的依据。可以使用数据构建客户资料，并找出他们喜欢花多少费用以及购买什么产品。通过跟踪客户的行为，分析相关数据来帮助其灵活定价和提供折扣。例如，如果分析显示特定类别商品的销量飙升，电子商务企业可以提供打折或买一送一优惠。利用大数据信息还可以为客户量身定制优惠。使用数据来确定客户的购买习惯，并根据以前的购买方式向他们发送有针对性的特价优惠和折扣代码。数据也可以用于在客户中止购买或只看不买时重新吸引客户。电子商务企业可以发送电子邮件提醒客户他们查看的产品或邀请他们完成购买。亚马逊和 eBay 都将这种技术视为一种艺术。

4. 运营方式数字化

在大数据的影响下，电子商务领域很大程度上改变了传统的运营模式，现今更多地以数据方式为主导，贯穿于企业运营中的采购、营销以及财务等过程。比如使用大数据更有效地管理供应链。数据分析可以揭示供应链中的任何延迟或潜在的库存问题。如果某个项目存在问题，可以立即将其停止销售，以免降低客户服务的质量。

5. 垂直整合电子商务行业应用

大数据的预测分析可以优化电子商务企业的投入产出比例，提高企业利润。通过分析电子商务业务的各种数据，帮助电子商务企业制订未来运营的业务计划。电子商务企业的数据可能会显示其在线商店部门的新购买趋势。使用这些信息来规划下一个阶段的库存，并制订新的市场目标。大数据的预测使电商企业可以随时了解业务的最新趋势、及时调整业务内容，并帮助电商企业建立一个成功的前瞻性思维业务。

【本章小结】

电子商务数据安全主要包括信息隐藏技术、数据备份与恢复技术、大数据安全技术等方面。利用信息隐藏技术可以在电子商务中进行数据保密、交易认证、防伪及保证数据完整性，进而解决电子商务发展过程中所面临的一些安全威胁。数据备份与恢复技术可以保障电子商务企业数据库的基本安全。大数据给电子商务企业的发展带来了新的契机，也带来了新的挑战。基于大数据构建电子商务领域的新框架将是电子商务发展的必然趋势。

【思考题】

1. 什么是信息隐藏技术？
2. 信息隐藏技术在电子商务领域有哪些应用？
3. 数据备份有哪几种方式？有什么区别？
4. 电子商务领域数据备份的主要策略是什么？
5. 大数据技术的主要特征是什么？
6. 大数据环境下电子商务面临的安全隐患有哪些？
7. 大数据技术在电子商务领域有哪些应用？

第 7 章 电子商务新技术应用安全

🔍【学习目标】

1. 了解电子商务新技术应用的时代背景和技术发展趋势,以及物联网、云计算、区块链、边缘计算、量子计算等技术的相关概念。

2. 熟悉物联网、云计算、区块链、边缘计算、量子计算等技术在电子商务领域的应用现状和趋势。

3. 掌握物联网、云计算、区块链、边缘计算、量子计算等技术在电子商务中面临的安全问题以及应对措施。

🔍【能力目标】

1. 了解新时期电子商务发展的趋势和方向,以及物联网、云计算、区块链、边缘计算、量子计算等新技术在电子商务领域的内在驱动力。

2. 熟悉物联网、云计算、区块链、边缘计算、量子计算等电子商务新技术的应用原理和存在的安全问题,以及二者之间的辩证关系。

3. 掌握运用相关技术解决电子商务安全问题的方法,提高应用所学知识解决实际问题的基本能力;并在思维能力、分析问题能力、创新能力、情感态度与价值观等方面得到锻炼和提高。

【思政目标】

1. 了解人工智能时代电子商务的发展历程和现状，以及我国在新时期电子商务安全和发展的布局，培养打造学生国际电子商务新标杆的信心和实力，激发学生的爱国主义情怀和奋斗拼搏精神；培养学生尊重历史、实事求是的态度，以及勇于探索、自立自强的科学精神。

2. 熟悉物联网、云计算、区块链、边缘计算、量子计算等电子商务新技术的应用原理。通过归纳总结相关技术和电子商务安全与发展之间的共性规律，让学生体验从实践中来、到实践中去的哲学原理，培育学生理论实践结合的思维和意识。

3. 掌握运用新技术解决电子商务安全问题的方法。通过分析物联网、云计算、区块链、边缘计算、量子计算等电子商务新技术的应用特点和过程，让学生领会尊重科学、尊重历史的实事求是的态度以及勇于探索的科学精神。

【思维导图】

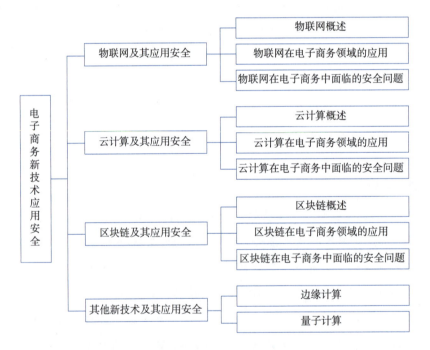

【导入案例】

大数据时代，出于成本和便利性的考虑，机构及个人往往愿意把海量数据存放到远程数据中心，以降低本地数据存储设施的维护费用，同时获得能够在任何联网设备上存取数据的服务。从 CSDN 网站可以查询到华为云安全案例。华为云提供云计算、云存储、云网络、云安全、云数据库、云管理与部署应用等 IT（信息技术）基础设施云服务。为保护云安全，华为云构建了芯片、平台、系统、应用、数据、开发、生态、隐私等安全防护技术体系。其具体技术措施描述如下：在芯片级可信计算和安全加密方面，华为公司推出支持国密算法的可信服务器和可信云平台解决方案，基于可信计算模块芯片，华为云具备对云平台主机进行完整性度量及提供更多安全特性的能力，从而降低云主机的软硬件被篡改的风险，满足更高的安全需求。在平台安全方面，华为云统一虚拟化平台(UVP)，直接运行于物理服务器，通过对服务器物理资源的抽象，在单个物理服务器上构建多个同时运行、相互隔离的虚拟机执行环境。UVP 基于硬件辅助虚拟化技术提供虚拟化能力，为虚拟机提供高效的运行环境，并且保证虚拟机运行在合法的空间内，避免虚拟机对 UVP 或其他虚拟机发起非授权访问。在系统安全方面，华为 EulerOS 通过了公安部信息安全技术操作系统安全技术要求四级认证，EulerOS 能够提供可配置的加固策略、内核级 OS（操作系统）安全能力等各种安全技术以防止入侵，保障客户的系统安全。在应用安全方面，各应用通过华为公司自研的 API 网关向客户提供标准化集成接口，具备严格的身份认证及鉴权、传输加密保护、细粒度流量控制等安全能力，防范数据被窃取和嗅探。并且，华为云通过深度学习、运行时应用保护、去中心化认证等技术的运用，进一步打造用户行为画像、业务风险控制等高级安全能力，实时监控和拦截异常行为，保护应用服务安全稳定运行。在数据安全方面，华为云构建全数据生命周期的安全防护能力。通过自动化敏感数据发现、动态数据脱敏、高性能低成本数据加密、快速异常操作审计、数据安全销毁等多项技术的研究与应用，实现数据在创建、存储、使用、共享、归档、销毁等多个环节的管控，保障云上数据安全，具体的数据安全机制主要有数据隔离、数据加密、数据冗余。在开发安全方面，华为云通过完善的制度和流程以及自动化的平台与工具，对软硬件全生命周期进行端到端的管理，全生命周期包括安全设计、安全编码和测试、安全验收和发布、漏洞管理等环节。在生态安全方面，华为云基于严进宽用的原则，保障开源及第三方软件的安全引入和使用。华为云对引入的开源及第三方软件制订了明确的安全要求和完善的流程控制方案，在选型分析、安全测试、代码安全、风险扫描、法务审核、软件申请和软件退出等环节，均实施严格的管控。在隐私保护方面，华为云各服务产品的设计遵循《隐私保护设计规范》，该规范建立了隐私基线、维护隐私的完整性和指导隐私风险分析，制定对应措施并作为需求落入服务产品开发设计流程。

资料来源：【云计算服务平台调研】阿里云、腾讯云、华为云对比 [EB/OL]. (2022–05–09)[2022–10–18]. https://blog.csdn.net/qq_43800119/article/details/124665230?spm=1001.2014.3001.5502.

【讨论题】

1. 大数据时代，采用哪些技术可以提高数据中心的安全性？
2. 如何保证数据传输的安全性、数据的完整性、身份验证、交易的不可抵赖？

2021 年 12 月 20 日，商务部、国家发展和改革委员会、教育部、科技部、工业和信息化部等 22 部门印发了《"十四五"国内贸易发展规划》，明确国内贸易发展指导思想、主要目标和工作重点，推动国内贸易高质量发展，服务构建新发展格局。该规划指出，"十四五"时期，要努力实现新技术、新业态、新模式蓬勃发展，流通数字化、网络化、智能化水平大幅提升，现代流通体系更加完善，实体商业加速转型，电子商务继续快速发展，到 2025 年，网上零售额达到 17 万亿元。随着人工智能、物联网、云计算、区块链等高新技术的突破和快速推广应用，电子商务迎来了前所未有的发展契机。未来智能化时代的电子商务发展，一方面要紧跟新技术的创新步伐；另一方面要注重电子商务新技术应用中的安全问题，确保电子商务运行的有效、可靠、可信。

7.1 物联网及其应用安全

7.1.1 物联网概述

物联网的概念最早由美国麻省理工学院于 1999 年提出，经过 20 多年的研究与发展，伴随着越来越广泛的推广应用，物联网也受到越来越高的关注。国际电信联盟（International Telecommunication Union，ITU）在 2005 年发布的互联网报告中对物联网做了详细的定义：物联网是通过一些感知传感设备，按照共同遵循的协议把任何物品与互联网相连接，进行信息的交换与通信，从而实现智能化识别、定位、跟踪、监控和管理的一种网络。物联网是智能感知、识别技术与普适计算、泛在网络的融合应用，被称为继计算机、互联网与移动通信网之后的又一次世界信息产业发展浪潮。截至 2018 年，在全球范围内有 70 亿个 IoT 设备在使用，其中不包括智能手机、计算机或平板电脑。预计到 2025 年，这一数字将增至数量惊人的 220 亿个，如此多的连接设备都能够收集丰富的数据并提供企业与消费者之间的通信渠道。

物联网涉及的核心技术包括传感器技术、组网技术、嵌入式技术、射频识别技术、云计算技术等。

1. 传感器技术

传感器是指能感受到被测量的消息，并将感受到的消息按照一定的规律转换成可用输出信号的器件或装置。一直以来，人们都希望智能机器能具备类似于人的感知能力。因此，传感器可以与人的感官进行对比，如光敏传感器可以对应人的视觉，声敏传感器对应人的听觉，气敏传感器对应人的嗅觉，化学传感器对应人的味觉，压敏、温敏、流体传感器对应人的触觉。

2. 组网技术

组网技术包括短距离无线通信技术和远程通信技术。其中，短距离无线通信技术包括近场通信、蓝牙、无线保真（wireless fidelity，Wi-Fi）、紫蜂（ZigBee）、射频识别等；远程通信技术包括互联网、2G/3G/4G/5G 移动通信网络、窄带物联网（narrowband internet of things，NB-IoT）、远距离无线电（long range radio，LoRa）、卫星通信网络等。

3. 嵌入式技术

嵌入式技术是集计算机软硬件、传感器技术、集成电路技术、电子应用技术为一体的复杂技术。如果把物联网用人体做一个比喻，传感器相当于人的眼睛、鼻子、皮肤等感官，嵌入式系统则是人的大脑，在接收到信息后要进行分类处理。

4. 射频识别技术

射频识别是一种简单的无线系统，由一个询问器（或阅读器）和很多应答器（或标签）组成。标签由耦合元件及芯片组成，每个标签具有扩展词条唯一的电子编码，附着在物体上标识目标对象，它通过天线将射频信息传递给阅读器，阅读器就是读取信息的设备。RFID 技术让物品能够"开口说话"。

5. 云计算技术

云计算技术是实现物联网的核心。运用云计算模式，使物联网中数以兆计的各类物品实时地动态管理和智能分析变得可能。其可以使物体具备一定的智能性，能够主动或被动地实现与用户的沟通。从物联网的结构看,云计算将成为物联网的重要环节。关于云计算概念及原理将在 7.2 节详细介绍。

7.1.2 物联网在电子商务领域的应用

物联网是继互联网和移动通信网之后一次新的信息技术革命,它蕴含着巨大的创新空间和机遇。未来电子商务将朝着多元化、便捷化发展,行业之间的竞争也会愈加激烈。典型的电子商务体系包含库存、物流及电子支付等重要环节,实现物联网技术在电子商务各环节中的应用,相比传统的电子商务,将大大提高电子商务体系的运行效率、降低运营成本、提升客户体验。

目前发展物联网所需的自动控制、信息传感、RFID(射频识别)等技术和产业都已经基本成熟,电信运营商和系统设备商也达到较高的水平,物联网将会向各个领域渗透和扩展,解决传统电子商务在仓储、配送、支付等领域的问题,必将推动电子商务更高效、快速发展。

1. 仓储

电子商务企业的仓储通常包括分公司、仓库和配送中心三个方面。以京东为例,作为一个大型电子商务企业,京东按照区域成立了多个分公司,分公司管理一个地区设置好的仓库、配送中心。对于这样的多地库存方式,需要一个支持其运转的智能库存网络体系。该体系由三部分网络构成,分别是分公司网络、仓库网络、配送中心网络。

2. 配送

电子商务的物流环节,最重要的特点就是及时性、便捷性和安全性。电子商务物流环节就是根据企业计算机系统的指令,完成商品配送、补给、运输的全过程。物联网智能物流系统对运行在辖区内的运输车辆位置、运送商品类型、数量进行管理和控制。物流中心通过网关连接移动通信网,移动通信网通过 M2M(机器到机器)与运输车辆通信。通过 GPS(全球定位系统),物流中心可以将车辆信息进行可视化,管理人员通过 GIS(地理信息系统)方便地掌握货物配送运输车辆当前的位置。物联网智能物流系统的主要作用表现在运输智能化升级、商品安全升级等方面。

3. 支付

在支付环节,基于物联网的电子商务支付有很多优点和巨大的发展空间。物联网技术的应用提高了支付的安全性和便捷性，降低了"黑客"和钓鱼类网站非法交易发生的频率。比如，典型的移动支付有物联网掌上电脑支付、智能 SD（安全数字）卡支付等。

7.1.3 物联网在电子商务中面临的安全问题

虽然物联网在电子商务中实现了库存管理、物流配送智能化、便捷移动支付、个性化商务体验，但其在社会与经济问题、技术标准与协议、云计算的可靠性、能源供应和信息安全方面也存在一些障碍，特别是在信息安全方面，存在当前电子商务亟待解决的问题。

1. 社会与经济问题

（1）失业。自动化进程会导致失业率上升，因为机器取代了部分人员的职位，越来越多的职位被机器取代，人们的购买力就会下降。所以公司可以通过引入机器节省开销，但最后却会丢失客户。

（2）成本。各国对物联网都积极支持，在看似百花齐放的背后，能够真正投入并大规模使用的物联网项目少之又少。譬如，实现 RFID 技术最基本的电子标签及读卡器，其成本价格一直无法达到企业的预期，性价比不高；传感网络是一种多跳自组织网络，极易遭到环境因素或人为因素的破坏，若要保证网络通畅，并实时安全传送可靠信息，网络的维护成本高，只有大型企业能够完全利用其优势，所以中小型企业的生存和发展变得更为艰巨。

2. 技术标准与协议

传统互联网的标准并不适合物联网。物联网感知层的数据多源异构，不同的设备有不同的接口，有不同的技术标准和协议；网络层、应用层也由于使用的网络类型不同、行业的应用方向不同而存在不同的网络协议和体系结构。比如，物联网可看作是互联网的延伸，物联网核心层面是基于 TCP/IP，但在接入层面，协议类别五花八门，有 GPRS/CDMA（通用分组无线业务/码分多址）、短信、传感器、有线等多种通道。另外，比如在智能家居方面，目前市场上有许多家企业进入这个领域，如格力、海信、TCL、小米等。但是由于利益等原因，每家的协议互不兼容，设备之间无法真正做到万物互联。建立通用统一的物联网体系架构，协调好各网络体系、数据结构、接口、协议等技术标准是物联网在电子商务领域进一步推广应用的前提。

3. 云计算的可靠性

越来越多的企业和组织选择云计算来部署它们的科学或商业应用。然而，随着用户数量的不断增加，数据中心的规模在迅速扩大、架构变得日益复杂，导致云计算系统的运行故障频繁发生，造成了巨大的损失。比如：爱奇艺服务器宕机，小米电视无法正常工作；阿里云服务器故障，天猫精灵无法工作。此外，在一些诸如医疗保健、金融服务、电力和运输行业，也经常会爆出一些系统罢工的新闻。由此可见，在规模巨大、架构复杂的云计算系统中，如何保障系统的可靠性已经成为一个极具挑战性的问题。云服务系统故障对物联网电子商务的影响非常普遍，必须提高云计算的可靠性。

4. 能源供应

据有关部门预测，在今后的几年内会有 500 亿台设备互相联网，其中大概 100 亿台是 PC 和服务器等设备，其余是其他的可运算设备。面对如此广泛的应用，功耗是至关重要的。在物联网领域中，许多联网器件都是配备有采集数据节点的微控制器（MCU）、传感器、无线设备和制动器。在通常情况下，这些节点将由电池供电运行，或者根本就没有电池，而是通过能量集来获得电能。特别是在工业装置中，这些节点往往被放置在很难接近或者无法接近的区域。这意味着它们必须在单个纽扣电池供电的情况下实现长达数年的运作和数据传输。

5. 信息安全

传统的互联网发展成熟、应用广泛，尚存在安全漏洞。物联网作为新兴产物，体系结构更复杂，没有统一标准，各方面的安全问题更加突出。比如在传感器网络安全、信息安全、个人隐私保护等方面均存在很大挑战。针对物联网电子商务中的信息安全问题，首先必须重视物联网网关的防御作用。有效可靠的物联网网关，应具备有效识别物联网感知层终端合法设备的能力，自动形成合规基线，精确识别网络异常行为，保障物联网感知层安全防护。可以将安全机制深入感知层，梳理关键资产，识别和隔离异常资产；也可以建立设备准入机制、网络行为检测机制，实时报警并进行安全分析。在网络攻击预防方面，可基于机器学习搭建网络行为安全基线，为产品提供会话深度跟踪分析、流量特征识别、行为特征识别等功能并实时监测，为企业终端提供发现识别、异常行为访问、攻击入侵检测、恶意代码检测并及时告警功能。同时，利用内嵌轻量化的安全处理器，内嵌于物联网终端，能通过采集资产指纹数量，对终端业务进行机器学习，搭建准入规则库、资产指纹库及安全行为模型，可拦截异常控制指令及恶意威胁，实现对终端的安全防护。此外，还可以通过融合大数据分析技术、可视化技术、威胁情报技术，从全局视角感知网络安全状态与终端安全状态，让安全可见、可控、可管、可预测，准确直观地展示网络安全风险，切实保障电子商务领域物联网的运行安全可靠。

物联网技术在电子商务各环节中的应用，不仅给电子商务带来新的经济增长点，而且解决了电子商务中的一系列问题，提升了电子商务的核心竞争力。但是必须清晰认识到，物联网技术的应用还处于比较初级的阶段，我们既要着眼长远，完善物联网相关技术和标准，又要立足当前，脚踏实地地推动物联网在电子商务各环节中的应用。

在电子商务领域，银行金融业的物联网应用较早，并且该行业在电子商务安全方面的要求也是最高的。但是，这些作为国家重点安全防范单位的银行、证券、保险、信托、基金等金融机构，仍然存在企业内部资产被入侵、监控摄像头被窃取等风险，极易导致个人信息被泄露，人民群众的财产安全受到威胁。物联网安全领域曾经被忽视或者可能不知道其存在的物联网安全威胁等安全问题，也成为行业、物联网厂商甚至国家关注的焦点。基于此，银行金融业采取了一系列技术创新，保障物联网电子商务的安全可靠。比如细颗粒度关键资产识别与监控、准入控制与内网隔离、入侵检测及防护等。

7.2 云计算及其应用安全

7.2.1 云计算概述

1. 云计算的概念

到目前为止，云计算还没有一个统一的定义。云计算领先者如 Google、Microsoft 等 IT 厂商，依据各自的利益和各自不同的研究视角都给出了对云计算的定义和理解。维基百科认为，云计算是一种基于互联网的计算方式，通过这种方式，共享的软硬件资源和信息可以按需提供给计算机与其他设备。云计算的最终目标是将计算、服务和应用作为一种公共设施提供给公众，使人们能够像使用水、电、煤气和电话那样使用计算机资源。广大用户无须自购软、硬件，甚至无须知道是谁提供的服务，只关注自己真正需要什么样的资源或者可得到什么样的服务。

2. 云计算关键技术

云计算是分布式处理、并行计算和网格计算等概念的发展和商业实现，其技术实质是计算、存储、服务器、应用软件等 IT 软硬件资源的虚拟化，云计算在虚拟化、数据存储、数据管理、编程模式等方面具有自身特点和优势，关键技术包括以下几种。

（1）虚拟化技术。虚拟化，即服务器虚拟化是云计算底层架构的重要基石。在服务器虚拟化中，虚拟化软件需要实现对硬件的抽象，资源的分配、调度和管理，虚拟机与宿主操作系统及多个虚拟机间的隔离等功能，目前典型的实现（基本成为事实标准）有 Citrix Xen、VMware ESX Server 和 Microsoft Hyper-V 等。此外，云计算区别于单机虚拟化技术的重要特征是通过整合物理资源形成资源池，并借助资源管理层（管理中间件）实现对资源池中虚拟资源的调度。

（2）分布式资源存储与管理技术。云计算系统需要同时满足大量用户的需求，并行地为大量用户提供服务。因此，云计算的数据存储技术必须具有分布式、高吞吐率和高传输率的特点。目前数据存储技术主要有 Google 的 GFS（google file system，非开源）以及 HDFS（hadoop distributed file system，开源），这两种技术已经成为事实标准。云计算的特点是对海量的数据存储、读取后进行大量的分析，如何提高数据的更新速率以及进一步提高随机读取速率是未来的数据管理技术必须解决的问题。云计算的数据管理技术最著名的是谷歌的 BigTable 数据管理技术，同时 Hadoop 开发团队正在开发类似 BigTable 的开源数据管理模块。

（3）分布式编程与计算技术。为了使用户能更轻松地享受云计算带来的服务，让用户能利用该编程模型编写简单的程序来实现特定的目的，云计算上的编程模型必须十分简单，必须保证后台复杂的并行执行和任务调度向用户与编程人员透明。当前各 IT 厂商提出的"云"计划的编程工具均基于 MapReduce 的编程模型。

（4）能耗管理技术。云计算的好处显而易见，但随着其规模越来越大，云计算本身的能耗越来越不可忽视。提高能效的第一步是升级网络设备,增加节能模式，减少网络设施在未被充分使用时的耗电量。新的低功耗缓存技术可以和现有技术相结合，在保持性能的同时降低能耗。使用紧凑的服务器配置，直接去掉未使用的组件，也是减少能量损失的好办法。

（5）云计算安全技术。云计算模式带来一系列的安全问题，包括用户隐私的保护、用户数据的备份、云计算基础设施的防护等，这些问题都需要更强的技术手段，乃至法律手段去解决。有数据表明，安全已经成为阻碍云计算发展的最主要原因之一。在云计算体系中，安全涉及很多层面，包括网络安全、服务器安全、软件安全、系统安全等。

7.2.2 云计算在电子商务领域的应用

目前，云计算在诸多领域已经出现了典型的应用，一些云计算服务商已经开启了产业运行模式。云计算与电子商务的结合是云计算相关技术进步和电子商务迅猛发展的必然结果，有效提升了电子商务运行的安全性、灵活性和专业性，云计算在电子商务领域的赋能已经产生了可喜的成绩。云计算对电子商务的影响主要体现在以下几方面。

1. 云计算使企业电子商务应用的安全性得到改善

随着云计算在企业的应用，企业可以将数据都存储在云端，由云服务提供专业、高效而又安全的数据存储，从而使企业不必再担心由于各种安全问题导致企业重要数据丢失或被窃取。

2. 云计算使企业电子商务应用的专业性和灵活性得到改善

云计算为企业提供经济可靠又专业的电子商务系统，软件即服务是云计算提供的一种服务类型，它将软件作为一种服务来提供给客户。作为客户端的企业可以更方便高效地使用云计算提供的各种服务，此时只需要安装网络浏览器即可，提升了企业电子商务应用的灵活性和专业性。

3. 云计算为电子商务应用实现更好的经济效益

企业构建电子商务系统必须配备大量的计算机和网络设备，随着设备不断的更新换代，企业为了满足更多新的商务需求，还必须定期更换计算机和网络设备。建立电子商务系统的成本是很大的，并且后期维护需要较高的费用和专业人员的参与。云计算在电子商务中的应用能够有效减少企业电子商务系统的建立成本，更节省了后期维护和人力支出成本。

7.2.3 云计算在电子商务中面临的安全问题

在网络安全发展历程中，单机的杀毒和防毒曾经是 20 世纪最后 10 年最主要的形式。而进入 21 世纪，防火墙、防入侵以及立体防御攻击成为新的安全解决方案。但是，随着大数据、物联网、云计算时代的来临，这些通用的技术手段在新形势下仍面临着诸多挑战。

1. 云安全对电子商务的影响

（1）云计算虚拟化带来的虚拟机系统安全。虚拟化是云计算的最根本特征，对于电子商务等信息化要求较高的工作领域，采用虚拟机技术来提升异构环境下的服务器主机利用率，是一个既经济又便捷的方法，所以得到了普遍欢迎。但是，这种操作也带来一些重要问题：无端开了这么多虚拟机，如果一个系统感染了病毒，其他系统是否会受到株连，隔离工作能否做好，甚至后台的存储与数据信息是否受影响？如果虚拟机系统崩溃了，是否会对其他虚拟机有影响？这是很现实也是亟待解决的问题。

（2）云计算关键业务的数据存储安全。云计算需要把自己的业务放到云端数据中心，虽然系统内的用户可以轻松共享，节省了成本，提升了效率，但是云数据中心的安全问题如何保障呢？会不会出现数据泄密？这是每个CIO（首席信息官）心里都打鼓的问题，这个问题既是安全问题，又是信息化的规划问题。要解决这一问题，必须熟悉云计算的所有技术层面，企业到底是拿哪一层做虚拟？如何虚拟？这些问题既对安全厂商展现机遇，同时又提出了严峻挑战。此外，电子商务企业或云用户可能需要采取措施对保密文件进行加密，有效保护数据。比如，通过加密电子邮件，有效保证电子邮件的安全，让入侵者无法直接通过云邮件服务器窃取私密数据；使用自组织过滤器，对隐私和敏感数据进行过滤。

（3）云计算电子商务的身份认证、个人信息和交易安全。目前，每年全国网络产生的交易额已经占到全年所有交易总额的9%，许多贵重的大件物品也有在网络上面交易的趋势。因此，电子商务交易安全就成为迫切需要解决的问题，而在这方面，用户的安全防护却显得非常薄弱，个人交易密码被盗，网站或者银行数据库信息泄露问题层出不穷，成为新的安全顽疾。对此，电子商务企业或云用户需要充分了解不同的云模式（公共云、私有云与混合云）以及不同的云类型（SaaS、PaaS、IaaS），因为它们的区别将对安全控制和安全责任产生直接影响，所有企业都应具备针对云的相应观点或策略。

（4）移动用户对传统网络的冲击带来的安全问题。随着智能手机的普及和移动互联的发展，移动终端的安全问题正在挑战传统的网络攻防体系。传统的安全防护是守住服务器的端口，用防火墙、防毒墙和流量监控等筑成一道马其诺防线，才能将针对邮件服务器、数据库服务器的各种攻击拒之门外。但是，当移动互联网融入常规网络后,整个云电子商务的安全防护由以前的平面变成了立体,安全防护任务变得更艰巨了。比如,许多邮件病毒或者攻击程序是从手机或者 PDA 引入,这使常规的防护体系面临巨大的挑战。

2. 电子商务云安全典型应用实例

安全资源池是云计算平台中提供安全服务的资源集合,安全资源池的运用是云安全产品服务的重点。安全资源池是一类紧贴用户需求的解决方案类产品,要求技术提供商拥有丰富且多样的安全能力、集成安全能力、强协同能力以及统一管控、统一编排的能力,伴随着私有云、行业云、混合云的不断发展,安全资源池在云上的运用可以有效推动云安全市场的发展。由于安全资源池对于技术提供商综合能力的要求较高,传统的大型安全厂商如奇安信集团、深信服科技、安恒信息、天融信、绿盟科技成为该市场中的主要玩家。据互联网数据中心统计,2019 年,奇安信集团、深信服科技、安恒信息、天融信、绿盟科技的中国市场份额分别为 18.1%、14.1%、13.2%、11.7%、8.2%。

边缘云是云计算向网络边缘侧进行拓展而产生的新形态,是未来产业关注重点,是连接云和边缘终端的重要桥梁。边缘终端是位于边缘云与数据源头路径之间,靠近用户或数据源头的任意具备一定硬件配置的设备,包括边缘网关、边缘服务器、智能盒子等终端设备。围绕边缘云与边缘终端,相关产业已初现端倪、蓄势待发。将云计算的能力下沉到边缘侧、设备侧,并通过中心进行统一交付、运维、管控,将是云计算的重要发展趋势。电信运营商、互联网云服务商等在内的各类型厂家为了满足视频直播、AR/VR(增强现实 / 虚拟现实)、工业互联网等场景下,更广连接、更低时延、更好控制等需求纷纷进行相关尝试,利用自身优势资源,将云计算服务逐步向网络边缘侧进行分布式部署,云计算在向一种更加全局化的分布式组合模式进阶。分布式云是未来计算形态的发展趋势,是整个计算产业未来决胜的关键方向之一,对于物联网、5G 等技术的广泛应用起到重要支撑作用。

7.3 区块链及其应用安全

7.3.1 区块链概述

1. 区块链的概念

区块链是一个信息技术领域的术语。从本质讲,它是一个共享数据库,存储于其中的数据或信息,具有"去中心化""不可伪造""全程留痕""可以追溯""公开透明""集体维护"等特征。基于这些特征,区块链技术奠定了坚实的"信任"基础,创造了可靠的"合作"机制,具有广阔的运用前景。

什么是区块链?从科技层面来看,区块链涉及数学、密码学、互联网和计算机编程等很多科学技术问题。从应用视角来看,区块链是一个分布式的共享账本和数据库,其特点保证了区块链的"诚实"与"透明",为区块链创造信任奠定基础。而区块链丰富的应用场景,基本上都基于区块链能够解决信息不对称问题,实现多个主体之间的协作信任与一致行动。

2. 区块链核心技术

区块链技术是以密码学、数学算法以及经济模型为基础结合成的数据加密货币的技术,关键技术主要包括以下方面。

(1)密码学。在区块链技术应用过程中,加密技术的方式比较多样,可以将其用在交易、钱包、安全和隐私保护协议中。因此,密码学是区块链技术的重要组成之一,密码学主要是利用复杂的数学对信息进行加密以及解密。

(2)分布式存储技术。当前的分布式存储系统比较多,在多个主机中进行数据传播时,分布式存储系统会面临一个主要问题,就是多个操作同时访问数据时如何保持数据的一致性。区块链中使用广泛的存储技术是分布式账本技术。分布式账本指的是交易记账由分布在不同地方的多个节点共同完成,而且每一个节点记录的是完整的账目,因此它们都可以参与监督交易合法性,同时也可以共同为其做证。区块链采用了带有时间戳的链式区块结构存储数据,为数据的记录增加了时间维度,具有可验证性和可追溯性。

(3)共识机制。共识机制是一种容错机制,主要是在计算机系统中应用的,可以在多代理系统中实现对单个数据值以及网络的单个状态的必要协议。而在区块链的动态变化情况下,公共共享分类账对安全机制的要求更高,必须保证网络上的交易数据都是真实的。共识机制可以保证所有记账节点之间达成某种共识,去认定一个记录的有效性,这既是认定的手段,也是防止篡改的手段。

(4)智能合约。智能合约本身是一种计算机程序,能够对一些条件下各方数据的数字货币或者资产的转移进行直接控制。合约存储在链上可以使它们继承分类账技术为基础的网络关键属性。在业务合作过程中,智能合约的优势比较突出,可以通过某种机制保证参与者对结果进行确定,不需要中间人参与。智能合约在电子商务信息安全领域中应用时，除了能完成流程自动化之外，还能对行为进行控制，并且发挥审计以及风险评估的应用优势。

（5）跨链技术。在区块链应用过程中，链与链之间是高度异构化的，每一个区块链网络都具有较强的独立性，数据信息不能进行互联互通。而不同的区块链网络进行协作难度比较大，会对区块链的发展产生一定影响。跨链本质上是一种协议，能够对两个或者两个以上的不同链上的资产以及功能状态进行传递以及转移，也就是说跨链技术是实现区块链与区块链协作的重要技术类型，跨链技术可以增加区块链的可拓展性，并且对不同区块链产生的"信息孤岛"问题进行有效解决。

（6）分片技术。将分片技术思想运用在区块链中，可以将大的任务拆分成能够并行处理的多个小任务，这样能够改善区块链技术的应用效果。在网络中将整个任务分摊给所有参与的区块链节点，然后利用多个网络设备可以实现平行处理转账功能，达到分片处理工作的目的。

7.3.2 区块链在电子商务领域的应用

区块链是一种新型的数据库，它是分布式、不可逆的数据库。目前区块链技术尚处于萌芽期，落地的项目还比较少，但是同时我们也看到了我国对于区块链技术的重视，无论是在技术上还是在政策上都给予极大的扶持。目前，区块链技术在电子商务领域的应用，主要集中在电子商务信息安全领域。这些应用的目的或功能主要包括两方面。

1. 保护隐私

在区块链技术应用过程中，可以直接利用分布式结构可追溯性以及匿名性的特征达到隐私保护的目的。在区块链中，可以将用户的隐私数据发布在分布式账本中，而攻击者并不能入侵单一的节点获取用户的所有数据。这样能够在最大程度上防止数据泄露以及丢失。此外，区块链的可追溯性能够保证在数据采集交易以及流通过程中将每一步工作流程记录在区块链上，防止数据被篡改，进一步提高数据的隐私性。

2. 数据保护

在区块链技术应用过程中构建分布式账本具有不可篡改性，可以利用加密以及权限控制等方法提高数据的完整性、可用性。区块链技术在对数据进行加密时，能够防止数据在传输过程中被没有经过授权的用户访问，而利用分布式记账技术可以完成文件签名工作，这样能够取代传统签名方式，防止攻击者窃取数据资料。区块链技术可以作为存储数据的链条环环相扣，并且每一个链条具有一定独立性，能够防止其中一条链条上的数据出现问题而对其他链条数据产生影响。

7.3.3 区块链在电子商务中面临的安全问题

任何事物都有两面性，区块链也不例外，除了去中心化、集体维护、解决信任问题等种种优势以外，区块链在电子商务领域也存在多种问题。

1. 隐私性问题

在区块链公有链中，每一个参与者都能够获得完整的数据备份，所有交易数据都是公开和透明的。如果知道一些商业机构的账户和交易信息，就能知道其所有财富，还有重要资产和商业机密等，导致没有隐私可言。

2. 数据确认延迟性问题

在金融区块链中，数据确认的时间相对较长。因此区块链的交易数据是有延迟性的。

3. 能耗问题

区块的生成需要矿工进行庞大的数学计算，这是非常耗费能源的。

4. 安全性问题

现阶段区块链技术还不够成熟，在应用过程中存在一些安全隐患。对该技术的安全隐患进行分析时，需要从链上和链下两方面进行探讨。

（1）链上安全隐患。链上安全隐患主要指的是存储区块链资产的区块链在应用过程中存在的主要隐患为51%的攻击，当某一个人占据全网51%的算力时，就可以获取新区块的支配权。而51%攻击指的是一组矿工对超过50%的网络挖掘能力、计算能力以及哈希率进行控制，可以对新的交易发生或者被确认进行阻止。这会严重威胁交易的安全性以及可靠性。此外，因为区块链技术应用过程中并没有身份验证机制，如果直接将人为造假的数据上传到链上，区块链机制会对这些假的数据进行保护，并且会保护后续交易。

（2）链下安全隐患。链下存在的端点漏洞主要威胁的是区块链技术的整体安全，必须对端点漏洞进行解决。供应商风险也是链下的主要安全隐患之一，为了防止与供应商相关的区块链出现缺陷，需要对为区块链生态系统作出贡献的供应商进行审查,保证供应商的可靠性。此外,对区块链进行访问时需要使用公钥以及密钥,如果公钥以及密钥没有正确组合,则不能对区块链中的数据进行访问。这虽然是区块链的优势,但是在实际应用过程中,也存在难以正确组合的劣势。

那么,区块链究竟如何实现安全?可以从以下几方面入手。

1. 算法安全

区块链大量应用了各种密码技术,属于算法高度密集工程,在实现上比较容易出现问题。历史上有过此类先例,如NSA(美国国家安全局)对RSA算法实现埋入缺陷,使其能够轻松破解别人的加密信息。一旦爆发这种级别的漏洞,可以说构成区块链整个大厦的地基将不再安全,后果极其可怕。为了保证算法的安全性,一方面选择采用新的、本身经得起考验的密码技术;另一方面对核心算法代码进行严格、完整测试的同时进行源码混淆,增加"黑客"逆向攻击的难度和成本。

2. 共识机制安全

当前的区块链技术中已经出现了多种共识算法机制,最常见的有PoW(工作量证明)、PoS(权益证明)、DPoS(委托权益证明)。但这些共识机制是否能实现并保障真正的安全,需要更严格的证明和时间的考验。针对共识机制安全性,可在PoW中使用防杂凑函数,以及使用更有效的共识算法和策略。

3. 区块链使用安全

区块链技术一大特点就是不可逆、不可伪造,但前提是私钥是安全的。私钥是用户生成并保管的,理论上没有第三方参与。私钥一旦丢失,便无法对账户的资产做任何操作。"黑客"一旦拿到私钥,就能转移数字货币。因此,必须从技术和监管制度两方面入手,切实保障区块链信息系统的使用安全。

4. 系统设计安全

随着人们对区块链技术的研究与应用,区块链系统除了其所属信息系统会面临病毒、木马等恶意程序威胁及大规模DDoS(分布式拒绝服务)攻击外,还将由于其特性而面临独有的安全挑战。为了保证区块链系统安全,建议参照NIST(National Institute of Standards and Technology,美国国家标准与技术研究院)的网络安全框架,从战略层面、一个企业或者组织的网络安全风险管理的整个生命周期的角度出发构建识别、保护、检测、响应和恢复等核心组成部分,来感知、阻断区块链风险和威胁。此外，如同 Mt.Gox 平台一样，由于在业务设计上存在单点故障，所以其系统容易遭受 DoS 的攻击。目前区块链是去中心化的，而交易所是中心化的。中心化的交易所，除了要防止技术盗窃外，还得管理好人，防止人为盗窃。

7.4 其他新技术及其应用安全

7.4.1 边缘计算

1. 边缘计算的概念

维基百科对边缘计算的定义如下：与将数据传到远程的云端进行处理相对，边缘计算则是在靠近数据源头的网络边缘提供计算和存储资源。边缘计算本质上是一种服务，类似于云计算、大数据服务，但这种服务非常靠近用户；通俗地说，边缘计算是去中心化或分布式的云计算，原始数据不传回云端，而是在本地完成分析。也有人认为，"边缘计算是为应用开发者和服务提供商在网络的边缘侧提供云服务和 IT 环境服务；目标是在靠近数据输入或用户的地方提供计算、存储和网络带宽"。

边缘计算起源于广域网内搭建虚拟网络的需求，运营商需要一个简单的、类似于云计算的管理平台，于是微缩版的云计算管理平台开始进入市场，从这一点来看，边缘计算其实是脱胎于云计算的。随着这一微型平台的不断演化，尤其是得益于虚拟化技术的不断发展，人们发现这一平台有着管理成千上万边缘节点的能力，且能满足多样化的场景需求，经过不同厂商对这一平台不断改良，并加入丰富的功能，边缘计算开始进入发展的快车道。

2. 边缘计算与云计算的关系

那么，既然有了云计算，为何还要有边缘计算？

边缘计算和云计算互相协同，它们是彼此优化补充的存在，共同促进行业数字化转型。云计算是一个统筹者，它负责长周期数据的大数据分析，能够在周期性维护、业务决策等领域运行。边缘计算着眼于实时、短周期数据的分析，更好地支撑本地业务及时处理执行。边缘计算靠近设备端，也为云端数据采集作出贡献，支撑云端应用的大数据分析。云计算也通过大数据分析，优化输出业务规则并下发到边缘处，以便执行和优化处理。

所以不管是云计算还是边缘计算，不存在一方完全取代另一方的状况，只在各自擅长的领域各司其职、物尽其用，在最合适的场景用最合适的运算，或者双向出击。

3. 边缘计算的安全隐患

与传统的信息安全属性相似，边缘设备的安全性包括机密性、完整性和可用性。机密性需要应用一组规则来限制对某些信息进行未经授权的访问，这对边缘设备而言至关重要，因为它们可能处理敏感的个人信息，如医疗记录和处方等，若未经授权访问个人健康设备，可能会泄露个人健康信息，甚至导致生命危险；完整性也是必要的，边缘设备必须确保接收到的命令和采集到的信息是合法的，如针对医疗设备的完整性攻击，可能会导致危及生命的后果；边缘设备的可用性对提供功能齐全的物联网连接环境而言至关重要，它确保设备可用于采集数据，并防止服务中断。此外，边缘计算还存在以下安全攻击隐患：针对边缘设备层的安全攻击、针对边缘通信层的安全攻击、针对边缘计算层的安全攻击等。

4. 边缘计算安全的保障措施

（1）边缘计算的设备安全与隐私安全。边缘计算的设备安全包括边缘设备的信任评估机制、恶意边缘设备的检测方法和边缘设备的可信证书更新管理机制；边缘计算的隐私安全，包括边缘计算中对象的位置隐私、边缘设备生成的敏感数据的数据隐私、边缘设备及数据的使用隐私等。

（2）公钥基础设施。密码安全技术可分为对称密码（SKC）技术、公钥密码（PKC）技术和无密钥密码技术几类。对称密码技术在低通信和计算开销方面具有优势，但应用于边缘计算时需要分发共享密钥。

（3）基于身份标识的密码技术。基于身份标识的密码技术使用户的公钥可以很容易地从已知的身份标识信息（如电子邮件地址或移动电话号码）中派生出来，满足了对公钥证书的需求，减少了证书开销。因此，在边缘计算中，可以只交换边缘设备的身份，而不发送公钥及其证书，为通信节省能源。

（4）配对密码技术。基于配对的公钥密码（pairing-based cryptography，PBC）技术方案更适用于边缘设备到基站的通信，因为 PBC 的签名长度小于无配对公钥密码的长度，如短签名 ZSS（特指 Zhang, Safavi-Naini, Susilo 三人于 2004 年发明的数字签名技术）的签名长度是椭圆曲线数字签名算法（elliptic curve digital signature algorithm，ECDSA）的一半。但是 PBC 方案不太适合边缘设备到边缘设备的通信，因为设备的公钥证书是交换的，设备端的计算量非常大，所以设备端的通信开销和签名验证开销会变大。

（5）格密码技术。格密码是一种抗量子计算攻击的公钥密码技术（也称后量子密码），具有简单的可加性和可并行化的结构，容易构建同态密码方案。

（6）多变量公钥密码系统。多变量公钥密码系统（multivariate public key cryptosystem，MPKC）的安全性取决于求解有限域上随机产生的多元非线性方程组[一般为多元二次（MQ）问题，相应的系统为 MQPKC（多变量公钥密码系统）]的困难程度，已证明有限域上的 MQ 问题在系数随机选取时是 NP（非确定性多项式）问题，目前还没有有效求解该问题的量子算法，因此，MQPKC 也是抗量子计算攻击的候选密码技术之一。

5. 边缘云应用实例

亚马逊开创了边缘计算的先河，推出了 AWS IoT Greengrass 功能软件；微软发布了 Azure IoT Edge 边缘侧产品，将云分析扩展到边缘设备，支持离线使用，同时聚焦边缘的人工智能应用；谷歌推出硬件芯片 Edge TPU 和软件堆栈 Cloud IoT Edge，可将数据处理和机器学习功能扩展到边缘设备，使设备能对来自其传感器的数据进行实时操作，并在本地进行结果预测。

国内的阿里巴巴推出了 Link IoT Edge 平台，通过定义物理模型连接不同协议、不同数据格式的设备，提供安全可靠、低延时、低成本、易扩展的本地计算服务；华为推出了 IEF（智能边缘）平台，通过将云上应用延伸到边缘的能力，联动边缘和云端的数据，提供完整的边缘和云协同的一体化服务的边缘计算解决方案。在制造业、海尔、树根互联等依托丰富的工业场景，推出了各自的云边协同平台，帮助用户快速构建工业互联网应用，实现各类工业设备的快速接入。

7.4.2 量子计算

1. 量子计算的概念

量子计算的概念来源于量子力学，使用的计算方式和我们平常使用的普通计算非常不同。根据维基百科的解释，根据量子力学现象进行计算即为量子计算。得益于量子叠加和纠缠，量子计算能够保持超高速度来进行并行运算，对于大批量数据结果运算能够保证高效完成。不过需要注意的是，如果没有与之对应的量子算法，量子计算机的实力是难以全部发挥的，而且只有部分算法可以进行加速，因此传统计算机与量子计算机是相辅相成的关系，并非是新技术完全取代传统的过程。

2. 量子计算在电子商务领域的主要应用

目前量子计算在电子商务领域的应用，主要体现在以下两方面。

（1）量子计算机。与传统计算机相比，量子计算机具有天然的量子并行计算能力，存储能力强、运算速度快，将给现有计算能力带来质的飞跃。随着量子计算机开始加速发展，相信在不久的将来，那些由传统计算机承担的计算和存储任务都将由量子计算机替代。随着物联网、大数据、云计算、深度学习背景下对算力需求的急剧提升，未来电子商务对量子计算机也将有很大的需求。

（2）量子安全。电子商务量子安全（quantum security）也被称为量子加密（quantum encryption）或量子密码学（quantum cryptography），是利用量子力学的原理来加强安全性和检测第三方是否窃听通信的实践。其核心技术包括量子密钥分配（quantum key distribution，QKD）、后量子密码学（post-quantum cryptography，PQC）等。

【本章小结】

在电子商务持续快速发展的当下，必须坚持创新引领，推动流通数字化智能化。同时，要坚持创新驱动，大力发展数字流通，加强数字基础设施建设，加速流通数字化智能化改造和跨界融合，推动电子商务同物联网、云计算、区块链、边缘计算、量子计算等新技术的连接，提高电子商务的有效性和可靠性，保障电子商务在智能化时代的应用安全，促进国内贸易发展质量变革、效率变革、动力变革。

【思考题】

1. 什么是物联网？它包含哪些关键技术？
2. 物联网技术在电子商务领域有哪些应用？
3. 物联网应用在电子商务领域面临哪些安全风险？
4. 什么是云计算？它包含哪些关键技术？
5. 云计算技术在电子商务领域有哪些应用？
6. 云计算应用在电子商务领域面临哪些安全风险？
7. 什么是区块链？它包含哪些关键技术？
8. 区块链技术在电子商务领域有哪些应用？
9. 区块链应用在电子商务领域面临哪些安全风险？
10. 区块链技术如何保障电子商务安全？
11. 量子计算如何应用于电子商务领域？

治理篇

第 8 章 电子商务安全治理概述

【学习目标】

1. 了解电子商务安全治理的指导思想、原则以及电子商务知识产权保护相关法律法规。

2. 熟悉电子商务治理的内容、国内外数据治理状况、标准的分类分级、我国信息安全保护标准体系、国际上主要信息网络标准与管理组织、协调组织以及人员管理制度。

3. 掌握我国信息安全立法体系框架及信息安全、网络安全、数据安全、电子商务相关法律、标准的定义、我国网络安全等级保护标准、电子商务标准体系框架、我国信息与网络标准化与管理组织、协调组织以及信息与网络安全管理制度。

【能力目标】

1. 了解电子商务安全治理框架,掌握电子商务安全治理的指导思想和原则。

2. 熟悉电子商务安全治理现状,能发现我国电子商务安全存在的治理问题,从宏观和微观不同层面探索应对方案。

3. 掌握与电子商务安全相关的重要法律、标准和制度,培养合规意识和创新思维,能运用法治化思维分析问题和解决问题。

【思政目标】

1. 了解总体国家安全观的含义和内容，能坚持总体国家安全观，时刻维护国家安全。

2. 熟悉我国国家治理体系，增强网络安全意识、数据安全意识、个人信息保护意识，能自觉守法，学会运用法律武器维护自身合法权益。

3. 掌握依法治国的基本理论，体会什么是"善治"，能在项目设计中合理运用法律法规、制度防范项目风险，能在相关研究中运用法律、法规分析和解决问题。

【思维导图】

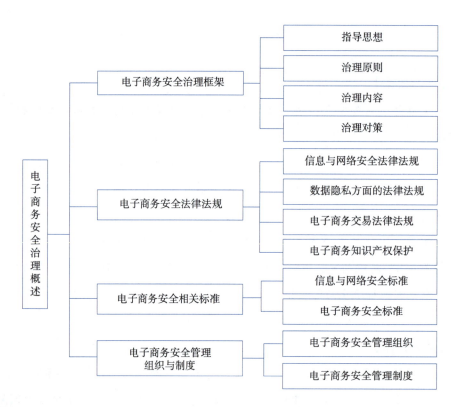

【导入案例】

华住集团用户信息泄露事件

2018年8月28日，全球酒店20强的华住集团发生严重信息泄露事件，涉及其旗下全部酒店品牌，包括汉庭、美爵、禧玥、诺富特、美居、CitiGO、桔子、全季、星程、宜必思尚品、宜必思、怡莱、海友，数据脱库时间为8月14日。其泄密范围包括用户身份证号、手机号、邮箱、登录密码、入住登记身份信息、酒店开房记录等。几批数据加起来总量高达 141.5 G、4.93 亿条，涉及约 1.3 亿人信息。这些数据信息被"黑客"挂到暗网黑市售卖，标价 8 个虚拟货币，当时约合人民币 30 万元。信息泄露事件几乎每天都在发生，从国外社交软件 Facebook 的 5 000 万用户信息泄露，到新三板上市公司瑞智华胜非法窃取 30 亿条个人信息被查处，再到小米旗下有品平台大量用户订单信息泄露，众多网友反映接到冒充有品官方客服的诈骗电话和短信，不难看出，在互联网已经完全渗透到我们生活方方面面的今天，个人信息数据泄露的威胁离我们并不遥远。

资料来源：华住酒店信息泄露事件背后，你所不知道的"暗网"与"黑产"[EB/OL].（2018-08-30）[2022-03-11]. https://www.sohu.com/a/251017332_100258333.

【讨论题】

1. 《网络安全法》中，个人信息如何被定义？
2. 互联网企业在用户信息保护方面主要有哪些责任？
3. 用户个人信息被泄露，企业需要承担什么样的责任？
4. 如何预防个人信息泄露，保护我们的个人信息安全？
5. 电子商务企业应如何提升安全方面的治理能力？

电子商务安全问题的复杂性给电子商务高质量发展带来诸多不确定因素，需要转变治理思维、调整治理模式、优化治理手段。

8.1 电子商务安全治理框架

目前电子商务面临传统问题和新兴问题的双重压力，需要建立一个与之匹配的安全治理框架，才能有效应对可能出现的各种安全问题。

8.1.1 指导思想

1. 坚持总体国家安全观，构建治理新格局

立足电子商务发展新阶段，在总体国家安全观下重新审视电子商务安全与数字经济安全、国家经济安全的关系，将电子商务安全治理提到更高的地位。坚持总体国家安全观，增强忧患意识和风险意识，牢固树立底线思维，以治理创新为

导向，构建完善电子商务安全治理（监管）体系，建立健全电子商务安全治理机制，以防范化解各类风险和挑战。

2. 坚持总体国家安全观，安全与发展协调统一

安全是发展的基础和前提，发展是安全的条件和保障。电子商务安全和电子商务发展，二者相辅相成，任何时候都不能偏废，只有将它们协调统一起来，同步推进，才能实现更具可持续性、更加安全的发展。

3. 运用系统思维，统筹推进

电子商务是一个复杂的系统，决定电子商务安全程度的主要因素有人、过程、技术，这导致电子商务安全问题存在于电子商务全流程，分散于电子商务系统各个层面、各个环节。因此解决电子商务安全问题首先要从全局的角度，运用系统思维，将各种安全产品、技术手段、治理措施有机结合起来，而不能简单依赖几个单独的安全产品或技术手段。其次，电子商务安全与社会道德、法律法规、行业管理以及人们的行为模式紧密联系在一起，因此它不仅是一个技术性问题，同时也是治理问题，需要综合考虑各方面的因素来解决。另外，电子商务安全是动态性的，因为电子商务模式推陈出新，网络技术攻防此消彼长，需要不断检查、评估和调整优化相应的措施。没有一劳永逸的安全，也没有一蹴而就的安全。

8.1.2 治理原则

1. 坚持安全与发展并重

树立科学的安全观，正确处理安全和发展的关系，坚持安全与发展双轮驱动，以安全保发展，以发展促安全。

2. 坚持依法治理、规范发展

"法者，治之端也。""法律是治国之重器，法治是国家治理体系和治理能力的重要依托。"[①] 健全电子商务相关法规制度，强化各市场主体权益保护，强化反垄断、促进公平竞争，加强平台企业网络和数据安全能力建设，增强电子商务在防范化解重大风险中的作用，推动电子商务持续健康发展。

3. 坚持包容审慎的治理理念

电子商务的快速发展对培育经济发展新动能和改造提升传统动能，以及促进

---

① 2014年10月20日，习近平在十八届四中全会上做的关于《中共中央关于全面推进依法治国若干重大问题的决定》的说明。

大众创业万众创新具有重要意义。应坚持包容审慎的治理理念，并将这一理念贯穿到具有争议性问题的处理中，在坚持底线思维的原则下，为电子商务创新发展留足空间。

4. 坚持多元协同治理原则

在信息化、智能化加快发展的形势下，电子商务安全问题的深度和广度不断拓展，以政府为单一管理主体的传统管理体系无法应对，多元协同治理原则是由电子商务安全的复杂性决定的，也是落实《电子商务法》第7条规定以及"十四五"电子商务发展规划任务的基本要求。

5. 坚持健全制度，实施精准安全治理

制定实施风险管理和应急保护系列制度，建立有效工作机制，增强风险防控能力，做到有效识别和发现、正确分析研判、及时预警、恰当处置；增强各种风险的应急处置能力。

6. 坚持强化基础，提升安全治理能力

把电子商务安全基础设施建设放在重要位置，广泛运用先进的网络安全和数据安全保护技术，提升电子商务系统安全管理能力、数据安全保护能力、数据共享服务能力。建立健全数据安全治理体系，提升数字化治理水平，提高数据安全保障能力，筑牢安全发展的基础。

7. 促进安全与诚信文化建设，营造安全良好的环境

人的行为是支撑适当治理措施的基本要素之一，安全治理需满足利益相关者不断变化的需要。因为各种利益相关者之间的协调和方向一致非常重要，如果没有充分的协调，治理目标、治理角色、治理责任和相关资源就可能相互冲突，导致不能达到相应的治理目标。

8.1.3 治理内容

1. 提升电子商务相关技术安全

电子商务离不开信息网络技术和各种新兴技术，但是技术是一把"双刃剑"，使用技术既可以维护电子商务安全，也可能威胁电子商务安全甚至是国家安全。因此我国需要掌握核心技术，建设好电子商务信息网络基础设施，加强大数据、物联网、云计算、区块链、人工智能等新兴技术在电子商务中的应用安全；同时规范技术应用，强化技术应用监管。

2. 完善电子商务法律法规标准体系

协调发展与安全，不断推进电子商务相关法律法规的制定与修订，加快修订《中华人民共和国反垄断法》，推动修订《电子商务法》，制定数据安全、个人信息保护等相关法律的配套规定，完善平台治理规则体系。探索建立数据产权制度，统筹数据利用和数据安全。研究制定数据确权、收集、使用、交易、流动、共享制度和人工智能、算法应用等规则。强化知识产权保护，提高执法效能，探索建立新领域新业态知识产权保护制度和监管框架。积极推进电子商务新领域新业态标准化建设，进一步完善标准治理体系。健全电子商务行业标准，重点开展直播电商、社交电商、农村电商、海外仓等新业态标准研制。

3. 优化电子商务监管机制

构建适应电子商务高质量发展要求的数字化监管机制，坚持包容审慎监管。转变监管理念，构建事前、事中、事后全链条监管框架，提升协同联动监管能力。加强消费者权益保护，建立健全消费纠纷多元化解机制，加大行政执法和司法保护力度。推动线下一体化的跨部门、跨区域联合执法和跨境执法协作，加强监管及时性、有效性和威慑力。优化监管方式，探索线上闭环监管、非接触监管、信用监管等新型方式，加强政企联动，推动政企间数据合法有序共享机制建设。改革监管手段，推进防假打假技术创新迭代。细化反垄断和反不正当竞争规则，预防和制止平台经济领域垄断、不正当竞争等行为，引导平台经营者依法合规经营。加强反垄断与反不正当竞争执法司法。推进在线争议解决机制的发展，进一步提高电子商务纠纷解决效率、降低维权成本。

4. 提升治理能力

促进电子商务治理协同，推进数字化、网络化和平台化监管，提升对违法行为的精准查处能力，构建可信交易环境，保障市场公平竞争。促使电子商务平台加强对平台内经营者的管理。推动建立覆盖全社会的信用体系，加强电子商务诚信体系建设，建立健全失信惩戒和守信激励机制，引导激励多方市场主体参与信用共建。加强网络销售产品质量安全监管。加强电子商务知识产权保护，电子商务平台应建立健全知识产权保护制度、保护指数评价机制，加强自身主体责任，建设与完善知识产权侵权惩罚性赔偿制度。积极参与全球电子商务治理，坚持多边主义和共商共建共享原则，推动建立更加公正合理的全球电子商务治理体系。

5. 强化治理措施保障

加强党对安全工作的全面领导。企业应完善安全组织架构，提升风险防控能力。加强上下联动，既要发挥政府监管部门的引领和统筹力，落实相关规范和标准，也要发挥电子商务企业，特别是大型平台企业的主观能动性和主体责任。加大人才培养、技术创新，促进产学研协同，提升相关科研成果转化能力。

8.1.4 治理对策

电子商务安全问题的复杂性决定了治理手段的复合性。进一步优化电子商务多元协同共治模式，融合协同治理、技术治理、合规治理、信用治理，达到综合治理的目的。

协同治理为电子商务安全治理提供多元力量，不同主体所处的地位以及发挥的作用各不相同。加强政府主导作用，推动政企协同和电子商务行业组织建设，充分发挥各类行业组织的力量，形成政府、企业、行业组织等多方共同参与的电子商务市场治理格局。另外，应当增强消费者权利意识和自我保护意识，消费者面对侵权行为，应维护自身合法权益；对侵害其他人合法权益的违法犯罪行为，应当及时向有关部门报告。

技术治理为电子商务安全治理提供工具手段。通过加强信息网络技术的研发预防电子商务违规违法事件的发生。促进数据要素在电子商务安全治理中的开发利用，加快完善高效协同的数据共享机制，提升公共数据开放水平。规范发展第三方数据服务，探索建立电子商务平台数据开放共享规则制度，推动建立消费、信用、溯源等数据的跨平台交互机制。在提升技术治理水平的同时，要考虑技术可能带来的负面效应，诸如大数据技术带来的数据独裁、算法偏见、隐私权侵犯等问题，人工智能带来的人身侵犯性、事故归责等问题，对相关技术的应用进行规范。

合规治理为电子商务安全治理提供制度规范。针对电子商务中存在的违规、侵权等问题的治理应当做到有法可依。近年来，国家加大了对电子商务治理的立法工作，制定了《网络安全法》《电子商务法》《信息网络传播权保护条例》《数据安全法》《中华人民共和国个人信息保护法》，完善了《中华人民共和国国家安全法》《中华人民共和国消费者权益保护法》等法律法规。这些法律法规直接或间接地对电子商务相关活动进行规范，已经初具规模和体系。但是在大数据技术、人工智能技术的使用过程中，对相应的程序仍然缺乏详细的规范，国家应当加强相关立法工作。

信用治理为电子商务安全治理提供社会行为调节机制。信用治理是维护社会秩序的重要手段，其有效性最终要落实到社会个体的信用认知和行为选择上。国家应当大力弘扬诚信、和谐、合作等中华优秀传统美德，在整个社会形成正确"义利观""是非观"，从动机层面消除人们的违法犯罪意图。同时，诚信、信任价值观的提倡也可以促进社会共同抵制电子商务违法犯罪行为。通过诚信行为的奖励机制和不良、失信行为的惩戒机制，营造有序的电子商务环境。

8.2 电子商务安全法律法规

法律是维护公平和正义的重要工具，是维系电子商务正常运行的基本保障。本节主要介绍信息与网络安全、数据隐私以及电子商务交易和电子商务知识产权保护方面的法律法规。

8.2.1 信息与网络安全法律法规

法律规范是通过国家的立法机关制定或者认可的，用以指导、约束人们行为的行为规范的一种。法律规范的实质特征是：①法律规范是由国家制定或认可，并由国家强制力保证实施的规范，因而具有国家意志和国家权力的属性。②法律规范以规定法律权利和法律义务为内容，是具有完整逻辑结构的特殊行为规范。③法律规范具有普遍约束力，并且对任何在其效力范围内的主体行为的指导和评价，使用同一标准。因此，法律规范是由国家强制力来保证实施的，对我国所有公民都具有约束力，任何人都需遵守。

信息与网络安全法律规范是指与信息网络安全有关的法律规范的总和，主要包含命令性规范和禁止性规范两种。命令性规范要求法律关系主体（公民或自然人，各种机构和组织，国家）应当或必须从事一定的行为；禁止性规范则要求法律主体不得从事指定的行为，否则就要受到一定的法律制裁。

1. 我国信息与网络安全立法体系框架

我国信息与网络安全立法体系框架分为四个层面：法律，行政法规，地方法规、规章，规范性文件。

（1）法律。我国与信息安全相关的法律主要有《中华人民共和国宪法》《中华人民共和国人民警察法》《中华人民共和国刑法》《中华人民共和国治安管理处罚法》《中华人民共和国刑事诉讼法》《中华人民共和国国家安全法》《中华人民共和国保守国家秘密法》《中华人民共和国行政处罚法》《中华人民共和国行政诉讼法》《中华人民共和国行政复议法》《中华人民共和国国家赔偿法》《中华人民共和国民法典》《中华人民共和国立法法》《中华人民共和国预防未成年人犯罪法》《全国人民代表大会常务委员会关于维护互联网安全的决定》《网络安全法》《电子商务法》《中华人民共和国密码法》等。其中,《网络安全法》是中国第一部全面规范网络空间安全管理方面问题的基础性法律,是中国网络空间法治建设的重要里程碑。

(2)行政法规。与信息安全有关的行政法规主要有《中华人民共和国计算机信息系统安全保护条例》《中华人民共和国计算机信息网络国际联网管理暂行规定》《计算机信息网络国际联网安全保护管理办法》《商用密码管理条例》《中华人民共和国电信条例》《互联网信息服务管理办法》《互联网上网服务营业场所管理条例(2022年修订)》《计算机软件保护条例》《信息网络传播权保护条例》等。

(3)地方法规、规章和规范性文件。与信息安全有关的部分地方法规、规章和规范性文件见表8-1。

表8-1　与信息安全有关的部分地方法规、规章和规范性文件

发文单位	地方法规、规章和规范性文件
公安部	《计算机信息系统安全专用产品检测和销售许可证管理办法》
	《计算机信息网络国际联网安全保护管理办法》
	《互联网安全保护技术措施规定》
	《计算机病毒防治管理办法》
	《金融机构计算机信息系统安全保护工作暂行规定》
	《关于开展计算机安全员培训工作的通知》
信息产业部[①]	《互联网电子公告服务管理规定》
	《互联网电子邮件服务管理办法》
	《计算机信息系统集成资质管理办法》
	《国际通信出入口局管理办法》
	《国际通信设施建设管理规定》
	《公用电信网间互联管理暂行规定》

---

① 2008年3月15日,第十一届全国人民代表大会第一次会议通过关于国务院机构改革方案的决定。该方案组建工业和信息化部,将信息产业部整合划入工业和信息化部。

续表

发文单位	地方法规、规章和规范性文件
工业和信息化部	《互联网域名管理办法》
	《电子认证服务管理办法》
	《软件产品管理办法》
	《通信网络安全防护管理办法》
国务院新闻办	《互联网站从事登载新闻业务管理暂行规定》
国务院信息办	《中国互联网络域名注册暂行管理办法》
	《中国互联网络域名注册实施细则》
教育部	《中国教育和科研计算机网暂行管理办法》
	《教育网站和网校暂行管理办法》
国家新闻出版署	《电子出版物出版管理规定》
国家保密局	《计算机信息系统保密管理暂行规定》
	《计算机信息系统国际联网保密管理规定》
	《涉及国家秘密的通信、办公自动化和计算机信息系统审批暂行办法》
	《涉密计算机信息系统建设资质审查和管理暂行办法》
	《关于加强政府上网信息保密管理的通知》
国家密码管理局	《商用密码产品生产管理规定》
中国证监会	《网上证券委托暂行管理办法》
国家药品监督管理局	《互联网药品信息服务管理办法》
电子工业部、邮电部（均于 1998 年撤销）	《中国金桥信息网公众多媒体信息服务管理办法》
	《计算机信息网络国际联网出入口信道管理办法》
	《中国公众多媒体通信管理办法》
	《专用网与公用网联网的暂行规定》
广东省公安厅	《广东省计算机信息系统安全保护条例》
四川省人民政府	《四川省计算机信息系统安全保护管理办法》

2. 有害数据及计算机病毒防治管理

（1）有害数据的定义。公安部在 1996 年关于对《中华人民共和国计算机信息系统安全保护条例》中涉及的"有害数据"问题的批复 [中华人民共和国公安部（批复）公复字〔1996〕8 号] 中对"计算机有害数据"的定义做了批复，即"有害数据"是指计算机信息系统及其存储介质中存在、出现的，以计算机程序、图像、文字、声音等多种形式表示的，含有攻击人民民主专政、社会主义制度，攻击党和国家领导人，破坏民族团结等危害国家安全内容的信息；含有宣扬封建迷信、淫秽色情、凶杀、教唆犯罪等危害社会治安秩序内容的信息，以及危害计算机信息系统运行和功能发挥，应用软件、数据可靠性、完整性和保密性，用于违法活动的计算机程序（含计算机病毒）。有害数据与计算机病毒的区别在于，前者涉及的内容更广泛。

（2）计算机病毒防治管理办法。根据《中华人民共和国计算机信息系统安全保护条例》的规定，公安部于 2000 年 4 月 26 日以公安部第 51 号令发布了《计算机病毒防治管理办法》。

8.2.2 数据隐私方面的法律法规

数据隐私合规管理是降低大数据风险的重要手段，目前与大数据相关的标准规范较多，新的标准规范还会不断推出，而且跨地域、跨国界的数据还需接受跨国界的监管，这更加大了大数据隐私管理的难度。

1. 国外数据隐私方面的法律法规

美国、英国、欧盟等很多国家和组织都制定了大数据安全相关的法律法规和政策以推动大数据应用与数据保护。美国最重要的联邦法律是 1974 年出台的《隐私法》，网络隐私保护方面有 1970 年的《公平信用报告法》、1986 年颁布的《电子通信隐私法案》、1998 年的《儿童网络隐私保护法》等。另外，2012 年 2 月，美国白宫发布了《网络世界中消费者数据隐私：全球数字经济中保护隐私及促进创新的框架》，介绍了《消费者隐私权利法案》七项原则，包括网络用户有权控制被收集和使用数据的范围、企业使用用户信息的责任。企业可以自愿选择是否采用这些原则，但要承担违反这些原则的法律责任。

欧盟 1995 年就发布的《保护个人享有的与个人数据处理有关的权利以及个人数据自由流动的指令》（以下简称《数据保护指令》）为欧盟成员国保护个人数据设立了最低标准。2012 年 1 月，欧盟委员会向欧洲议会和欧盟成员国部长理事会提交了一个全面的数据保护立法改革提案，提案立法的四大支柱有：①建立全欧洲统一的数据保护法律，解决各国依据《数据保护指令》各自立法后在具体实施上产生的差别问题。②非欧洲本土公司但在欧洲市场经营，同样必须遵守欧洲数据保护法律。③赋予个人一项被遗忘的权利（right to be forgotten），即如果没有法定原因保留，个人有权要求删除涉及其隐私的数据，包括互联网搜索服务商提供的有关个人数据的链接。④明确单一数据保护监管机构处理机制，为个人和企业提供便利，个人和企业均可以在本国数据保护监管机构处理涉及欧盟区域其他国家的数据保护诉讼事件。一些机构认为，该提案对于个人信息的保护过于严格，不利于信息的流动和科技行业的创新，但希望尽快通过法律保护欧盟公民隐私的也不在少数。2016 年，欧盟通过《通用数据保护条例》（GDPR），该条例在《数据保护指令》的基础上进行了大刀阔斧的改革，对欧盟居民的个人信息提出更严的保护标准和更高的保护水平。巴西发布了《通用数据保护法》，韩国和日本等发布了《个人信息保护法》，对个人信息保护提出明确要求。

2. 我国数据隐私方面的法律法规

我国针对个人信息保护的立法结构可归纳为"总体规范性文件 + 分行业法规、规章"。

总体规范性文件是 2012 年 12 月 28 日，第十一届全国人民代表大会常务委员会第三十次会议通过的《全国人民代表大会常务委员会关于加强网络信息保护的决定》，此决定进一步强化了以法律形式保护公民个人信息安全，明确了网络服务提供者的义务和责任，并赋予政府主管部门必要的监管手段。2015 年 8 月，国务院印发了《促进大数据发展行动纲要》，明确指出要建立大数据安全管理制度，实行数据资源分类分级管理，保障安全高效可信应用，提出要健全大数据安全保障体系，完善法律法规制度和标准体系。2015 年 8 月，《中华人民共和国刑法修正案（九）》对侵犯公民个人信息罪（第 253 条之一）进行修改完善。2016 年 3 月，第十二届全国人民代表大会第四次会议表决通过了《中华人民共和国国民经济和社会发展第十三个五年规划纲要》，提出把大数据作为基础性战略资源，明确指出要建立大数据安全管理制度，实行数据资源分类分级管理，保障安全高效可信。2017 年 6 月 1 日正式实施的《网络安全法》以国家基本法律的形式采用专章对网络信息安全作出一般规定，确立网络信息安全的总体目标和基本原则，明确网络运营者收集、使用个人信息的一般规范和罚则；建立网络信息保密制度，保护网络主体的隐私权；建立行政机关对网络信息安全的监管程序和制度，规定对网络信息安全犯罪的惩治和打击；规定具体的诉讼救济程序等。可以看出，《网络安全法》明确了履行个人信息保护义务的责任主体，即收集、使用个人信息的网络运营者（包括网络所有者、网络管理者和网络服务提供者）就是个人信息保护的责任主体，并需要接受国家网信部门和有关监管部门的监督与管理。《网络安全法》有关个人信息保护的要求与已被广泛接受的 2005 年亚太经济合作组织（APEC）颁布的《APEC 隐私保护纲领》的每个管理维度都保持较高的一致性。《网络安全法》立法的位阶高，显示了国家综合治理信息犯罪的方向和决心，在一定程度上实现了行政法律对个人信息保护的补位，无疑成为公民个人信息保护的新起点。2021年1月1日起施行的《中华人民共和国民法典》的第111条规定，自然人的个人信息受法律保护。任何组织或者个人需要获取他人个人信息的，应当依法取得并确保信息安全，不得非法收集、使用、加工、传输他人个人信息，不得非法买卖、提供或者公开他人个人信息。这用法律的形式保障了公民的个人信息安全。2021年6月10日，第十三届全国人民代表大会常务委员会第二十九次会议通过的《数据安全法》有效填补了我国在数据安全领域的法律空白，作为我国首部与数据安全相关的法律，使我国各行业的数据安全建设工作及监管工作进入有法可循、有法可依的新时代。该法对数据安全体制改革与建设、数据安全监管制约、数据安全评估与防护等方面提出了具体要求，进一步确立了数据分级分类管理以及风险评估、检测预警和应急处置等数据安全管理各项基本制度；同时进一步强调政务数据开放共享中的安全机制建设以及对于违法犯罪的惩处力度等问题，并且明确了开展数据活动的组织、个人的数据安全保护义务和责任。该法的出台有利于维护国家主权、国家安全、国家利益以及全体公民数据和组织数据的合法权益。2021年8月21日，第十三届全国人民代表大会常务委员会第三十次会议表决通过的《中华人民共和国个人信息保护法》，2021年11月1日起正式实施，这是我国首部个人信息保护领域的专门立法。该法严格保护个人信息处理活动中的个人权利，明确个人信息处理活动中的各方义务，促进个人信息的合理利用，保障相关产业的发展，为个人信息处理者提供了全面的规范。该法对大型互联网平台设定了特别的个人信息保护义务，包括：按照国家规定建立健全个人信息保护合规制度体系，成立主要由外部成员组成的独立机构对个人信息保护情况进行监督；遵守处理个人信息的规范和保护个人信息的义务；对严重违反法律、行政法规处理个人信息的平台内产品或服务提供者，停止提供服务；定期发布个人信息保护社会责任报告，接受社会监督。这些规定有利于提高大型互联网平台经营业务的透明度，完善平台治理，强化外部监督，形成全社会共同参与的个人信息保护机制。

  行业法规、规章较为分散。2013年7月，工业和信息化部公布了《电信和互联网用户个人信息保护规定》，明确电信业务经营者、互联网信息服务提供者收集、使用用户个人信息的规则和信息安全保障措施的要求。除此之外，还有《寄递服务用户个人信息安全管理规定》《邮政行业安全信息报告和处理规定》《征信业管理条例》《银行卡业务管理办法》《金融机构客户身份识别和客户身份资料及交易记录保存管理办法》《个人信用信息基础数据库管理暂行办法》等。另外还有一些行业规范性文件和指导文件，如《人民银行关于银行业金融机构做好个人金融信息保护工作的通知》《信息安全技术 公共及商用服务信息系统个人信息保护指南》等。其中，2013年2月1日正式实施的《信息安全技术 公共及商用服务信息系统个人信息保护指南》是我国首个个人信息保护的国家标准。

在地方法规中，全国首部大数据安全管理地方法规是《贵阳市大数据安全管理条例》。其次是《深圳经济特区数据条例》，作为地方法规，该条例首次提出自然人、法人和非法人组织享有的数据权。

8.2.3 电子商务交易法律法规

电子商务交易安全不仅依赖于电子商务信息网络自身的安全程度，同时取决于交易过程的有效性、合法性。本书技术篇为保障电子商务交易安全提供了技术手段，下面主要介绍与电子商务交易本身相关的法律法规。

1. 我国电子商务交易法律法规概况

中国电子商务的立法起步较晚。2004年8月28日，第十届全国人民代表大会常务委员会第十一次会议通过了《中华人民共和国电子签名法》(以下简称《电子签名法》)，这是中国第一部真正意义上的电子商务法律。2005年1月8日，国务院办公厅发布的《国务院办公厅关于加快电子商务发展的若干意见》是中国第一个关于电子商务的政策性文件。为促进和规范电子商务发展，我国陆续出台了一系列相关法律法规，见表8-2。

表8-2 部分电子商务交易法律法规

类别	名称	颁布时间
综合类	中华人民共和国电子商务法	2018.8.31
	中华人民共和国电子签名法	2019.4.23 修正
网络交易一般规定	网络交易监督管理办法	2021.3.15
	网络交易平台经营者履行社会责任指引	2014.5.28
	网络商品和服务集中促销活动管理暂行规定	2015.9.2
	公共资源交易平台管理暂行办法	2016.6.24
	网络预约出租汽车经营服务管理暂行办法	2016.7.27

续表

类别	名称	颁布时间
网络交易一般规定	网络零售第三方平台交易规则制定程序规定（试行）	2014.12.24
	第三方电子商务交易平台服务规范	2016.8.18 修正
	关于网上交易的指导意见（暂行）	2007.3.6
	商务部关于促进网络购物健康发展的指导意见	2010.6.24
	商务部关于规范网络购物促销行为的通知	2011.1.5
	商务部关于利用电子商务平台开展对外贸易的若干意见	2012.3.12
	证券投资基金销售机构通过第三方电子商务平台开展业务管理暂行规定	2013.3.15
网络交易监管	网络交易价格举报管辖规定	2018.2.3
	关于全面加强电子商务领域诚信建设的指导意见	2016.12.30
	工商总局 工业和信息化部关于加强境内网络交易网站监管工作协作 积极促进电子商务发展的意见	2014.9.29
	工商总局关于加强网络市场监管的意见	2015.11.6
	工商总局关于加强和规范网络交易商品质量抽查检验的意见	2015.11.12
	工商总局关于促进网络服务交易健康发展 规范网络服务交易行为的指导意见（暂行）	2016.1.8
	关于进一步加强违禁品网上非法交易活动整治工作的通知	2008.2.26
	关于跨境电子商务零售进出口商品有关监管事宜的公告	2018.12.10
	网络安全审查办法	2021.12.28
网络交易合同	中华人民共和国民法典	2020.5.28
	网络交易平台合同格式条款规范指引	2014.7.30
	最高人民法院关于审理买卖合同纠纷案件适用法律问题的解释	2012.5.10
消费者保护及产品质量	中华人民共和国消费者权益保护法	2013.10.25 修正
	网络购买商品七日无理由退货暂行办法	2017.1.6
	工商总局关于加强互联网领域消费者权益保护工作的意见	2016.10.19
	中华人民共和国产品质量法	2018.12.29 修正
	质量技术监督电子商务产品执法协查工作规范	2016.2.17
网络交易税务管理	中华人民共和国个人所得税法	2018.8.31 修正
	中华人民共和国企业所得税法	2018.12.29 修正
	财政部 税务总局关于跨境电子商务零售出口税收政策的通知	2013.12.30
	财政部 海关总署 国家税务总局关于跨境电子商务零售进口税收政策的通知	2016.3.24
	网络发票管理办法	2018.6.15 修正

续表

类别	名称	颁布时间
网络交易税务管理	国家税务总局关于加强网络红包个人所得税征收管理的通知	2015.7.28
	海关总署关于加强跨境电子商务网购保税进口监管工作的通知	2016.12.16
	国家税务总局关于个人通过网络买卖虚拟货币取得收入征收个人所得税问题的批复	2008.9.28
电子支付	电子支付指引（第一号）	2005.10.26
	电子商业汇票业务管理办法	2009.10.16
	非银行支付机构网络支付业务管理办法	2015.12.28
	中国人民银行关于加强支付结算管理防范电信网络新型违法犯罪有关事项的通知	2016.9.30
	网络支付行业自律公约	2012.3.16

除表 8-2 所列的法律法规外，还有特殊的网络交易，如食品药品、彩票、网络游戏、网络借贷、网络保险等方面的法规规范，以及其他相关规定，如《中华人民共和国广告法》《快递暂行条例》《中华人民共和国刑法》等法律法规。另外，第三方电子商务平台出于规范管理需要，对品牌商和服务商在平台上的行为制定了一系列平台规则及监管制度，主要包括《天猫规则》《天猫服务协议》《天猫运营服务商平台管理规范》《品牌号商家管理规范》《营销活动规则》《京东开放平台总则》《京东开放平台店铺资质管理规范》《京东开放平台营销活动规则》等。

2.我国电子商务交易法律

《电子商务法》由中华人民共和国第十三届全国人民代表大会常务委员会第五次会议于 2018 年 8 月 31 日通过，中华人民共和国主席令第七号公布，自 2019 年 1 月 1 日起施行。《电子商务法》是一部以问题为导向的综合性法律，既是一部主体法，也是一部行为法；既是一部监管法，也是一部促进法。《电子商务法》规定了电子商务主体的市场准入和退出条件及程序，规定了电子商务参与者在各个交易环节中的权利义务，同时还规定了电子商务的监管模式，以及国家促进电子商务发展的相关制度。

8.2.4　电子商务知识产权保护

1.电子商务与知识产权保护

知识产权又称智力成果权或者智慧财产权，指人们就其智力创造成果依法享有的专有权利。知识产权是一种新型的民事权利，是私权。《中华人民共和国民法典》第 123 条规定："民事主体依法享有知识产权。知识产权是权利人依法就下列客体享有的专有的权利：（一）作品；（二）发明、实用新型、外观设计；（三）商标；（四）地理标志；（五）商业秘密；（六）集成电路布图设计；（七）植物新品种；（八）法律规定的其他客体。"

电子商务与知识产权保护存在密不可分的联系。商品贸易含有很多具有高附加值的高科技产品，如集成电路、计算机软件、数据库、视听作品、录音制品、文学作品等，这些产品常被称为"知识产权产品"。电子商务环境下的知识产权保护除了著作权、商标权和专利权这三个传统的知识产权外，还有域名保护。

2. 知识产权保护

1）著作权保护

（1）著作权。狭义的著作权是指著作权人对文学、艺术和科学领域内的作品依法享有的专有权利。广义的著作权还包括邻接权，包括表演者、录音录像制品制作者、广播组织及出版者的权利。著作权是作者享有的民事权利，是知识产权的重要组成部分，具有客体的无形性、垄断性、时间性、地域性等知识产权的共性。同时著作权存在一些特殊性：①权利产生的自动性。根据《中华人民共和国著作权法》第 2 条的规定，中国公民、法人或者非法人组织的作品，不论是否发表，依照本法享有著作权。②权利主体的广泛性。根据《中华人民共和国著作权法》第 9 条的规定，著作权人包括作者和其他依照本法享有著作权的自然人、法人或者非法人组织。③权利客体的多样性。著作权保护的客体是作品，文学、艺术和科学领域内的作品具体包括文字作品、口述作品、音乐作品、戏剧作品、曲艺作品、舞蹈作品、杂技艺术作品、美术作品、建筑作品、摄影作品、电影作品和以类似摄制电影的方法创作的作品、图形和模型作品、计算机软件作品等。四是权利内容的复杂性。《中华人民共和国著作权法》第 10 条共列举了 4 项著作人身权和 13 项著作财产权。著作人身权包括发表权、署名权、修改权、保护作品完整权。著作财产权包括复制权、发行权、出租权、展览权、表演权、放映权、广播权、信息网络传播权、摄制权、改编权、翻译权、汇编权、应当由著作权人享有的其他权利。作品的创作是著作权的起点而非终点，作品的传播和使用也是著作权法律制度的一项重要内容。著作权的权能包括著作权的利用和限制。著作权的利用包括著作权的许可使用和转让，也可以以著作权出质，订立著作权质押合同。著作权的限制制度包括合理使用、法定许可以及强制许可。

（2）电子商务中的著作权保护。

①法律依据。我国电子商务中的著作权保护相关法律与行政法规有《中华人民共和国著作权法》《电子商务法》和《中华人民共和国著作权法实施条例》《计算机软件保护条例》《信息网络传播权保护条例》，以及国家版权局和信息产业部联合发布的《互联网著作权行政保护办法》。相关司法解释有《最高人民法院关于审理侵害信息网络传播权民事纠纷案件适用法律若干问题的规定》《最高人民法院关于做好涉及网吧著作权纠纷案件审判工作的通知》《最高人民法院关于开展涉及集成电路布图设计案件审判工作的通知》《北京市高级人民法院关于视频分享著作权纠纷案件的审理指南》等。相关技术类法规主要包括《中华人民共和国计算机信息系统安全保护条例》《互联网信息服务管理办法》《计算机软件保护条例管理规定》等。

②网络作品保护。网络作品主要指受著作权保护的作品的数字化形式，包括：《中华人民共和国著作权法》第 3 条规定的各类作品，法律、行政法规未能规定的其他作品的数字化形式。有些作品在网络环境下无法归于《中华人民共和国著作权法》第 3 条列举的作品范围，但只要其是在文学、艺术和科学领域内，具有独创性并能以某种有形形式复制的其他智力成果，就应视为网络作品，从而受到法律保护。这样网络中特有的表现形式，如网页页面设计和网站的标志性设计等因同样具有创造性与可复制性而受到保护。针对网页的法律保护，国外有《伯尔尼公约》和美国的《版权法》，我国主要依据《中华人民共和国著作权法》和相关法律法规，在我国司法审判中，若网页无法获得著作权保护，会使用《中华人民共和国反不正当竞争法》进行保护。

③数据库保护。数据库体现为对大量电子信息的编排与管理。版权保护是国际上对数据保护的一种主要方式。《尼泊尔公约》、《TRIPs 协议》(《与贸易有关的知识产权协议》)和《世界知识产权组织版权条约》可以使数据库权利人获得一定程度的保护，但存在缺陷，因此一些国家通过特殊权利保护措施以及反不正当竞争法来保护数据库，如欧盟的《数据库指令》等。我国对于数据库保护并没有具体规定，但是我国是《尼泊尔公约》《TRIPs 协议》和《世界知识产权组织版权条约》的缔约方，我国对数据库也应按照著作权法中的汇编作品予以保护。各级司法机关主要依据《中华人民共和国著作权法》《中华人民共和国反不正当竞争法》

《中华人民共和国专利法》等对数据库进行保护。在实践中，现行法律制度也只对符合各自保护范围的数据库提供一定的保护。

2）域名和商标保护

（1）域名及域名权。域名是互联网上识别和定位计算机层次结构式的字符标志，与该计算机的网际协议地址相对应。中文域名是指含有中文文字的域名。在功能识别方面，所注册的域名往往与企业名称、产品、商标相联系，以达到快捷检索到企业网页的目的。随着电子商务的发展，企业注册的域名已被赋予品牌价值，成为企业发展的无形资产。

域名权的性质即域名是否一项独立权利，是否属于知识产权，目前各国鲜有明确规定，理论界趋于认为域名应受知识产权法保护。域名具有传统知识产权特征：①域名为无形财产，具有潜在商业价值，符合知识产权本质特征即客体非物质性。②域名属于智力创造成果，包含人类智力创造活动。③域名具有专有性，类似商标、商号、专利等传统知识产权。

（2）域名引发的法律冲突。域名具有标识性、唯一性、排他性的特点。标识性是指域名可以用来区分互联网上不同的计算机。唯一性是指每个域名在全球范围内是独一无二的。排他性是指在全球范围内不可能出现两个完全相同的域名。随着域名商业价值的不断提高，由域名引发的法律冲突也大量增加，主要表现在两个方面：一是域名与名称权的法律冲突。这类冲突往往是借助知名组织的名称或知名人士的声誉，将其注册为自己的域名，从而使他人的名称权和姓名权遭受损害。二是域名与厂商名称权和商标权的法律冲突。厂商名称和商标是用来区分不同的生产者与销售者的，是企业宝贵的无形资产。但是基于域名唯一性的特点和域名注册遵循"先申请先注册"的原则，如果企业没有将厂商名称或商标注册为域名，其他企业可以将其注册为域名。如果企业想要注册的域名已经被他人注册，就只能更换或向该域名的持有者购买。这类冲突主要是由域名注册管理制度与商标法律制度的冲突导致的。现行域名注册采用"先申请不审查"原则，即域名注册机构仅对域名注册申请人的申请材料进行真实性审查，但不负责对域名是否侵犯他人在先商标专用权等在先权进行实质审查。而商标注册时则要进行实质审查，商标只能注册在一种或几种类别的商品或服务上。而且各国商标法要求商标注册人持续使用注册商标以维持其有效性，但域名注册一般不要求域名注册者使用域名。另外，域名一经注册，在全球范围内是唯一的，不受地域限制。而厂商名称和商标一经注册只在一定区域或某一国家享有专有权，厂商名称是分行业注册，商标注册也只在同类别中受到保护。

（3）域名的法律保护。国内域名的注册管理与服务机构准入、域名注册与互联网 IP 地址备案主要依据《互联网域名管理办法》与《互联网 IP 地址备案管理办法》。域名受到《中华人民共和国民法典》《中华人民共和国商标法》《中华人民共和国反不正当竞争法》等相关法律的保护。对于域名纠纷的非诉讼解决机制，当前国际域名体系已形成以 1999 年互联网名称与数字地址分配机构（ICANN）公布实施的《统一域名争端解决政策》（UDRP）为代表的非诉讼纠纷解决机制，我国则依据《互联网域名管理办法》和中国互联网信息中心（CNNIC）推出的《中国互联网络信息中心域名争议解决办法》。域名纠纷的司法解决可依据《最高人民法院关于审理涉及计算机网络域名民事纠纷案件适用法律若干问题的解释》和其他相关法律。

3）专利权保护

专利权是指发明创造人或其权利受让人对特定的发明创造在一定期限内依法享有的独占权。《专利法》第 2 条规定授予专利权的对象，包括：发明，是指对产品、方法或者其改进所提出的新的技术方案；实用新型，是指对产品的形状、构造或者其结合所提出的适于实用的新的技术方案；外观设计，是指对产品的整体或者局部的形状、图案或者其结合以及色彩与形状、图案的结合所作出的富有美感并适于工业应用的新设计。作为一种知识产权，专利权包括人身权和财产权。专利权的发生以公开发明成果为前提，它必须经过专利局授予。在电子商务领域中产生的发明、实用新型和外观设计只要符合《专利法》和《专利法实施细则》规定的专利申请条件及审判要求，都可以申请授予专利。但是电子商务中计算机软件和电子商务商业方法是否具备专利性一直是有争论的话题，下面对其进行简单的探讨。

（1）计算机软件的专利保护。目前对计算机软件的保护有著作权保护和专利权保护两种。计算机软件在我国是通过《著作权法》进行保护的。《著作权法》第 3 条将计算机软件作为作品的一个类型加以保护，但是对于计算机软件能否获得专利权，法律没有明确规定。根据 2010 年 2 月施行的《专利审查指南》的规定，如果把计算机程序输入计算机，将其软件和硬件作为整体考虑，确实对现有技术作出改进，并具有技术效果，构成完整的技术方案，就不应仅仅因为该发明专利申请含有计算机程序而不能授予专利权。同时《专利审查指南》还规定了涉及计算机程序的发明专利的审查规则。

（2）商业方法的专利保护。电子商务将商业建立在电子商务平台上，由此产生了商业方法，涉及贸易、交易、资源管理和客户服务等方面。商业方法由于凝聚创立人的智力和资本投入需要得到保护，因此产生了有创意的商业方法的可专利性的问题。

美国是最早授予电子商务商业方法专利的国家。继美国之后，日本以及欧洲的一些国家也制定了授予计算机程序有关发明专利权的审查规则。美国等国家对电子商务商业方法授予专利的态度宽松，容易导致专利人实施其专利后出现电子商务领域内的垄断，不利于电子商务发展。

我国的专利法未提及商业方法专利保护问题。国家知识产权局继《专利审查指南》发布以来，对其进行了多次修改，明确了商业模式和计算机软件具有获得专利权的可能性。2017年4月1日起施行《国家知识产权局关于修改〈专利审查指南〉的决定》（国家知识产权局令第74号）。在《专利审查指南》第二部分第一章第4.2节第（2）项之后新增一段内容："涉及商业模式的权利要求，如果既包含商业规则和方法的内容，又包含技术特征，则不应当依据专利法第二十五条排除其获得专利权的可能性。" 2019年12月31日发布、2020年2月1日起施行的国家知识产权局关于修改《专利审查指南》的决定（国家知识产权局令第343号）主要修改是在第二部分第九章中增加第6节：6.包含算法特征或商业规则和方法特征的发明专利申请审查相关规定。针对的是涉及人工智能、"互联网+"、大数据以及区块链等的发明专利申请的审查，包括审查基准、审查示例，以及说明书及权利要求书的撰写。

8.3 电子商务安全相关标准

安全标准为电子商务提供了基本的安全保护。通过制定安全标准和规范，可以预防和屏蔽电子商务活动中潜在的风险因素，为电子商务架起一道安全屏障。

8.3.1 信息与网络安全标准

1. 标准的定义

国际标准化组织1983年7月发布的ISO第二号指南（第四版）对标准的定义为：

由有关各方根据科学技术成就与先进经验，合作起草，一致或基本同意的技术规范或其他公开文件，其目的在于促进最佳的公共利益，并由标准化团体批准。

我国国家标准中对标准的定义可查阅 2.1.1 节。

2. 标准的分级与分类

（1）标准的分级。根据《中华人民共和国标准化法》的规定，我国标准分为四级：国家标准、行业标准、地方标准、企业标准。国家标准由国务院标准化行政主管部门负责组织制定和审批。行业标准由国务院有关行政主管部门负责制定和审批，并报国务院标准化行政主管部门备案。地方标准由省级政府标准化行政主管部门负责制定和审批，并报国务院标准化行政主管部门和国务院有关行政主管部门备案。企业标准由企业制定，由企业法人代表或法人代表授权的主管领导审批、发布，由企业法人代表授权的部门统一管理，企业产品标准应向当地标准化行政主管部门和有关行政主管部门备案。

（2）标准的分类。可按照不同的分类方式对标准进行分类：①按标准发生作用的范围和审批标准级别，其分为国际标准、区域标准、国家标准、行业标准、企业标准。②按标准的约束性，其分为强制性标准和其他标准两类。强制性标准是国家标准或行业标准和法律及行政法规规定强制执行的标准，其他标准是推荐性标准。③按标准在标准系统中的地位和作用，其分为基础标准和一般标准。④按标准化对象在生产过程中的作用，其分为产品标准，原材料标准，零部件标准，工艺和工艺装备标准，设备维修标准，检验和试验方法标准，检验和测量及试验设备标准，搬运、贮存、包装、标识标准等。⑤按标准的性质，其分为技术标准、管理标准和工作标准。

3. 信息安全标准

（1）基础标准。信息安全基础标准包括词汇、安全体系结构、安全框架、安全模型四个方面的标准。

词汇方面的标准有《信息技术 词汇 第 8 部分》（GB/T 5271.8—2001）、《军用计算机安全术语》（GJB 2256—94）。

安全体系结构方面的标准有开放系统互连模型、RFC 2401 互联网协议的安全体系结构等。国际标准化组织于 1988 年在原有网络通信协议七层模型的基础上扩充了 OSI 参考模型，制定了 ISO 7498-2 国际标准《信息处理系统 开放系统互连 基本参考模型 第 2 部分：安全体系结构》，为开放系统互连建立了框架。1990 年，国际电信联盟将 ISO 7498-2 作为它的 X.800 推荐标准，我国的 GB/T 9387.2—1995《信息处理系统 开放系统互连 基本参考模型 第 2 部分：安全体系结构》等同于 ISO/IEC 7498-2。

安全框架方面的标准有 ISO/IEC 10181-1~7 开放系统的安全框架、ISO/IEC 15443-1 IT 安全保障框架 IATF（信息保障技术框架）、ISO/IEC 7498-4 管理框架。

安全模型方面的标准有 GB/T 17965—2000 高层安全模型、GB/T 18231—2000 底层安全模型、ISO/IEC 11586-1~6 通用高层安全、网络层安全、传输层安全。

（2）评估标准。TCSEC（《可信计算机系统评估标准》，Trusted Computer System Evaluation Criteria）首先提出了分等级保护的思想，是信息安全评估标准的先驱。CTCPEC（加拿大可信计算机产品评价标准）、美国联邦准则（FC）、欧洲标准 ITSEC（《信息技术安全性评估标准》，Information Technology Security Criteria）进一步继承并发展了 TCSEC。1999 年，我国制定发布了《计算机信息系统 安全保护等级划分准则》（GB 17859—1999），等同采用了 TCSEC 中 C1~B3 级的要求，将我国计算机信息系统安全保护划分为 5 个等级，是我国信息安全等级保护制度的基础。

CC 即《信息技术安全评估通用标准》（Common Criteria of Information Technical Security Evaluation，CCITSE）的简称。1999 年国际通用评估准则 CC 2.1 被 ISO 采纳成为国际标准 ISO/IEC 15408，CC 是目前最全面的信息技术安全评估准则，2001 年，我国将其作为国家标准 GB/T 18336 正式颁布。

（3）管理标准。国外的国家标准，主要有英国标准协会（British Standards Institution，BSI）的 BS 7799 标准和美国 NIST 800 系列。在信息系统审计领域主要有 COBIT（control objectives for information and related technologies，信息和相关技术的控制目标）标准；在 IT 服务管理领域主要有 ITIL（信息技术基础设施库）标准。国际标准主要有 ISO/IEC 17799 标准、ISO/IEC 13335 标准和 ISMS 标准族等。ISO/IEC 13335 标准是国际标准《IT 安全管理指南》。信息安全管理体系（ISMS）标准族自 2005 年开始制定，是国际标准化组织专门为信息安全管理体系建立的一系列相关标准的总称，其中 ISO/IEC 27000 信息安全管理体系、基础和术语提供了 ISMS 标准族所涉及的通用术语及基本原则，是 ISMS 标准族中最基础的标准之一。在我国，中国信息安全测评中心（CNITSEC）将一部分国外、国际标准吸收和转换，使其构成了我国信息系统安全保障框架的管理保障部分。

4. 我国信息安全保护标准体系

信息安全等级保护制度是国家信息安全保障工作的基本制度、基本策略和基本方法。1994年国务院出台的《中华人民共和国计算机信息系统安全保护条例》(国务院147号令)就明确规定了我国对计算机信息系统实行分等级保护的要求。近几年，公安部根据法律授权，会同国家保密局、国家密码管理局和国务院信息化工作办公室开展了基础调查、等级保护试点、信息系统定级备案、安全建设整改等工作，出台了一系列政策文件。同时在有关部门、专家、企业的共同努力下，公安部和标准化工作部门组织制定了信息安全等级保护工作的一系列标准。要求实施信息安全等级保护的信息系统有：经贸系统(商业贸易、海关)；国有大中型企业系统；互联网单位、接入单位、重点网站及向公众提供上网服务场所的计算机信息系统；金融系统及财税系统；党政系统；电信系统(邮电、电信、广播、电视)；能源系统；交通运输系统；供水系统；国防建设系统等。目前已经制定的信息安全等级保护标准大致可分为四类：基础类、应用类、产品类和其他类。截至2020年1月，已发布信息安全国际标准188项，发布信息安全国家标准290项。

5. 我国信息系统安全等级保护

根据《关于信息安全等级保护工作的实施意见》，信息安全等级保护是指对国家秘密信息及公民、法人和其他组织的专有信息以及公开信息和存储、传输、处理这些信息的信息系统分等级实行安全保护，对信息系统中使用的信息安全产品实行按等级管理，对信息系统中发生的信息安全事件分等级响应、处置。

1) 等级保护1.0阶段

等级保护1.0阶段，我国信息系统安全等级保护依据的基本法规是《中华人民共和国计算机信息系统安全保护条例》，本条例确立了公安部网络安全保卫局、各省区市及各地市县网络警察大队在等级保护工作上的监督管理职能。此外，这个阶段我国制定了一系列技术标准来规范信息安全等级保护的实施，主要有《信息安全技术 信息系统安全等级保护定级指南》(GB/T 22240—2008)、《信息安全技术 信息系统安全等级保护实施指南》(GB/T 25058—2010)、《信息安全技术 信息系统等级保护安全设计技术要求》(GB/T 25070—2010)、《信息安全技术 信息系统安全等级保护测评要求》(GB/T 28448—2012)、《信息安全技术 信息系统安全等级保护测评过程指南》(GB/T 28449—2012)等。

在信息系统定级方面，《计算机信息系统安全保护等级划分准则》(GB 17859—

1999）将我国的计算机安全保护等级分为五级。第一级为用户自主保护级。它的安全保护机制使用户具备安全保护的能力，保护用户的信息免受非法读/写破坏。第二级为系统审计保护级。其除具备第一级所有的安全保护功能外，要求创建和维护访问的审计跟踪记录，使所有的用户对自己行为的合法性负责。第三级为安全标记保护级。其除继承前一个级别的安全功能外，还要求以访问对象标记的安全级别限制访问者的访问权限，实现对访问对象的强制保护。第四级为结构化保护级。其在继承前面安全级别安全功能的基础上，将安全保护机制划分为关键部分和非关键部分，对关键部分直接控制访问者对访问对象的存取，从而加强系统的抗渗透能力。第五级为访问验证保护级。这一个级别特别增设了访问认证功能，负责仲裁访问者对访问对象的所有访问活动。另外，《信息安全等级保护管理办法》（公通字〔2007〕43号）依据信息系统受到破坏后对国家、社会、法人及组织的合法权益损害程度及范围的大小将安全保护等级由低到高划分为五级。

在信息系统管理与监督方面，《信息安全等级保护管理办法》第8条明确规定了信息系统运营、使用单位的信息系统保护要求及国家有关信息安全监督管理部门的监管职责。为减少信息安全隐患和信息安全事故，信息系统使用单位应对照《信息安全技术 信息系统安全等级保护基本要求》对信息系统开展信息安全等级保护、安全建设整改，坚持技术与管理双路并行，协调发展。技术上从物理安全、主机安全、应用安全、网络安全及数据备份与恢复五个方面进行建设整改，管理上从安全人员、安全管理机构、安全管理制度、系统建设管理及系统运维管理五个方面进行安全管理。测评机构按照规定程序对信息系统进行等级测评，信息系统管理人员根据测评报告可以了解信息系统是否符合等级保护相关要求，是否具备相应的安全防护能力。备案单位要按照相关要求定期自查信息安全等级保护工作的落实情况，掌握信息系统安全管理和相关技术指标，对信息系统存在的安全隐患采取有针对性的技术措施和管理措施。

2）等级保护2.0阶段

2017年6月1日《网络安全法》正式施行后，我国信息系统安全进入等级保护2.0阶段。为配合《网络安全法》的实施以及云计算、大数据、物联网等新技术、新应用对网络安全等级保护的新变化、新要求，我国制定和修订了一系列相关标准。

与等级保护1.0阶段的《信息安全技术 信息系统安全等级保护基本要求》（GB/T 22239—2008）相比，《信息安全技术 网络安全等级保护基本要求》（GB/T

22239—2019)在标准的名称、等级保护对象、安全要求、安全分类、安全管理中心、可信验证等方面都有变化。其中，新版标准将名称改为《信息安全技术 网络安全等级保护基本要求》，等级保护对象由原来的信息系统扩展到基础信息网络、云计算平台/系统、大数据应用/平台/资源、物联网系统、采用移动互联技术的系统、工业控制系统等。在安全要求方面，其分为安全通用要求和安全扩展要求，安全通用要求是指不管等级保护对象形态是什么都必须满足的要求，将针对云计算、移动互联、物联网、工业控制系统的特殊需求作为安全扩展要求。在安全分类方面，将技术要求分为安全物理环境、安全通信网络、安全区域边界、安全计算环境、安全管理中心等，将管理要求分为安全管理制度、安全管理机构、安全管理人员、安全建设管理、安全运维管理等。在安全管理中心方面，在第二级及以上增加了"安全管理中心"。二级实现"系统管理"和"审计管理"，三级及以上实现"系统管理""审计管理""安全管理"和"集中管控"。在可信验证方面，在第一级到第四级的"安全通信网络""安全区域边界""安全计算环境"中增加了"可信验证"控制点等。

总体来说，等级保护2.0扩大了保护对象的范围、丰富了保护方法、增加了技术标准。等级保护1.0阶段依据的是《中华人民共和国计算机信息系统安全保护条例》，而等级保护2.0阶段依据的是《网络安全法》，本法的出台将1.0时代建立的"信息安全等级保护体系"升级为"网络安全等级保护2.0体系"。等级保护2.0实施后，不开展等级保护等于违反《网络安全法》，可以根据法律规定进行处罚。

8.3.2 电子商务安全标准

1. 国内外电子商务标准发展现状

自20世纪90年代起，国际标准化组织和有关国家就电子商务标准体系建设开展了积极探索。联合国相关组织[如经济合作与发展组织（OECD）、亚太经济合作组织和世界知识产权组织（WIPO）等]先后成立了专门的电子商务工作组，从政策、技术、标准等多角度推动电子商务的应用和发展，在电子商务数据共享、业务协同、安全保密、互联互通方面发挥了重要作用。

我国从20世纪90年代开始了电子商务及其标准化的发展与研究工作。2007年1月，国家电子商务标准化总体组（以下简称"总体组"）正式成立，它是我国电子商务标准化工作的总体规划和技术协调机构，其目的是更好地发挥企业和相关领域专家在建立完善国家电子商务标准体系方面的作用，系统协调并科学制定电子商务国家标准。同时,总体组秘书处发布《国家电子商务标准体系(草案)》,该草案建立了国家电子商务标准体系框架,如图 8-1 所示。

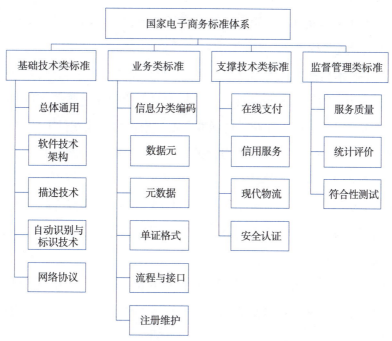

图 8-1　国家电子商务标准体系框架

随着电子商务的发展,我国电子商务标准体系不断健全,目前共制定发布 120 余项国家标准、50 余项行业标准以及多项团体标准。

2. 我国电子商务标准简介

(1) 基础技术类标准。基础技术类标准主要指电子商务标准中总体性、基础性的标准。这类标准有两个来源:①电子商务本体系中的标准。②电子商务本体系外,但是被电子商务引用的国家标准、行业标准和国际标准,主要包括现有的、需要遵循的、通用的基础数据和代码标准、网络安全技术与协议标准、网络基础标准等。

(2) 业务类标准。业务类标准主要指各类电子商务交易过程中涉及的电子单证、业务流程、业务接口、数据和业务服务等标准。电子单证标准主要解决电子商务信息流的标准化问题,从业务角度,单证可分为交易单证、运输单证、支付单证、政府采购单证等。业务流程标准主要是解决电子商务业务环节的流程化问题,如 B2C 商品交易流程标准、物流配送流程标准、政府采购流程标准等。业务接口标准主要是指电子商务交易过程中涉及不同参与方集成的接口标准化，主要包括信息发布接口规范、计费接口规范等。数据标准主要是指电子商务应用涉及的基本单元和结构化信息的统一与规范，主要包括数据元、元数据、信息分类编码等标准。业务服务标准主要是指在电子商务交易业务环节涉及的经营服务、交易服务、售后服务、投诉处理等标准。

（3）支撑技术类标准。支撑技术类标准主要包括平台技术与运营、在线支付、身份认证、信用、物流配送等标准。平台技术与运营标准主要是指与电子商务平台相关的技术与运营标准。在线支付标准主要是指各种在线支付工具、支付软件、支付流程、支付协议和虚拟货币等方面的标准。身份认证标准主要是指电子商务业务各环节确认电子商务主客体身份的过程和方法等标准。信用标准是指在电子商务交易中，由买方、卖方、电子商务平台提供方以及电子商务各环节服务的提供方构成的多方互动的信用关系等标准。物流配送标准主要是指在电子商务过程中涉及物流配送等业务环节方面的标准。

（4）监督管理类标准。监督管理类标准是对电子商务市场监督管理的依据，主要包括对电子商务参与主体的行为、电子商务客体（产品和服务）质量等方面监管的标准。

8.4 电子商务安全管理组织与制度

安全管理制度是用文字形式对各项安全要求所做的规定，是人员安全工作的规范和行为准则。这些规范和准则是由一定的组织来制定的，并由一定的组织来执行、监督和调整。

8.4.1 电子商务安全管理组织

1. 信息安全管理组织

信息安全管理组织包括信息安全标准化组织和其他信息安全政府管理机构。

1）信息安全标准化组织

下面介绍国内外一些主要的信息安全标准化组织。

（1）国际信息安全标准化组织。国际标准化组织是一个全球化的非政府组织。国际电工委员会（International Electrotechnical Commission，IEC），成立于1906年，是世界上成立最早的标准化国际机构。国际电信联盟，是联合国的一个专门机构，总部设在日内瓦。互联网工程任务组（Internet Engineering Task Force，IETF），是全球互联网最具权威的技术标准化组织，主要任务是负责互联网相关技术规范的研发和制定，当前绝大多数国际互联网技术标准出自IETF。欧洲计算机制造商协会（European Computer Manufacturers Association，ECMA），其主要任务是研究信息和通信技术方面的标准并发布有关技术报告，总部位于日内瓦。

（2）国外信息安全标准化组织。美国、英国、德国、加拿大等信息化发达国家的标准化组织比较具有代表性。美国国家标准学会（American National Standards Institute，ANSI），是由公司、政府和其他成员组成的自发组织，属非营利性的民间标准化团体，但实际上已成为国家标准化中心。美国国家标准与技术研究院，是属于美国商务部的技术管理部门，负责联邦政府非密敏感信息的处理。美国国防部（United States Department of Defense，DOD），负责联邦政府涉密信息的处理，发布了许多关于信息安全和自动信息系统安全的指令、指示和标准（DODDI）。英国标准协会，是世界上成立最早的全国性标准化机构、在国际上具有较高声誉的非官方机构，该协会不受政府控制但得到了政府的大力支持。此外，加拿大、日本、韩国等发达国家也成立了自己的信息安全标准化组织，制定或转化了一些比较有影响力的标准。

（3）我国信息安全标准化组织。我国按照国务院授权，在国家市场监督管理总局、海关总署、国家知识产权局的管理下，由国家标准化管理委员会统一管理全国的标准化工作。全国信息安全标准化技术委员会是2001年由国家标准化管理委员会批准成立的，作为信息安全标准化工作顶层组织，简称"信安标委"，称号是TC260。它的工作任务是向国家标准化管理委员会提出信息安全标准化工作的方针、政策建议和技术措施的建议，负责组织开展国内信息安全有关的标准化技术工作，其主要工作范围包括安全技术、安全机制、安全服务、安全管理、安全评估等领域的标准化技术工作。

国内其他信息安全标准管理机构还包括国家保密局、公安部信息系统安全标准化技术委员会、中国通信标准化协会网络与信息安全技术工作委员会。国家保密局负责管理、发布并强制执行国家保密标准。国家保密标准和国家保密法规共同构成我国保密管理的重要基础。公安部信息系统安全标准化技术委员会成立于1999年3月31日，负责规划和制定我国公共安全行业信息安全标准和技术规范，监督技术标准的实施。中国通信标准化协会网络与信息安全技术工作委员会成立于2003年12月，专门组织、研究和制定通信行业网络与信息安全相关的技术标准和技术规范。

2）其他信息安全政府管理机构

其他有关信息安全的政府管理机构主要包括工业和信息化部、公安部、国家安全部、国家密码管理局、国家保密局、国务院新闻办公室等部门，它们各依其职能和权限进行管理与执法。其中，工业和信息化部负责计算机网络信息安全产业管理工作；公安部负责打击计算机网络犯罪，维护公共安全与社会秩序；国家安全部负责计算机网络信息安全管理工作中涉及国家安全的事项；国家密码管理局负责密码管理工作；国家保密局负责在计算机网络中保守国家秘密的工作；国务院新闻办公室负责信息内容的监察；有关信息安全技术的检测和网上技术侦查则由国家授权的部门进行。

2. 网络安全管理组织

1）网络安全标准组织

（1）国际化标准组织。这里主要介绍国际标准化组织和互联网工程任务组。

①国际标准化组织。国际标准化组织成立于1947年，是一个国际性非政府组织，目前是世界上最大的非政府性标准化专门机构。国际标准化组织与国际电工委员会有密切的联系，它们担负着制定全球协商一致的国际标准的任务，制定的标准实质上是自愿性的。国际标准化组织由来自世界上100多个国家的国家标准化团体组成，中国是国际标准化组织的正式成员，代表中国参加国际标准化组织的国家机构是国家标准化管理委员会。中国于1978年加入国际标准化组织，在2008年10月的第31届国际化标准组织大会上，中国正式成为国际标准化组织的常任理事国。

②互联网工程任务组。互联网工程任务组是一个公开性质的大型民间国际团体，主要负责互联网相关技术标准的研发和制定，是国际互联网业界具有一定权威的网络相关技术研究团体，网站为www.ietf.org。互联网工程任务组主要关注与互联网有关的网络与信息安全问题，其请求注解（RFC）是业界公认的事实标准。这些标准对提高互联网的安全性发挥了重要作用，如PKI、IPSec、TLS等方面的RFC已成为指导互联网安全的重要文件。此外，还有电子邮件、网络认证和密码标准及其他网络安全协议等。

（2）我国标准化组织。我国相关标准化组织是全国信息安全标准化技术委员会，其主管部门为国家标准化管理委员会。全国信息安全标准化技术委员会组织架构及职责已在本章前面进行了介绍，此处不再赘述。截至 2022 年 10 月 31 日，全国信息安全标准化技术委员会已发布 353 项网络安全国家标准，为推动我国网络与信息安全技术在各行业的应用发挥了积极作用。

2）信息网络安全协调机构

信息网络安全协调机构主要负责组织、协调信息网络安全领域相关研究或规则。

（1）国际协调机构。目前在国际上比较有名的安全协调机构是计算机应急响应小组（CERT），它是一个以协调互联网安全问题为目的的国际组织。它的工作包括：提供问题解决方案；在向互联网用户收集脆弱性问题并对其进行确认的基础上建立脆弱问题数据库，以保证成员在解决问题的过程中尽快获得必要的信息；进行信息反馈等。

（2）中国协调机构。国家互联网应急中心是中国计算机网络应急处理体系的牵头单位，成立于 2001 年 8 月，为非政府非营利的网络安全技术中心。国家互联网应急中心的主要职责是：按照"积极预防、及时发现、快速响应、力保恢复"的方针，开展互联网网络安全事件的预防、发现、预警和协调处置等工作，运行和管理国家信息安全漏洞共享平台（CNVD），维护公共互联网安全，保障关键信息基础设施的安全运行。其业务范围包括事件发现、预警通报、应急处置、测试评估等。国家互联网应急中心发起成立了中国反网络病毒联盟（ANVA）和中国互联网网络安全威胁治理联盟（CCTGA），并积极开展网络安全国际合作，致力于构建跨境网络安全事件的快速响应和协调处置机制。截至 2019 年，其已与 78 个国家和地区的 260 个组织建立了"CNCERT 国际合作伙伴"关系。国家互联网应急中心是国际应急响应与安全组织 FIRST（事件响应与安全小组论坛）的正式成员，以及亚太地区计算机应急响应组织（APCERT）的发起者之一，还积极参加亚太经济合作组织、国际电信联盟、上海合作组织、东盟、金砖等政府层面国际和区域组织的网络安全相关工作。

3）网络管理组织

（1）国际网络管理组织。下面主要介绍两个国际网络资源管理组织。

①国际互联网编号分配机构（IANA）。国际互联网编号分配机构负责分配互联

网中重要的号码资源,对大量互联网协议中使用的重要资源号码进行分配和协调。

②互联网名称与数字地址分配机构(ICANN)。互联网名称与数字地址分配机构是美国加利福尼亚州的非营利社团,成立于1998年10月,主要由互联网协会的成员组成,负责网际协议地址的空间分配、协议标识符的指派、通用顶级域名(gTLD)与国家和地区顶级域名(ccTLD)系统的管理,以及根服务器系统的管理。这些服务最初是在美国政府合同下由国际互联网编号分配机构以及其他一些组织提供。互联网名称与数字地址分配机构行使国际互联网编号分配机构的职能。互联网名称与数字地址分配机构负责协调管理DNS各技术要素以确保普遍可解析性,使所有的互联网用户都能够找到有效的地址。对于其他互联网问题,如金融交易规则、互联网内容控制、自发的商业电子邮件(垃圾邮件),以及数据保护等,则不在互联网名称与数字地址分配机构技术协调任务的范围之内。

(2)我国网络安全管理组织。我国网络安全的领导机构,从中央层面看是中央网络安全和信息化委员会,从地方层面看是地方各级党委的网络安全和信息化委员会。我国网络安全管理机构,从中央层面看包括国家网信部门、国务院电信主管部门、公安部门和其他有关机关,在地方层面是县级以上人民政府有关部门。

8.4.2 电子商务安全管理制度

1. 信息与网络安全管理制度

拥有信息网络系统的电子商务组织都应该建立相应的信息网络安全管理组织和规章制度。

1)建立信息网络安全管理组织

电子商务组织应成立指导和管理信息网络安全工作的委员会或领导小组,其最高领导由单位主管领导担任或授权。设立信息网络安全管理工作的职能部门,部门内设立安全主管、安全管理各方面的负责人岗位,并定义各负责人的职责。设立系统管理员、审计管理员和安全管理员等岗位,并定义部门及各个工作岗位的职责。同时配备相应的人员,包括一定数量的系统管理员、审计管理员和安全管理员及专职安全管理员(不可兼任)等,对于关键事务岗位应配备多人共同管理。

2)建立日常管理维护制度

电子商务组织应对硬件进行管理和维护,建立入网访问控制制度,软件日常管理和维护制度，备份与恢复制度，病毒防范制度，保密制度，跟踪、安全审计制度，应急制度等。

（1）硬件日常管理和维护。硬件的管理与维护是日常管理的基础，机房管理人员对给业务实施或系统运行带来影响的设备硬件进行维护，防止人为或非人为，故意或非故意地对硬件设备破坏、盗窃，做好系统运行外围保障设施的维护工作，确保设备硬件持续的可用性和完整性。在授权之前不应当将设备、信息或软件带出组织场所。对企业场所外的设备采取安全措施。应对包含储存介质的设备的所有部分进行核查，以确保在处置或再利用之前，任何敏感信息和注册软件已被删除或安全地重写。应对无人值守的用户设备进行适当保护。应妥善保存纸质、移动存储介质。网络管理员需建立系统设备档案，详细记录设备的产品信息、安装信息、上网信息及内容等。对于网络设备，应及时安装网络管理软件，以实现网络拓扑结构、网络系统节点的配置与管理，系统故障诊断、网络流量的监控与分析、网络性能的调整等方面的管理。对于无网络管理软件的设备，应通过手工操作来检查状态，及时准确地掌握网络的运行状况。对于服务器和客户机，一般通过手工操作进行检查和维护。对于通信线路来说，内部线路应尽可能采用结构化布线，这样可大大降低网络故障率，且容易发现和排查故障。如果租用通信线路，网管应做好通信线路连通情况的记录，故障发生时及时联系线路出租的相关部门，如电信部门等，以便迅速恢复通信。

（2）入网访问控制制度。组织应建立入网访问控制制度。入网访问控制为网络访问提供了第一层访问控制，应能识别和验证用户名、用户口令，检查用户账号缺省限制。访问控制的第一道防线是对网络用户的用户名和口令进行验证。网络管理员应能控制和限制普通用户的账号使用，建立、维护和关闭用户账户。对账户访问网络的时间、方式等应能进行审计、跟踪和监控，进行授权管理，控制账户的访问权限。应能限制用户入网的工作站的数量。

（3）软件日常管理和维护制度。组织应建立软件的日常管理和维护制度，主要包括支撑软件和应用软件的日常管理与维护。支撑软件包括操作系统、数据库等。对于操作系统来说，应从系统级、用户级、文件级三个角度对操作系统进行分级安全管理，按照最小权限原则和最大共享原则，采取隔离控制、访问控制、信息流控制、审计等方法进行管理。对操作系统需定期清理日志文件、临时文件，定期整理文件系统，检测服务器上的活动状态和用户注册数，处理运行故障等。

对于数据库来说，非网络数据库、网络数据库的核心层应进行数据库加密、数据分级控制、数据库的容灾设计等。

（4）备份与恢复制度。组织应建立备份与恢复制度以保证业务系统的高可用性。备份应包括系统备份、数据备份和网络备份。系统备份主要是对信息、软件和系统镜像等进行备份，并定期进行测试。数据可利用多种存储介质进行存储、备份，数据备份的目的是在故障或威胁发生时对数据进行恢复，以最大限度减少损失。有时不仅对数据本身进行备份，还对系统设备进行备份。数据备份和恢复可以按期手工备份，也可以由系统自动备份。网络备份就是把网络中的某台服务器作为整个网络的备份服务器，服务器需要连接大容量存储设备，并安装网络数据存储管理服务器软件。恢复是当电子商务系统因偶然或操作失误被损坏时，利用备份数据或备份系统对系统进行恢复。

（5）病毒防范制度。组织应建立病毒防范制度，采取不同措施防范病毒。在采取技术措施的同时，需要采取管理措施，建立病毒检测、定期清理制度。应尽量从大型的专业网站下载软件，从一些小的下载网站下载软件要格外谨慎，不要访问一些不法网站。谨慎对待邮件附件，如果收到的邮件附件中有可执行文件，要用杀毒软件仔细检测后再打开。使用原版的网络软件。

（6）保密制度。组织应建立保密制度。网上交易涉及企业的市场、生产、财务、供应等多方面的机密，需要划分信息的安全级别，确定安全防范重点，制定相应的保密措施。信息安全级别一般分为绝密级、机密级、秘密级。绝密级的网址、密码只限于企业高层管理人员掌握。机密级的网址、密码只限于企业中层以上人员使用。秘密级的网址、密码供消费者浏览时使用，但必须有保护程序，防止"黑客"入侵。除了要对信息做好安全分级管理外，还要对密钥进行妥善管理，包括密钥的产生、传递和销毁，同时还需要定期更换密钥。

（7）跟踪、安全审计制度。网络系统运行过程中会自动生成日志文件，内容包括操作日期、操作方式、登录次数、运行时间、交易内容等。

组织应建立跟踪制度，通过网络交易系统日志来记录系统运行的全过程，以便对系统的运行进行监督、维护、故障排查，甚至为故障发生后侦破提供监督数据。

组织应建立安全审计制度，监控电子商务系统中来自网络内部和外部的各种事件及行为，对与安全有关活动的相关信息进行识别、记录、存储和分析，对突发事件进行报警和响应，还应通过记录系统事件，为网络犯罪行为及其泄密行为提供取证基础。同时，通过对安全事件的不断收集、积累以及分析，有选择性地对其中的对象进行审计跟踪，即事后分析及追查证据，保证系统的安全。对主机的审计包括对系统资源如系统文件、注册表等文件的操作进行事前控制和事后取证，并形成日志文件。对网络的审计是针对网络的信息内容和协议分析进行审计。具体可采取集中式安全审计和分布式安全审计方式。

（8）应急制度。组织应建立应急制度。在启动电子商务业务时需制订交易安全计划和应急计划，一旦发生意外或灾难性事件立即实施，排除故障或灾难，保障电子商务信息系统继续运行或紧急恢复，以最大限度地减少损失，以最快的速度使系统正常工作。

以上相关管理制度应指定或授权专门的部门或人员负责制定，通过正式、有效的方式发布，并进行版本控制。管理制度形成后还需要定期对其合理性和适用性进行论证与审定，对存在不足或需要改进的安全管理制度进行修订。

2. 人员管理制度

1）人员雇佣制度

企业需制定、实施合理的雇佣制度来减少人员对电子商务企业安全的不利影响。人员雇佣制度需涵盖人员雇用的三个阶段，即雇用前、雇用中、雇用的终止和变更。

（1）雇用前。

审查对象，包括信息系统分析人员、管理人员、企业内的固定岗位人员、临时人员或参观学习人员等。

审查范围，包括人员背景信息、安全意识、法律意识和安全技能等。

人员审查时应按相应的标准进行审查，在进行人员审查时必须根据信息系统所规定的安全等级确定审查标准；在确定信息系统的关键岗位人选，如安全负责人、安全管理员、系统管理员和保密员等时，必须进行严格的政审并考核其业务能力。当企业聘用人员担任一个特定的信息安全角色，特别是该角色对企业十分重要时，企业应确认该候选人是否具有担任该安全角色所必需的能力，更为重要的是，候选人能否被信任担任该角色。当为一项工作所初始任命或晋升的人员有权访问信息处理设施，特别是该设施正在处理保密信息时，该企业应考虑进一步的、更详细的验证。对合同方人员也应履行审查程序，同时企业和合同方的协议宜规定执行审查的责任，以及当审查未完成或审查结果引起怀疑或关注时，需遵守的通告规程。当然，企业对录用的所有候选者的信息的收集和处理，应按照相关管辖范围内存在的合适法律进行。依据适用的法律，宜将审查活动提前通知候选者。

因岗挑选人员，制订选人方案。遵守先测评后上岗、先试用后聘用的原则。所有人员都应遵循"最小特权"原则，并承担保密义务和相关责任。应在员工和合同方的合同协议中声明其对信息安全的责任，具体包括：①条款和条件，包括所有访问保密信息的员工和合同方人员宜在给予访问信息处理设施权限之前签署保密或不泄露协议；员工、合同方的法律责任和权利，如版权法、数据保护法等的相关规定；信息分级的责任，员工和合同方对与所处理的信息、信息处理设施和信息服务有关的资产进行管理的责任；雇员或合同方处理来自其他公司或外部信息的责任；雇员或合同方漠视组织的安全要求所要采取的措施。若条款和条件适用，包含于任用条款和条件中的责任宜在人员雇用终止后延续一段规定的时间。②行为准则。企业制定行为准则来规定员工或合同方有关保密性、数据保护、道德规范、企业设备和设施的适当使用等方面的责任，以及企业所期望的良好实践。在合同协议中，与合同方有关的外部方能被要求作为合同方的代表。

（2）雇用中。在人员的雇用中，应明确雇佣人员的安全职责，所有员工以及合同方的行为应符合企业已建立的策略和规程；同时进行监督和管理，对一些不正常的行为应引起关注，必要时采取措施制止。而对于优秀的人员应给予相应的奖励，得到奖励的人员可能是更可靠的并能减少安全事件的发生。

①管理职责。管理层应展示出对企业安全策略、规程和控制的支持，并以身作则。高级管理者负责制定愿景、战略决策和协调活动，以指导和控制组织，其管理责任可包括确保员工和合同方意识到并履行以下安全责任。

第一，在被允许访问保密信息或信息系统前了解其信息安全角色和责任。

第二，获取了企业信息安全期望的指南。

第三，对于他们在企业内的角色和责任相关的信息安全意识达到一定级别。

第四，遵守任用的条款和条件，包括企业的信息安全策略和适当的工作方法。

第五，持续拥有适当的技能和资源。

另外，安全委员会应负有组织安全管理的领导角色，负责处理企业的信息资产，充分理解信息安全，以指导、监视和完成必要的任务。

②人员安全职责。信息安全规划团队负责信息安全管理体系建立期间的运作；系统管理员负责IT系统；物理安全员负责物理安全，通常称作"设施经理"；风险

管理者负责组织的风险管理框架;法律顾问负责信息安全风险法律方面的问题;人力资源管理者负责对组织的人员进行管理;档案管理员负责对组织所有包含关键信息的档案进行管理;系统开发者负责开发企业的信息系统;专家/行家和外部顾问对涉及特定领域的事宜给出建议;员工/用户对维持其工作场所和环境中的信息安全负有同等责任;审核员负责评估和评价信息系统;培训师负责实施培训。

③人员考核。企业应定期对从事与安全有关的工作的人员进行考核。考核包括品质、业务及工作表现两方面。品质考核主要指思想政治方面的考核,包括是否遵守法律法规、执行政策、遵守纪律和规章制度、履行职业道德、持有良好的劳动服务态度等。业务及工作表现主要依据各自的职责进行考核,相关人员的考核包括理论和操作技能等方面。

④违规处理。制定违规处理程序,对信息安全违规的员工采取措施。但要注意,正式的违规处理过程应确保对被怀疑违反信息安全制度的员工,给予了正确和公平的对待。正式的违规处理过程应考虑:违规的性质、重要性及对于业务的影响等因素,相关法律、业务合同和其他因素等。

(3)雇用的终止和变更。雇用的终止和变更制度可包括:责任终止的传达,包括正在进行的信息安全要求和法律责任,适当时,还包括任何保密协议规定的责任,并且在员工、合同方雇用结束后持续一段时间仍然有效的任用条款和条件;责任及其职责在任用终止后仍然有效的内容应包含在员工、合同方的合同条款及条件中;当终止当前责任或任用并开始新的责任或任用时,应管理对责任或任用的变更。

员工、合同方和第三方应归还所使用的企业资产;应确保所有有关的信息已转移给企业,并且已从雇员、合同方或第三方设备中安全删除;当一个雇员、合同方或第三方用户拥有的知识对正在进行的操作具有重要意义时,此信息应形成文件并传达给企业;应撤销所有员工、合同方或第三方用户对信息和信息处理设施的访问权,或根据变化调整,如删除密钥、ID 卡、签名等文件,更改账户密码等。

人力资源的职能通常是与管理相关规程的安全方面的监督管理员一起负责总体的任用终止处理。在外部方提供合同方的情况下,可能由该外部方根据组织与外部方的协议进行责任终止的处理。有必要通知员工、顾客、合同方关于组织人员的变更和运营上的安排。

2)职员授权管理

电子商务企业的安全问题还可能产生于人员的授权,因为授权关系到人员如何与计算机进行交流以及他们工作的需求。

（1）职员定岗。应用管理者、系统管理人员和安全人员及一般用户都需：定义其工作，描述职位；确定职位的敏感性；填充职位即审查应聘者和选择人员；培训等。

首先，在定义职位的早期应当识别和处理安全问题。职位一旦被定义，负责的主管应确定职位所需的访问类型。在进行访问授权时应遵循职务分离的原则和最小特权原则。其次，职位敏感性确定不当也可能引起无法接受的风险，确定职位敏感性时需要了解该职位所需的知识和访问级别。当职位敏感性被确定后，就要准备填充职位，通常包括公布正式的空缺职位的公告和识别符合职位需求的申请者。当候选人被雇用后，需要对员工进行培训。

（2）用户账户管理。用户账户管理主要是识别、认证和访问授权，并通过审计以及定期地验证当前账户和访问授权的合法性加强安全性。另外，当员工调职、晋升和离职时应及时修改取消其访问权限。

当用户主管向系统管理员申请系统账户后，用户账户管理就开始了。系统操作人员根据账户申请为其创建账户，同时设定所选择的访问授权。账户创建好后就可以把账户信息，包括识别符（如用户ID）和认证方法（如口令或智能卡）发给职员。当员工不需要账户时，主管应通知应用管理人员和系统管理人员及时清除账户。

对用户的审计和管理检查通常包括：检查每个人员拥有的访问授权水平；检查是否符合最小权限原则；检查所有账户是否处于活动状态；检查管理授权是否处于更新状态；检查是否完成所需的培训。

对临时任命和部门内调动、职位变更与离职的管理主要是保持用户授权的更新状态。当出现临时任命和部门内调动时，需要对其访问权限进行相应修改。如果职员的职位在机构内更换，则需要清除以前职位的访问授权，赋予其新的访问授权，否则可能导致"授权蔓延"的情况，这不符合最小权限原则。

对离职人员的用户系统访问权限的管理主要表现为终止授权。如果终止授权发生在员工自愿调任、辞职或是退休的情况下，应为离职员工制定一系列标准规程，以确保系统账户被及时清除。特别是要采取措施，减少终止授权发生在不情愿或敌对情况下的员工离职导致的安全问题。应该在通知员工离职时（或之前）清除系统访问权，或预见是不友好的离职时立即终止其系统访问权；在"布告"阶段，有必要限制人员的活动区域和功能。

（3）承包人管理。许多企业可能会使用承包人和顾问协助其进行计算机处理。

组织应防止外包商对核心数据、信息资源等私自设置处分权和利用权,通过对外包商层层落实安全责任,制定有利于本单位的保密协议,使外包商不敢也不能外泄内部数据和信息。组织相关部门应认真履行管理职能,建立安全服务外包的绩效考评机制,可根据实际需求对外包商建立事故问责制和重大问题质询制,加强对外包商的监督和考核。

【本章小结】

本章首先提出电子商务安全治理框架,指明电子商务安全治理的指导思想,明确总体国家安全观的指导地位。同时提出安全治理的七条原则,其中,坚持安全与发展并重及坚持依法治理、规范发展是基本原则,坚持包容审慎的治理理念,坚持多元协同治理原则,坚持健全制度,实施精准安全治理,坚持强化基础,提升安全治理能力,促进安全与诚信文化建设,营造安全良好的环境是保障原则。分析了治理的内容,并提出了优化电子商务多元协同共治模式,融合技术治理、合规治理、信用治理的对策。其次,详细介绍电子商务安全相关法律体系,包括信息与网络安全、数据隐私合规、电子商务交易和电子商务知识产权保护等。然后,总结梳理了国内外电子商务安全相关的标准,包括信息安全标准、网络安全标准和电子商务标准。最后,介绍了国内外信息与网络安全的标准化组织和管理组织,分析了信息安全、网络安全、人员安全三个方面的制度保障和措施。

【思考题】　　　　　　　　　　　　【即测即练】

1. 分析等级保护进入 2.0 阶段后网络安全等级保护的变化。
2. 结合案例分析《数据安全法》在国家安全方面产生的重要意义。
3. 结合案例分析《数据安全法》出台后对电子商务企业产生的影响。
4. 结合实例分析《中华人民共和国个人信息保护法》出台后对消费者隐私权保护的意义。
5. 根据《网络安全法》说明网络安全的治理机构及其职能。
6. 简述开放式系统互连通信参考模型安全体系结构中定义的安全服务和安全机制。
7. 结合例子谈谈目前互联网资源管理中存在的问题。
8. 谈谈企业如何进行电子商务系统的授权管理。

第9章 电子商务风险评估、控制与优化

🔍【学习目标】

1. 了解风险的特征、电子商务风险管理优化的需求。

2. 熟悉风险管理的内容，电子商务风险管理的内容、流程，风险评估的技术与方法，电子商务风险应对策略。

3. 掌握风险、风险管理的概念，电子商务信息风险评估与控制，电子商务网络风险评估与控制，电子商务交易风险评估与控制。

🔍【能力目标】

1. 了解电子商务风险管理优化的需求，能知道电子商务风险优化的主要内容和方法。

2. 熟悉常用的风险评估技术和方法，能在不同评估阶段恰当地选择相应的技术和方法。

3. 掌握风险与风险管理的本质、电子商务主要风险的评估与控制。能识别电子商务信息风险、网络风险、交易风险，能运用合适的风险分析方法分析，能运用技术和管理规范进行风险控制。

🔍【思政目标】

1. 了解危机的内涵，思考全球数字化背景下电子商务发展中的"危"与"机"。

具备居安思危忧患意识、转危为机的思想意识。

2. 熟悉电子商务的主要风险，增强风险意识，养成良好的网上消费、在线学习和生活习惯。提高风险认知能力，对风险具有一定的观察力和敏感性，能及时发现身边的风险并有效预防。

3. 掌握风险评估与控制的基本方法，能在项目设计、论文研究、创业中运用风险评估与控制的理论和方法预防、解决遇到的风险问题。

【思维导图】

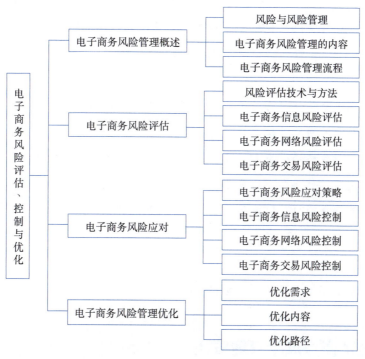

【导入案例】

电商"错价"引发争议

2020年12月23日，Apple Store中国官网商城多个第三方配件商品出现错误价格，1 000多元的儿童积木套件被标价不足150元，消息传开后，很多人"薅羊毛"，甚至下了数百单。公开信息显示：某立体声电容式麦克风配件，正常售价1 288元，而错误价格是235元；某机器人套件，正常售价1 499元，错误价格是149元等。很快苹果中国官网就进行了修复，一些涉及价格错误的产品被下架，对已经下单的消费者取消订单并全额退款。

无独有偶，2021 年 10 月 26 日，元气森林一淘宝店铺因优惠设置错误，原价 79 元一箱（12 瓶）的气泡水，结果卖到平均每箱约 3.5 元，错误的价格导致该款气泡水销量短时间暴增 30 万单，给元气森林方造成 200 多万元的损失。随后该淘宝店发布公告称，损失金额超过了承受能力，恳请消费者退款。元气森林回应称："证实淘宝店铺昨晚出现运营事故，目前正在想办法妥善处理。"最终，针对这一事故，元气森林为 14.05 万个下单用户每人寄一箱白桃气泡水（15 瓶装），并关闭该淘宝店。

诸如此类电商公司标错商品价格是常有的事件，有些店铺会将错就错给用户发货，成全用户"薅羊毛"行为。也有店铺会取消订单并退款，这也在情理当中。

资料来源：光明网．苹果官网 1499 元标 149 元，网友疯抢！结果……[EB/OL]. (2020–12–26) . https://www.sohu.com/a/440623473_162758.

【讨论题】

1. 关于网上交易合同的成立，《电子商务法》是如何规定的？
2. 若消费者不同意退款，商家是否应履行发货义务？
3. 若商家以价格错误为由自行关闭交易，这种行为是否涉嫌违法？
4. 用户恶意"薅羊毛"的购买行为，是否涉嫌违法？
5. 电子商务企业应如何提升风险评估与控制能力？

风险自古有之，其无处不在、无时不在。控制和减少风险的发生是一系列科学、复杂活动的结果，是管理活动的重要内容。

9.1 电子商务风险管理概述

研究电子商务风险及其发生规律，探索科学的控制方法来抑制风险、减少损失对于电子商务稳步发展具有重要意义。

9.1.1 风险与风险管理

1. 风险的概念与特征

（1）风险的概念。最早提出风险概念的是美国学者海恩斯（Haynes），他在 1895 年所著的《经济中的风险》(*Risk as an Economic Factor*) 中对风险进行了分类,并将风险定义为损害或损失发生的可能性。本书认为不具备不确定性的未来事件没有风险,具备不确定性的未来事件也不一定产生风险。首先,性质完全相同的事件在不同的客观条件下,如在不同的时间、地点、环境会呈现出不同的结果,不同的结果对人们造成的影响不同,从而产生风险,而不具备客观不确定性的未来事件则没有风险。虽然未来事件本身具有客观不确定性,但如果人们没有对事件的未来进行预测,没有预测结果,当然就不存在认识上的主观不确定性,更不会存在实际结果与预计结果的偏离,也就不会产生风险。因此不具备主观不确定性的未来事件也没有风险。其次,如果未来事件本身具有主观不确定性和客观不确定性,也不一定产生风险。因为对于具备不确定性的未来事件,如果其所有的结果都是人们能够预测到并且可以接受的,也不会产生风险。所以说,不确定性只是风险产生的必要条件,不是充分条件。

国际标准化组织在2009年11月发布的ISO 31000:2009标准《风险管理——原则与指南》(以下简称《标准》)中给出了一个比较权威的定义,将"风险"定义为"不确定性对目标的影响"。该定义将风险与目标捆绑在一起,没有目标就没有风险,而且风险对目标的影响具有双重性,既可能是威胁,也可能是机会,二者可以相互转化,另外,风险的本质是"不确定性",但不确定性不等于风险。从定义可以看出,目标、风险事件发生的可能性、影响后果构成风险的要素。

(2)风险的特征。风险具有客观性、普遍性、不确定性、二重性、可变性等特征。

2. 风险管理

(1)风险管理的概念。风险管理是降低各种风险的发生概率,或当某种风险突然降临时,减少损失的管理过程。风险管理通常是针对小概率事件的不确定性进行管理,此类事件对经营运作有潜在的不利影响。风险管理的目标是把潜在威胁造成的冲击限制在一个可接受的程度内。

ISO《标准》将风险管理定义为:"一个组织对风险所采取的指挥和控制的一系列协调活动"。这个定义指明"风险"是风险管理的对象,"指挥和控制"是协调方法。从风险管理的角度,"指挥"是指领导角色和其承担的责任,"控制"是指改变风险性质的方法和措施。

(2)风险管理的基本内容。ISO《标准》给出了风险管理最基本的内容,即原则、框架、过程,这三部分内容是任何组织进行风险管理所必不可少的。

（3）风险管理过程。风险管理过程也称作风险管理流程，ISO《标准》将其定义为："是将管理政策、程序和操作方法系统地应用于沟通、咨询、建立环境以及识别、分析、评价、应对、监测与评审风险的活动中。"它由一系列环境构成，具体如图9-1所示。

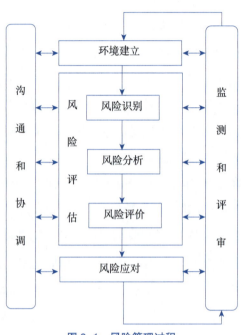

图 9-1　风险管理过程

9.1.2　电子商务风险管理的内容

电子商务风险管理是组织风险管理的一部分，通过跟踪、评估、监测和管理整个商务过程中形成的风险来确保电子商务各项业务顺利进行。

1. 风险管理的原则

（1）需求、风险、代价平衡原则。完全消灭风险是不可能的，因此对风险进行充分研究后，结合目前的技术和资金条件制定相应的风险控制措施以达到安全与价值的平衡，即风险成本与收益的平衡。

（2）综合性、整体性原则。必须运用系统的观点和方法，从整体的角度分析安全问题，综合各方面情况制定相应的可行的应对措施。

（3）易操作性原则。风险控制措施是由人来完成的，过于复杂的风险控制措施对人要求过高，这本身会产生风险，从而降低安全性。

（4）适应性、灵活性原则。风险控制措施必须能随着网络性能及安全需求的变化而变化，要容易适应、容易修改。

（5）多重保护原则。任何风险措施都不是绝对安全的，因此需要多重措施、多层保护，不同措施、不同保护相互补充。

2. 风险管理的范围

风险管理的范围包括但不限于电子商务的相关系统、数据和行为。系统包括电子商务硬件系统、软件系统、数据库系统、网络系统、应用系统等。这些系统本身以及与系统相关的组织制度可能存在漏洞，系统运行控制策略和规范也可能存在漏洞，这些漏洞使系统具有脆弱性。电子商务活动被系统以数据的形式记录下来，数据从"生"到"死"的整个生命周期都存在风险，即数据在创建和收集环节、存储环节、传输或共享环节、使用或处理环节、归档或备份环节、销毁环节都有遭受窃取、篡改、损毁的可能。行为是指以电子商务交易为核心的相关活动的总和，电子商务非面对面交易的特点，使得交易参与方在交易前、交易中和交易后都可能存在违规违法和失信失德行为。电子商务风险管理需要对以上内容进行调查和风险量化，并确定组织对风险的承受级别。

3. 风险管理主要内容

风险管理主要内容有风险评估、风险处理和基于风险的决策。风险评估需要全面评估组织的资产、威胁、脆弱性以及现有的安全措施，并分析安全事件发生的可能性以及可能的损失，以确定组织的风险，分析判断已确定风险的优先级，提出风险处理的措施。基于风险评估的结果，结合安全措施的成本，选择合适的方法处理风险，将风险控制在可接受的程度。基于风险的决策是指组织的管理者判断残余风险是否处在可接受的水平之内，在此判断的基础上作出决策，决定是否进行某项电子商务活动。

9.1.3 电子商务风险管理流程

电子商务风险管理流程是由风险沟通，明确状况、确定范畴，风险评估，风险处置，风险决策以及风险监督和评审组成的一个循环过程，如图9-2所示。

1. 风险沟通

风险管理流程的每一个阶段都需要内、外部利益相关方的沟通和协商。因此，沟通和协商计划宜在风险管理的早期制订。该计划应当针对与风险本身、风险成因、

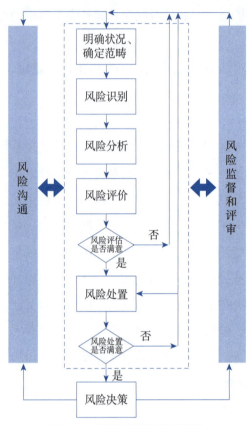

图 9-2 电子商务风险管理流程

风险后果(如果掌握)以及处理风险的措施相关的问题。应采取有效的外部、内部沟通和协商措施以确保在风险管理过程中职责分明,并了解利益相关方的决策基础和特定措施需求的原因。

2. 明确状况、确定范畴

明确状况是指明确环境,包括明确外部和内部状况、风险管理过程状况、风险准则等。确定范畴是指确定风险管理的范围和边界、组织架构和职责。

3. 风险评估

风险评估包括风险识别、风险分析、风险评价。风险评估前制订风险评估计划和风险评估方案,选择风险评估方法和工具。风险评估采用循环方法,如果风险评估为有效决策提供了充分的信息以及将风险降到可接受级别,则风险评估结束,进入风险处置阶段。如果信息不充分,则需进行另外一个风险评估循环,新的风险评估是针对修订范围或整个范围内部分内容的循环。风险评估为风险处置提供了依据,风险处置后,残余风险可能不会立即降到可以接受的级别,这可能需要变更风险范畴参数(如风险评估、风险接受或影响的准则)再次进行风险评估循环,并可能需要进一步的风险处置。

(1)风险识别。风险识别是发现和列出风险要素并描述其特征的活动。风险识别的任务是识别组织范围内需要保护的具体实体对象、识别实体对象所面临的所有潜在威胁、识别实体对象本身所固有的脆弱性,并根据具体程度进行赋值,同时还要识别出为了保护实体对象已经采取的安全防护措施。

(2)风险分析。风险分析就是对已经识别的风险确定风险大小的分析过程。风险分析阶段的主要任务就是将风险识别阶段的结果作为风险分析的输入,深入分析可能发生的风险事件、风险来源(威胁)和风险原因(脆弱性),分析威胁利用脆弱性的可能性及脆弱性被威胁利用后对业务对象造成损失的大小,在结合分析现有安全控制措施有效性的基础上最终确定风险的大小。

（3）风险评价。风险评价就是将风险分析的结果与预先设定的风险评价准则进行比较分析，从而确定风险等级的过程。风险评价的结果往往作为风险处置的依据。组织在确定风险评价准则时，应充分考虑：业务信息过程的战略价值；相关信息资产的危急程度；法律法规的要求和合同的义务；运营和业务的可用性、保密性、完整性的重要程度；利益相关方的期望和认知，以及对信誉和名声的负面影响。

4. 风险处置

风险处置是选择和实施风险应对措施的管理过程。风险处置的目的是将风险控制在一定的容忍范围里。风险容忍范围通常根据风险评价输出的风险清单及风险接受准则来确定。当风险超出了风险的容忍范围，则需要设计、选择、实施合适的风险应对措施，并评估该应对措施的有效性。常见的风险处置策略包含回避风险、降低风险、转移风险、接受风险等。

（1）回避风险。通常在风险损失无法接受，又难以通过控制措施降低风险，如被识别的风险很高，或者实施风险处置的成本已超出收益的情况下采用回避风险。这种策略力求避免风险，而不是风险发生后再进行处理，通常作为优先选择的策略。

（2）降低风险。当风险无法完全回避时，可选择降低风险。通过对面临风险的资产采取保护措施来降低风险。首先应当考虑风险处置措施，通常在安全投入小于负面影响价值的情况下采用此策略。

（3）转移风险。转移风险指的是将面临风险的资产或价值通过合同或者非合同的方式转嫁给另一个人或单位的一种风险处理方式，通常只有当风险不能被规避或降低，且被第三方（被转嫁方）接受时才被采用。其一般用于那些低概率，但是一旦发生会对组织产生重大影响的风险。风险转移方式可以分为保险转移与非保险转移两种类型。

（4）接受风险。接受风险是对风险不采取进一步的措施，组织自己承担风险所造成的损失。接受风险通常不是一种明智的商业决策，但在风险明显满足组织方针策略和接受风险的准则的条件下，或者处置该风险所耗费的成本远远大于收益的时候，接受风险不失为一种合理的选择。

5. 风险决策

风险决策就是在成本－效益分析（CBA）的基础上，权衡利弊，确定风险处置方案。如果选择接受风险，可以建立风险管理基金。如果选择非保险转移风险，就需要拟定保护自身权益、合法有效的合同。如果选择对某一风险进行保险，风险管理人员则应及时选择被保险人，选择适当的保险责任限额。

6. 风险监督和评审

风险监督和评审将贯穿于整个风险管理周期，其目的是持续跟踪被保护对象及其环境的变化以发现安全问题，并通过相应的措施及时进行纠偏，从而确保风险管理过程持续有效。风险管理过程的每一活动及详细结果都应该形成文件。

9.2 电子商务风险评估

经济类的风险评估技术与方法和信息安全风险评估（information security risk assessment）的工具和方法原则上都可以用于电子商务风险评估。

9.2.1 风险评估技术与方法

可用于电子商务风险评估的技术和方法有很多，下面介绍一些常用的方法。

1. 风险识别方法

可用于风险识别的方法有风险清单识别法、头脑风暴法、德尔菲法、检查表法、蒙特卡罗法、因果图法和事故树法。

另外，预先危险分析（PHA）、失效模式和效应分析（FMEA）及失效模式、效应和危害度分析（FMECA）、危险与可操作性分析（HAZOP）、结构化假设分析（SWIFT）等方法也可用于风险识别。

2. 风险分析方法

风险分析是在风险识别的基础上，进一步分析确定风险事项发生的可能性及影响程度。可用于风险分析的方法有情境分析法、风险坐标图法、风险矩阵评价法、SWOT[优势（strengths）、劣势（weaknesses）、机会（opportunities）和威胁（threats）]分析法等。

3. 风险评价方法

可用于风险评价的方法有风险度评价法、检查表评价法、优良中劣评价法、单项评价法、直方图评价法等。

9.2.2 电子商务信息风险评估

大量实践已证明，基于风险评估的风险管理方法是有效的、实用的。

1. 信息安全风险评估的内容

（1）信息安全风险评估的概念。信息安全风险评估是运用科学的方法和手段评估信息安全的管理方法。这一管理方法主要通过系统地分析计算机网络与信息系统面临的威胁及其存在的脆弱性，评估安全事件一旦发生可能会造成的危害程度，提出针对性的抵御威胁的防护对策和整顿措施，防范和化解信息安全风险，或将风险控制在可接受的水平。

（2）信息安全风险评估的目的。信息安全风险评估的目的是分析安全环境，全面准确地了解组织机构的信息安全现状，发现系统的安全问题，分析信息系统的安全需求，制定出适合系统具体情况的安全策略，提高信息安全性。

（3）信息安全风险评估的重点和原则。信息安全风险评估工作的核心是组织的关键业务，与关键业务相关的网络与系统是评估的重点，包括基础网络、应用基础平台、业务网络、业务应用平台等。评估过程中应遵循可控性、最小影响、可恢复性及保密性原则。

（4）信息安全风险评估过程框架。按工作流程，风险评估过程大致分为三个阶段，即风险识别、风险分析、风险评价。风险识别阶段分别进行资产识别、威胁识别、脆弱性识别及确认已有安全措施；风险分析阶段包括风险值的计算和分析风险影响的级别；风险评价阶段包括将风险分析的结果与预先设定的风险准则相比较，确定风险的同时制订和实施风险处理计划并评估残余风险及是否接受残余风险等。

风险评估的形式主要有自评估和检查评估两种。自评估是由组织自身发起，依据国家有关法规与标准，对信息系统及其管理进行的风险评估活动。检查评估是由被评估组织的上级主管机关或业务主管机关发起的，依据国家有关法规与标准，对信息系统及其管理进行的具有强制性的检查活动。

（5）风险评估工具。进行风险评估需要用到多种表格、工具和资料。不同的风险评估阶段所需的表格、工具和资料也有所不同。

风险评估前期需要选择和准备完成评估活动所要用到的表格、工具、资料等。其中，调查表包括《单位基本情况调查表》《参与测评项目相关人员名单》《信息资产登记表》《信息系统等级情况》《外联线路及设备端口》（网络边界情况）、

《信息系统网络结构》(环境情况)、《安全设备情况》、《网络设备情况》、《物理环境情况》、《终端设备情况》、《服务器设备情况》、《应用系统软件情况》、《业务系统功能登记表》、《信息系统承载业务(服务)表》、《数据备份情况》、《应用系统软件处理流程》(多表)、《业务数据流程》(多表)、《管理文档情况调查》、《安全威胁情况》等。

资产识别需要准备的工具或表格有《资产调查表》、资产管理工具、主动探测工具。

威胁识别需要准备 IDS、IPS(入侵防御系统)、流量分析工具、审计工具、《威胁调查表》。

脆弱性识别需要准备的工具或表格有访谈表、漏洞扫描工具、为对信息系统中常见的组件进行手工脆弱性识别而设计的各类检查表、渗透测试工具集。

安全措施确认需要准备的表格有《安全控制措施调查表》《安全意识调查表》。

综合风险分析需要准备的工具主要是风险分析工具,用于风险分析和计算。

2. 信息安全风险评估过程

信息安全风险评估过程产生在信息系统生命周期的各个阶段,即在信息系统的规划阶段、设计阶段、实施阶段、运行维护阶段、废弃阶段都需要进行风险评估。其中,运行维护阶段的风险评估是了解和控制系统在运行过程中的安全风险,是一种较为全面的风险评估,下面主要以这一阶段的风险评估为例来介绍信息安全风险评估过程。

1) 风险识别

风险识别阶段主要完成对信息安全风险的构成要素,即资产、威胁、脆弱性的识别,以及对已有安全控制措施的有效性的分析和确认。

(1) 风险评估准备。在进行风险识别之前,需要进行一些准备工作,包括建立环境、前期调查、工具准备等。建立环境是指确定风险评价准则、风险评估范围、风险评估目标,组建适当的评估管理团队与实施团队,确定信息安全风险评估依据和方法,制订信息风险评估方案。风险评估前期调查内容包括:主要的战略及管理制度;主要的业务功能和要求;网络结构与环境,包括内部连接和外部连接;系统边界;数据和信息;主要的硬件、软件;系统和数据的敏感性;支持和使用系统的人员和其他等。工具准备就是完成评估活动所要用到的表格、工具、资料的准备。

（2）资产识别。信息资产是具有价值的资源或者信息，它以多种形式存在，包括有形的、无形的，如软硬件、文档、代码，还有服务、名誉等。每个类别的资产都具有一定的安全属性；同一资产类别中的不同资产之间安全属性的差别是将每个资产类别进一步划分为多个信息资产子类的依据。

①资产分类。基于表现形式的不同，可将组织资产划分为多个类别，如数据、软件、硬件、服务、人员、其他等。

②资产赋值。信息安全风险评估中资产的价值不是以资产的经济价值来衡量，而是以资产的机密性、完整性和可用性三个安全属性为基础进行衡量。根据资产对机密性的不同要求，把机密性划分成五个不同的等级，即很高、高、中等、低、很低，机密性可赋值5~1的数字，分别对应资产在机密性上应达到的不同程度或者机密性缺失时对整个组织的影响。根据资产对完整性的不同要求，把完整性划分成很高、高、中等、低、很低五个不同的等级，分别赋值5~1的数字，对应资产在完整性上应达到的不同程度或者完整性丧失时对整个组织的影响。根据资产对可用性的不同要求，把可用性也划分成很高、高、中等、低、很低五个不同的等级，分别赋值5~1的数字，对应资产在可用性上应达到的不同程度或者可用性丧失时对整个组织的影响。

对于资产重要性等级的确定，可通过综合评定资产的机密性、完整性和可用性的赋值等级，得出资产价值。可以比较资产机密性、完整性和可用性得出最重要的一个属性的赋值等级，最终赋值给资产，也可以将三个属性的不同等级进行加权计算，最终赋值给资产。

（3）威胁识别。

①威胁分类。针对电子商务系统和组织的威胁一般有物理威胁、信息与网络系统风险、人员风险等。物理威胁是由电子商务实体的不安全引发的威胁。信息与网络系统风险通常涉及操作系统、数据库系统、应用系统、网络等多个层次。人员风险存在于电子商务的各个环节，是覆盖范围最广的一类风险。对威胁进行识别的主要方法有人员访谈和工具检测。

②威胁赋值。威胁出现的频率一定程度上决定了威胁严重程度，评估者应根据经验和有关的统计数据进行判断。其主要包括过往安全事件报告中发生过的威胁及其频率、实际环境中检测工具以及各种日志发现的威胁及其频率、最近时间内国际组织对整个社会或特定行业的威胁及其频率的统计和发布的威胁预警。威

胁频率划分为五级,即5级(很高)、4级(高)、3级(中)、2级(低)、1级(很低),分别代表威胁出现频率的高低。等级数值越大,威胁出现的频率越高。

(4)脆弱性识别。脆弱性一旦被威胁成功利用,就可能损害到资产,脆弱点可能存在于物理环境、过程、组织、人员、配置、管理、硬件、软件和信息等各个方面。脆弱性识别主要从技术和管理两个方面进行。脆弱性的严重程度也可划分为五级,即5级(很高)、4级(高)、3级(中)、2级(低)、1级(很低),分别代表脆弱性的严重程度的高低。同理,等级数值越大,脆弱性严重程度越高。

2)风险分析

在完成了资产识别、威胁识别、脆弱性识别以及安全措施的确认后,还需要进行风险分析。风险分析的主要任务就是完成风险的分析和计算。

(1)风险分析原理。风险分析原理如图9-3所示。

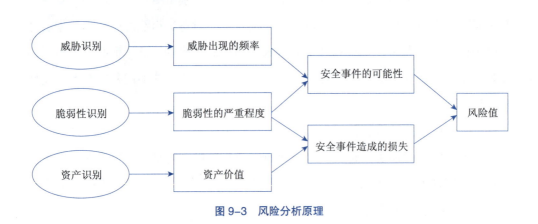

图9-3 风险分析原理

根据风险分析原理,风险分析的主要内容如下。

对资产进行识别,并对资产的价值进行赋值。

对威胁进行识别,描述威胁的属性,并对威胁出现的频率赋值。

对脆弱性进行识别,并对具体资产脆弱性的严重程度赋值。

根据威胁出现的频率及脆弱性的严重程度判断安全事件发生的可能性。

根据脆弱性的严重程度及安全事件所作用的资产的价值计算安全事件造成的损失。

根据安全事件发生的可能性以及安全事件出现后的损失,计算安全事件一旦发生对组织的影响,即风险值。

（2）风险分析方法。

①定性估算。定性估算采用尺度分级属性（如低、中、高）来描述潜在后果的严重性和潜在后果发生的可能性。定性估算的优点是易于所有相关人员理解，弱点是尺度选择依赖主观判断。

②定量估算。定量估算通过不同来源的数据，采用数字化的尺度对安全事件造成的损失和发生概率进行描述。其分析质量取决于量化的准确性、是否完整以及使用模型的有效性。很多情况下定量估算使用历史事件的数据，优势是直接与信息安全目标和组织所关心的问题相关，不足是缺乏新的风险或信息安全弱点的数据。若无法获得真实和可审计的数据，定量估算的不足便显示出来，因为这将影响风险评估的准确性。

（3）风险值计算。根据威胁利用资产的脆弱性导致安全事件发生的可能性、安全事件发生后造成的损失来计算风险值，即

$$风险值 = R(A, T, V) = R(L(T, V), F(Ia, Va))$$

其中，R 表示风险计算函数；A 表示资产；T 表示威胁发生的频率；V 表示脆弱性；Ia 表示安全事件所作用的资产价值；Va 表示脆弱性严重程度；L 表示威胁利用资产的脆弱性导致安全事件发生的可能性；F 表示安全事件发生后造成的损失。风险值的计算有以下三个关键环节。

第一，计算安全事件发生的可能性。

安全事件发生的可能性 $= L$（威胁发生的频率，脆弱性）$= L(T, V)$

第二，计算安全事件发生后造成的损失。

安全事件造成的损失 $= F$（资产价值，脆弱性严重程度）$= F(Ia, Va)$

第三，计算风险值。

风险值 $= R$（安全事件发生的可能性，安全事件造成的损失）$= R(L(T, V), F(Ia, Va))$。风险评估者可以根据自身情况选择相应的风险计算方法来计算风险值，如矩阵法、相乘法等。

①矩阵法。矩阵法通过构造一个二维矩阵，形成安全事件发生的可能性与安全事件造成的损失之间的二维关系。矩阵法在风险分析中得到广泛采用。

②相乘法。风险值计算中，通常需要对两个要素确定的另一个要素值进行计算，如由威胁和脆弱性确定安全事件发生的可能性值，由资产和脆弱性确定安全事件的损失值，因此相乘法在风险分析中得到广泛采用。

相乘法通过构造经验函数，将安全事件发生的可能性与安全事件造成的损失进行运算得到风险值。相乘法主要用于两个或多个要素值确定一个要素值的情形，即 $z=f(x, y)$，函数 f 可以采用直接相乘法计算：

$$z=f(x, y) = x \otimes y$$

当 f 为增量函数时，$\otimes$ 可以为直接相乘，也可以为相乘后取模等，如 $z=f(x, y) = x \times y$，或 $z=f(x, y) = \sqrt{x \times y}$，或 $z=f(x, y) = \lfloor\sqrt{x \times y}\rfloor$，或 $z=f(x, y) = \lceil\frac{x \times y}{x+y}\rceil$ 等。

3）风险评价

在信息安全中，风险评价具体是指在风险评估过程中对资产、威胁和脆弱性及当前安全措施进行分析评估后对风险进行综合分析与评估，将所评估的信息资产的风险与预先给定的准则做比较，从而确定风险的等级。风险评价方法是根据组织或信息系统面临的各种风险等级，对不同等级的安全风险进行统计、分析，并依据各等级风险所占全部风险的百分比来确定总体风险状况。安全风险评价表见表9-1。

表9-1 安全风险评价表

风险等级	占全部风险百分比	总体风险评价结果		
		高	中	低
很高	≥ 10%	高		
高	≥ 30%	高		
中等	≥ 30%		中	
低				低
很低				低

对于不可接受范围内的风险，在选择适当的控制措施后，应对残余风险进行评价。根据风险评估的准则，由管理层判定接受该风险或增加控制措施。

一般对风险确定后，应给出风险评价的报告，对整个风险评价过程和结果进行总结。风险评价报告主要包含风险评价方案、风险评价程序、资产识别分析、威胁识别分析、脆弱性列表、已有安全措施分析、风险处理计划等。此外，应定期对风险评价进行评审。

3. 信息安全风险处置

风险评价之后，组织需要根据风险评价的结果，确定如何进行风险处置。风险处置是以最小的成本将风险控制在可接受和容忍的范围内而采取的一系列计划与方法。风险处置的一般过程如下。

（1）确定风险处置目标。在风险处置时，首先应明确风险处置的目标，即以最小处置成本获得最大的收益。可通过成本－收益核算确定风险处置的目标。

（2）确定各处置项的优先级。基于风险评价确定的风险级别，对风险处理的工作进行优先级排序。高优先级风险项应该最优先处理，如优先处理风险等级赋值为"5""4"的处置项。此步骤输出从高优先级到低优先级的行动。

（3）安全措施成本效益分析。对建议的安全措施的可行性和有效性进行分析，进行成本效益分析，在成本效益分析的基础上，找出成本效益最好的安全措施来降低组织的风险。

（4）制订风险处置方案。风险处置方案至少包含风险处置项和具体内容、风险处置小组和人员清单、工作计划、时间进度安排、预期结果等。

（5）实施所选的安全措施。负责实施的人员根据责任和任务分配，调动资源实施所选择的处置措施，并对残余风险进行评估，根据残余风险是否处于可以接受或容忍范围之内，决定是否进行循环处置。通常防护措施只能减少一部分风险。这就意味着会有残余风险的存在。残余风险应受到密切监视，它可能会在将来诱发新的安全事件。如果残余风险的等级不可接受，则需要采取进一步的防护措施。

9.2.3　电子商务网络风险评估

电子商务网络风险评估是根据网络安全技术标准，对电子商务网络系统及其信息的机密性、完整性、可用性等安全要素进行评价的过程。其目的是全面了解电子商务网络的安全现状，通过科学分析评判提出应对措施和解决方案，促进安全监督管理，从而使电子商务网络运行保持安全、可控。

1. 电子商务网络风险评估的内容

电子商务网络风险评估包括使命、资产及价值、威胁、脆弱性、事件、风险、残余风险、安全需求、安全措施等要素。其中，使命是电子商务企业或组织通过网络系统实现的工作任务。随着互联网平台经济的发展，平台型企业的使命对网络系统的依赖程度非常高，更加凸显了风险评估的重要性。其他要素与信息安全风险评估有一定的交叉，但电子商务网络风险评估侧重于电子商务的网络系统、网络资产、网络价值和网络信息等。

2. 电子商务网络风险评估过程

（1）风险识别。电子商务网络风险可能来自以下方面。

物理环境：包括物理位置选择、物理访问控制、防盗窃和防破坏、防雷击、防火、防水和防潮、温度控制、电力供应、电磁控制等。

网络安全域的划分：是否将网络划分为独立的网络域，域之间是否使用物理隔离或逻辑隔离。

网络结构：包括网络设备硬件的冗余性、带宽、安全访问路径等。

网络通信：包括通信传输的安全、可信验证（基于可信根对通信设备的系统引导程序、系统程序等进行可信验证）等。

安全区域边界：包括边界防护、访问控制、可信验证等。

入侵防范：网络流量侦测设备部署是否满足相关要求。

安全审计：是否设置专用的日志服务器收集和存储网络设备日志，是否设置第三方审计系统进行审计。

网络设备防护：控制网络设备及服务器登录的身份验证和访问控制是否满足相关要求。

备份及恢复：网络配置发生改变时，是否立即备份到专用备份服务器，定期备份网络设备的操作系统及配置是否满足相关要求。

安全保障系统：网页漏洞检测、网站挂马检测、防DDoS攻击、端口安全检测、异地登录提醒、主机密码暴力破解防御、网站后门检测等是否满足相关要求。

供应链管理：供应商的选择是否符合国家有关规定。

电子商务网络风险的识别中，可使用的方法主要有风险核对表法、德尔菲法、头脑风暴法、流程图法、WBS-RBS（工作分解结构-风险分解结构）法、情景分析法等。

（2）风险分析。网络安全风险分析是估计网络威胁发生的可能性和因系统脆弱性引起的潜在损失。漏洞和威胁是测定风险时的两个主要对象。漏洞是攻击的可能途径，它可能存在于计算机网络中，也可能存在于管理过程中。威胁是对网络安全保护对象可能导致负面结果的一个事件的潜在源，通常包括攻击目标、攻击主体和攻击行为等。在等级保护2.0的安全框架当中，明确提出了要态势感知，而且在等级保护 2.0 标准当中也提出要具备对新型攻击分析的能力，要能够检测对重点节点进行入侵的行为，对各类安全事件进行识别报警和分析。例如，在《信息安全技术 网络安全等级保护基本要求》（GB/T 22239—2019）中，对入侵防范（第三级安全通用要求）的要求是：应采取技术措施对网络行为进行分析，实现对网络攻击特别是新型网络攻击行为的分析。另外，在风险分析前一般需要对网络资产进行确认和评估。

（3）风险评价。网络安全风险评价可以采用定量风险评价和定性风险评价。其中，定量风险评价一般采用分布状态函数，并将风险定义为分布状态函数的某一函数，典型的方法有因子分析法、聚类分析法、时序模型、回归模型等。定性风险评价是指对已知识别风险的影响和可能性进行评价，用于确定风险对网络安全的可能影响。

对网络攻击事件的评价可以从检测难度、攻击难度、攻击频度、影响四个方面进行。检测难度是指检测发现网络攻击的难易程度。攻击难度是指网络攻击目标实现的难易程度。攻击频度是攻击发生的频率。影响就是发生网络攻击事件产生的后果。对这四个方面通常按照 5 分制进行评定，确定具体分数，然后计算总体风险评估值。总体风险评估值计算公式为

$$总体风险评估值 = 检测难度 + 攻击难度 \times 2 + 攻击频度 \times 3 + 影响 \times 4$$

根据总体风险评估值确定风险等级。风险等级见表 9-2。

表 9-2 风险等级

总体风险评估值	风险等级
<10	较低
10~35	低
36~40	高
>40	很高

另外，漏洞扫描可以发现系统的漏洞和弱点，指出可能发生的攻击，因而也可以用来评估系统的安全性能。但是随着大数据和云计算在电子商务中的广泛应用，需要更加适用于大型、超大型网络系统的整体风险评估方法。

（4）风险处置。网络安全风险处置是根据风险评估的结果确定对网络系统采取的安全策略，包括回避风险、转移风险、降低风险和接受风险等。当风险等级

较低时，可选择接受风险；当风险等级很高时，则需要立即采取防护措施，及时修补漏洞以降低风险。

（5）风险监测。网络系统在运行过程中随时会产生变化，如网络软硬件更新、升级等改变了原有网络资产的状况，从而使之前的风险评估失去作用，需要不断重复上面的过程。风险监测可以对网络系统中各种资产进行实时监视，记录和发现运行中的新变化，从而准确判断网络系统的运行状态。

9.2.4 电子商务交易风险评估

电子商务交易与传统交易相比，存在更多的安全问题和风险。

1. 电子商务交易风险识别

电子商务交易风险可以从不同的角度进行识别，如交易阶段、交易内容、交易参与方、交易支付方式等。在这些不同的角度中，由于交易阶段包含其他角度，因此我们确定以交易风险发生的不同阶段进行交易风险分类，同时对交易风险予以识别，根据这一标准，我们将交易风险分为交易前风险、交易中风险和交易后风险。

1）交易前风险

交易前风险是发生在电子商务交易之前的风险，主要表现为身份风险、营销风险以及平台交易规则风险。

（1）身份风险。身份风险可以发生在电子商务平台、电子商务平台内经营者以及消费者等电子商务各参与者身上，身份风险一般在交易开始前已经存在。虚假、不完整、不准确的身份，使当事人完全误解与其发生交易的对方当事人的身份的真实性，从而使交易在当事人要素上发生缺失、交易失去法律上的效力。同时也存在过失发生的身份风险，身份信息不完整就是常见的情况。另外，还存在电子商务平台和平台内经营者在消费者身份信息采集与使用方面的风险。身份风险使电子商务平台和平台内经营者有违法的风险，对方当事人特别是消费者有遭受损害的风险，最终则会损害正常的电子商务经营秩序。

身份风险包括身份信息不实风险、身份混淆风险与非法采集、使用身份信息风险。

①身份信息不实风险。电子商务各参与方，特别是平台内经营者，必须真实、完整地公示有关身份信息。具体的身份信息根据参与方的不同而不完全相同。电

子商务平台内经营者身份信息包括注册名称、注册时间、注册编码、实体资质、行政许可、联系方式等信息。电子商务平台经营者身份信息包括：真实、有效的经营性网站注册机构的营业执照、法人证件，真实、有效的网站ICP（网络内容服务商）备案、经营地址、联系方式等。自营型电子商务平台经营者身份信息包括平台经营者身份信息与平台内经营者身份信息。消费者个人身份信息则主要包括用户实名、联系信息等。

电子商务经营者身份不实风险主要存在两种情形：一是有合法资质的平台经营者和平台内经营者未准确或完整公示自己的身份信息；二是平台经营者和平台内经营者本身资质不合法。在电子商务各参与方中，身份风险突出发生在平台内经营者身上，主要表现为以下几方面的问题：第一，平台内经营者擅自使用他人企业名称开展经营活动。一些电子商务平台内存在未办理营业执照，却以法律法规规定应当办理工商登记注册方能使用的企业名称从事经营活动的网店，以及未依法取得行政许可，从事食品、化妆品、保健品等经营的网店，违反有关市场主体准入方面的规定。第二，平台内经营者未按规定亮明经营者身份。一些电子商务平台内存在未依法经平台进行身份审查登记或者亮照亮标的网店，违反了《网络交易监督管理办法》有关规定。第三，对平台内经营者资质审查登记流于形式。第四，用户ID管理不严格。一些电子商务平台经营者对平台内经营者的用户ID、店铺名称审查不严，造成对他人注册商标专用权、企业名称专用权等合法权益的侵害，也误导了消费者。

至于消费者身份信息不实风险，主要是匿名制产生的风险。例如，恶意贷款主要存在于P2P（点对点网络借贷）类的金融行业，是在未知用户信用或真实贷款身份下存在的一类贷款行为，导致坏账率提高。有关交易方匿名产生的风险，如婚恋交友网站，实名制成摆设，相亲或遇到酒托，等等。

②身份混淆风险。根据《网络交易监督管理办法》第14条的规定，身份混淆行为是指引人误认为是他人商品、服务或者与他人存在特定联系的经营行为。

③非法采集、使用身份信息风险。用户在办理网站接入服务或者接受网络服务提供者提供的信息发布服务时，必须向网络服务提供者提供真实身份信息。但网络服务提供者应当合法采集、使用公民个人信息。与经营者身份信息必须向不特定大众公开不同，消费者信息只能向特定的对象公开。实际的情况是，电子商务平台以及平台内经营者常常不能抵住利润的诱惑，非法采集并非法使用消费者

的个人信息。因此,国家法律、法规关于非法采集、使用身份信息,基本是针对消费者个人信息保护的。

(2)营销风险。营销风险主要是指违法推广、促销商品、服务的风险,主要包括以下几类行为:商品或服务信息不全;价格欺诈和虚假促销行为;开展最高奖价值超过法定限额的抽奖式有奖销售;不实宣传,发布虚假违法广告;促销活动中有侵犯知识产权或制售假冒伪劣商品的行为;制造虚假交易数据、虚构营业信息的行为;商业贿赂行为。

(3)平台交易规则风险。平台交易规则是指电子商务平台经营者制定、修改、实施的适用于接受平台服务的不特定主体、涉及社会公共利益的公开规则。

①平台交易规则,包括第三方平台交易规则与自营型平台交易规则以及混合型平台交易规则。交易规则适用的交易方的关系有平台与平台内经营者之间、平台与消费者之间,特别是平台内经营者与消费者之间。由于交易规则是在当事人之间的交易发生前制定的,因此将有关违法风险归于交易前风险较为合适。

②平台交易规则的制定方。身份风险会发生在各电子商务参与方身上,特别是平台经营者与平台内经营者身上。平台内经营者是进行虚假宣传、促销的最主要主体,而制定、修改与公示交易规则则只可能由平台经营者承担。基于平台经营者数量的限制以及交易规则向政府主管部门备案的规定,使平台交易规则风险发生的可能性大大降低。

③平台交易规则风险。平台交易规则风险主要表现为交易基本规则、责任及风险分担规则、知识产权保护规则、信用评价规则、消费者权益保护规则、信息披露规则、防范和制止违法信息规则、交易纠纷解决规则、交易规则适用的规定、交易规则的修改规定、其他必要的交易规则或与规则相关的措施等的制定、修改、实施等,没有遵循公开、公平、公正的原则,没有遵守法律、行政法规,没有尊重社会公德,从而扰乱了社会经济秩序,损害了社会公共利益。

2)交易中风险

交易过程中主要会发生合同签订违法、交易行为违法、支付风险以及物流配送风险等。

(1)合同签订违法。合同签订违法是指交易参与方实施了违反《中华人民共和国民法典》《电子签名法》等法律规定要求的行为。

①使用不公平格式条款侵犯消费者权益。一些网络交易平台内法律声明、服

务协议、相关规则，以及著作权与商标声明、服务条款、隐私声明等网页中，存在以合同格式条款方式作出排除或者限制消费者权利、减轻或者免除经营者责任、加重消费者责任等不公平、不合理的规定。

②提供平台服务过程中违背用户意愿附加不合理条件。在重大促销活动期间，一些平台经营者利用其市场优势地位，强制要求参加本平台促销活动的平台内经营者不得参加其他网络交易平台的促销活动。

③交易方没有依法使用电子签名。交易各方通过电子签名签订合同的，没有遵守电子签名的法律规定，使用可靠的电子签名，选择依法设立的电子认证服务提供者提供的认证服务。

（2）交易行为违法。无资质交易、交易形式或标的违法以及不正当竞争都是平台内经营者或平台经营者可能实施的违法行为，这也是非法交易行为主要的类型。

①无资质交易行为。采用各种手段规避资质开展法律法规和政策规定必须具备资质的经营活动，如证券交易、期货交易等；为非法经营者和非法交易提供服务，为无资质的商户开展有害有毒物品、药品、危险化学品等特殊商品的销售提供服务，未经审批经营药品、医疗器械等特殊商品。

②交易形式或交易标的违法。从事法律和政策条例禁止的任何非法交易行为，如赌博、洗钱、传销，以及贩卖枪支、毒品、禁药、人体器官组织、盗版软件、淫秽商品和服务等。

③不正当竞争行为。存在人为干扰信用评价等不正当竞争行为。一些平台内经营者自行或通过他人以虚构交易、删除不利评价等方式，为自己或他人提升商业信誉，或者以违背事实的恶意评价损害竞争对手的商业信誉。平台经营者监督处理不力，部分内部工作人员甚至参与违法违规操作或者提供便利和实施条件。当前在电商平台上普遍存在的刷库存，就属于同行间的不正当竞争行为。

消费者也可能会实施一些非法交易行为，损害相关交易方的合法权益。活动作弊、权限绕过和低价购买就是三种比较常见行为。

（3）支付风险。

①第三方支付平台经营者无资质。由于银行的资质不存在问题，且事实上已经形成垄断的第三方支付机构的资质也不存在任何问题，因此，这类风险不常发生，也不重要。

②在线支付风险。在线支付指先在线付款后交货，是狭义的在线支付，也是

最普遍的电子商务交易支付方式。还有变形的在线支付，如押金担保等。对于在线支付，消费者将承担商品毁损、灭失风险。

③在线交易风险提示不完备。平台经营者没有合理提示用户关注交易风险，在执行用户的交易支付指令前，没有要求用户对交易明细进行确认；从事网上支付服务的经营者，在执行指令前，没有要求付款人进行确认。

④消费者支付欺诈行为。在支付确认阶段，商户无法确定支付是否由账户真实主人确认。例如，通过信用卡购买商品的后付费用户，攻击者利用盗取的信用卡绑定发生实际购买行为，平台在接受绑定后产生交易，但信用卡的真实主人申报该购买无效，不愿支付费用。交易已经发生，对于平台来讲就直接造成损失。

⑤套现。套现行为包括信用卡套现、抵用券套现、信用支付产品套现等行为。利用平台进行信用卡套现最为常见，尤其P2P金融和电商中普遍存在通过信用卡支付、提现等。抵用券套现是一种虚假交易形式。抵用券是一种标注抵用金额或物品的优惠券，主要分为消费券、打折卡等。以消费券套现为例，消费者向商家交付消费券，商家将消费券面额的一部分返给消费者，商家（双方）可以借此牟利。如消费者用面额20元的消费券去扫商家收款码，但并不实际消费，然后向商家支付款项60元，此时商家得到80元的商品价款，然后通过其他途径返还消费者70元，商家和消费者分别获利10元。

⑥货到付款风险。货到付款是指一手交钱、一手交货。货到付款风险是由商家承担采购、资金、运输等风险。对于货到付款的网络交易，平台内经营者面临消费者拒绝接收商品或服务，使平台内经营者不能取得货款的风险。另外，其还包括配送员过失少收货款、收缴的货款丢失或被盗抢等风险。

⑦白条支付。白条支付即赊账销售，商家先交货，消费者后付款。此类风险主要由商家承担。

⑧在线支付业务规范和技术标准不健全。在线支付业务，如第三方支付、跨境电子支付等相关规范不完善，相关技术标准尚未出台等。

⑨在线支付系统风险。在线支付系统包括信息网络系统、结算系统、认证体系、信用体系、金融机构等。在线支付系统的各组成部分都会面临系统内部风险与系统外部威胁。

（4）物流配送风险。

①物流配送的基本问题。一是配送商的选择，包括平台推荐配送商、一家配送

商与多家配送商。二是配送方式,包括商家送货上门、买家上门自提。三是配送费用,包括收费和免费(附条件免费)。四是配送时间,包括有承诺(如京东的"京准达")和无承诺(如行业惯例)。五是配送信息,包括提供配送信息和不提供配送信息。

②物流配送的风险。一是配送延误,即未在约定的时间内配送商品。二是配送商品与购买商品不符,即配送商品与购买商品在商品品类、数量、质量等方面不一致。三是配送商品损坏或缺失。商品在运输配送过程中损坏或缺失,即使对商品进行全额保价,也无法完全弥补消费者的损失。四是不可抗力发生时,未主动与买方协商补救方式。

3)交易后风险

(1)交易证据风险。交易证据即可以证明交易真实发生的材料,包括电子数据、视听资料、书证、物证等,网络交易证据以电子数据居多,如交易页面、电子合同、电子发票、邮件等。交易证据风险包括交易证据自身合法性及交易证据缺失等。

(2)售后服务风险。

①违反售后法律法规。其主要包括电子商务经营者违反法律法规有关"7天无理由退货"的规定以及违反法律关于"三包"的规定。

②违反售后特别承诺。电子商务经营者违反自己对消费者的售后服务等特别承诺。电子商务经营者若不依约履行该承诺,则构成违约。

(3)交易纠纷处理风险。

①平台内经营者处理不力。平台内经营者交易纠纷处理不力主要体现在投诉处理不作为、投诉处理态度不积极、投诉处理态度恶劣、平台内经营者未按承诺履行退换货服务或退换货结果不满意等。

②平台经营者处理不力,包括但不限于以下方面。

对商业欺诈处置不力。一些电子商务平台经营者对平台内经营者涉嫌合同欺诈、消费欺诈等行为监测、处置不到位。

内部管理规则不合理。一些电子商务平台经营者对平台内经营者违反国家法律法规及规章规定的经营行为处理力度过轻,易使违法经营者或潜在违法经营者认为违法成本不高,助长其谋取不法不当利益的心理预期和实际行为。

电子商务平台经营者未积极协助消费者维权。

(4)评价风险。

①售后恶意评价风险。售后恶意评价即消费者利用电子商务平台提供的评价

机制对网店进行的恶意评价。

②售后恶意投诉风险。投诉包括站内投诉与站外投诉。消费者或者向网站恶意诉求自身利益,或者打投诉电话,向第三方机构或政府进行恶意举报。

2. 交易风险评估

1) 评估交易风险的角度

电子商务交易风险可从不同的角度进行评估:①从交易不同阶段进行评估。交易的三个阶段都会发生风险,只是风险种类不同,不同风险发生的频率不同,表现的特点不同。②对不同交易主体进行评估。从交易主体分析交易风险主要由哪一电子商务参与方实施。平台内经营者显然是最可能实施风险的参与方,但同时不能轻视可能发生在平台经营者以及消费者身上的风险。③根据交易风险发生的后果进行评估。从交易风险发生的后果分析不同交易风险的不同后果。违约、违法与犯罪是交易风险发生的三种后果。④根据交易风险的性质进行评估。根据交易风险的性质,可将其分为规范性风险与技术性风险。交易风险肯定并存以上两类性质的风险,但规范性风险是交易风险的主要类型。⑤根据影响交易风险的因素及其权重进行评估。影响交易风险的因素主要有技术因素、市场因素、法律与制度因素、信用因素、个人因素等。这些因素对交易风险的影响程度不一样,因此权重也不同。

2) 交易风险评价指标体系

电子商务经营者是电子商务的主要参与者,因此下面主要介绍电子商务平台经营者和平台内经营者的交易风险评价指标。

(1) 电子商务平台经营者交易风险评价指标。电子商务平台经营者的交易风险评价指标包括但不限于下面的指标。

①电子商务平台资质指标。电子商务平台资质指标包括电子商务平台资质的基本指标、运营指标。运营指标包括信息公示和运行维护等方面的指标。

②平台内经营者管理指标。平台内经营者管理指标包括卖方资质、卖方审核机制等指标。

③商品审核指标。商品审核指标包括商品信息公示、商品价格、商品质量、商品信息审核等指标。

④交易服务过程指标。交易服务过程指标包括交易规则、交易信用管理、交易纠纷投诉处理等指标。

⑤配套服务指标。配套服务指标包括在线支付服务、物流服务等方面的指标。

⑥信息安全与保密指标。信息安全与保密指标包括技术指标、信息安全指标等。

（2）平台内经营者交易风险评价指标。平台内经营者的交易风险评价指标包括但不限于下面的指标。

①经营合法性指标。经营合法性指标包括经营资质合法、经营内容合法、经营行为合法等指标。

②经营状况指标。经营状况指标包括企业经营时间、交易量、财务状况、人力资源等指标。

③信息披露和管理指标。信息披露和管理指标包括产品信息、价格信息、收费信息及服务说明、活动信息、平台规则及隐私管理、信用状况等指标。

④产品或服务质量指标。产品或服务质量指标包括产品或服务质量与描述的符合度、与预期的符合度等指标。

⑤支付和配送服务指标。支付有安全性、功能性、便利性等指标，配送服务有安全性、时效性、服务费用等指标。

⑥客户服务和投诉指标。客户服务指标包括客户服务满意度指标，如商品或服务质量、物流服务质量、购物体验等满意度指标。投诉指标包括投诉对象的类型、数量、比例等指标。

3. 交易风险处置

交易风险处置与信息和网络风险处置的思路基本类似。不同的是交易风险的处置措施除了需要技术措施来保障交易平台可靠运行外，更多地体现为规范措施，即通过完善交易规则、制度和相关法律法规来避免风险的发生。例如通过依法公示交易参与方的身份可以回避因身份信息不对称引发的风险，通过信用评价机制避免与不可信的交易方发生交易，通过制定和完善交易各阶段的规则来降低交易风险的发生率，通过合理的交易制度将风险责任进行转移等。

9.3 电子商务风险应对

电子商务系统因技术、管理等方面的不足往往存在漏洞或缺陷，使系统处于不安全的状态。组织需要采取必要措施降低各种风险的发生概率，减少风险损失。

9.3.1 电子商务风险应对策略

风险应对策略也称为风险应对措施，是组织根据自身条件和外部环境，围绕组织发展战略及确定的风险偏好、风险管理的有效性标准等采取的应对措施的总和。在选择应对措施时，需考虑应对措施的可行性及影响后果，组织的风险承受度，成本和收益，利益相关方的价值观、感知并与其沟通等。

1. 总体策略

电子商务风险应对总体策略是将技术措施与管理措施有机结合起来，只有通过有效的风险管理才能确保安全技术发挥应有的作用，真正实现设备、应用、数据和人的整体安全。技术措施主要有：用以保护电子商务安全的基础技术，用以实现电子商务系统安全、网络安全、数据安全及新应用安全的各种相关技术。管理措施主要依据但不限于：现行法律；国际标准、国家标准、行业标准；行业主管机关对业务系统的要求和制度；系统安全保护等级要求；系统互联单位的安全要求；系统本身的实时性或性能要求等。

2. 具体策略

电子商务风险应对的具体策略是根据组织自身条件和外部环境，围绕组织发展战略、风险偏好、风险承受度、风险管理有效标准等选择风险处理方式，如回避风险、转移风险、降低风险和接受风险等。

9.3.2 电子商务信息风险控制

1. 风险控制措施

风险控制措施即安全措施，是管理风险的具体方法，即用以保护资产、抵御威胁、降低脆弱性、降低安全事件的影响，以及打击信息犯罪而实施的各种实践、规程和机制。风险控制措施可分为技术措施和管理措施。

1）技术措施

（1）按照风险控制应用层面分。按照风险控制应用在技术架构的层面，可将控制分为单层面的控制和多层面的控制。电子商务系统架构包括：互联网、企业外部网、企业内部网，涉及WANs（广域网）和LANs（局域网）；网络连接设备，包括交换机、路由器、防火墙等；计算机系统，包括大型机、服务器和桌面计算机、应用程序及数据等。一些控制应用在一个层面，如防火墙的控制通常应用在外部网与内部网之间。一些控制则从外部网到具体应用程序都有应用，如系统中所有密码均需要由 8 个或 8 个以上的字符构成。

（2）按照风险控制功能分。按照风险控制功能，可将控制分为预防型控制和检测型控制。预防型控制通过使用安全设施或加强安全规则阻止漏洞被利用。例如使用多种认证技术替代单一认证技术。检测型控制是当系统存在的漏洞被利用或安全规则遭到破坏时便会发出警告。例如入侵检测、审计跟踪、扫描监控等就属于这类控制技术。

（3）按照风险控制针对的安全要素分。按照风险控制针对的安全要素，可将控制分为机密性控制、完整性控制、可用性控制、授权控制、责任归属控制等。例如：在 Web 服务器中使用安全套接层技术实现机密性控制；通过对关键系统文件的目录和结构的未授权更改进行监控实现完整性控制；通过对网络操作中心进行部署，使用高性能的网络监控工具保障网络可用性最佳；通过数据库的授权机制校验某用户是否为所属功能的指定用户来实现授权控制；通过审计日志可追踪每台计算机的操作信息，如通过登录和注销的用户来确定责任归属；等等。

2）管理措施

安全管理措施主要包括信息安全管理制度和国家法律、法规及相关标准等。

（1）信息安全管理制度。信息安全管理制度需要对各项安全要求作出规定，是企业人员安全工作的规范和准则。安全管理制度的内容包括但不限于：①操作规程、应急处理、日常维护、软硬件档案保管、信息保密等。②对电子商务交易过程，包括营销、销售、售后等相应的管理制度。③比较完善的人员管理制度。总之，安全管理制度需涵盖人、过程和技术这三个重要影响因素。

（2）国家法律、法规及相关标准。要使电子商务安全、健康地发展，需要国家法律、法规及相关标准的支撑。目前我国正在积极推进这方面的建设，近年来陆续出台了多个相关法律法规，社会基础环境在逐步地完善。

2. 风险控制成本 – 效益分析

信息安全风险控制决策通常建立在实施信息系统控制的成本与获得操作安全、可用的系统所带来的效益的平衡之上。

1）成本 – 效益分析相关概念

（1）成本 – 效益分析。一个机构对资产保护的投入不应超出资产本身的价值，这样的决策过程被称为成本 – 效益分析，也称为经济可行性研究。

（2）成本。成本是为保护信息资产所进行的投入。确定保护信息的成本通常是很困难的事情。一般来说，影响控制和保护信息的成本的因素主要有：开发和获取硬件、软件以及服务的成本，培训费用，实施成本，服务成本（包括维护和升级的卖方费用），维护成本等。

（3）效益。效益是组织对信息资产实施控制和保护后产生的好的效果，用每年损失期望值（ALE）来表示。

（4）资产评估。资产评估是指对设计、开发、安装、维护、恢复以及防止损失和诉讼相关的实际成本和预测成本进行评估。资产评估通常包括：创建或获取信息的成本，更新、重建或恢复信息的成本，维护信息的成本，所有者的价值，对竞争对手的价值，保护信息及知识产权的成本，信息资产不可用时对生产力的损失及对机构收入的损失等部分。

2）成本－效益分析

目前有多种成本－效益分析的方法，下面介绍一种使用每年损失期望值进行成本－效益分析的方法。

（1）每年损失期望值的计算方法：

$$单一损失期望值（SLE）=资产价值（AV）\times 暴露因子（EF）$$

其中，暴露因子（EF）是已知漏洞所造成的损失百分比。

单一损失期望值根据每次受攻击造成的损失的价值计算，该计算考虑了资产的价值和特殊攻击造成的损失的期望百分比。单一损失期望值将用来计算每年损失期望值。

下面计算每年损失期望值。一般情况下，用年发生概率（annual rate of occurrence，ARO）来表示一个威胁发生的可能性。例如，一个攻击每两年发生一次，则其年发生概率为 0.5（50%）。

ALE（每年损失期望值）的计算公式如下：

$$ALE = SLE \times ARO$$

例 9-1 一个电商网站的资产评估价值为 100 000 元人民币，网站的 10% 会在"黑客"的攻击下遭到损坏（暴露因子），"黑客"攻击的 ARO 为 0.5，求该网站的 ALE 是多少？

解：SLE=AV×EF=100 000×10%=10 000（元）

ALE=SLE×ARO=10 000×0.5=5 000（元）

答：该网站的 ALE 是 5 000 元。

也就是说，如果该电商企业不提高网站的安全等级，企业每年都会损失 5 000 元。

（2）成本 – 效益分析公式：

$$CBA=ALE（控制方案实施前）-ALE（控制方案实施后）-ACS$$

其中，ALE（控制方案实施前）为控制方案实施前的 ALE 值；ALE（控制方案实施后）为控制方案实施一段时间后的 ALE 值；ACS 为每年的防护成本。

一般方案投入实施后，还需继续进行成本 – 效益分析，以决定何时对控制方案进行调整或优化。

3. 信息安全风险控制决策

1）回避风险

可通过制定管理制度、回避威胁、实施安全技术保护、开展教育培训等方式回避风险。在管理制度方面，组织如果需要对密码进行更严格的管制，则制定相应的密码使用制度。在回避威胁方面，在没有足够安全保障的信息系统中，不处理特别敏感的信息，以防止敏感信息的泄露。对于只处理内部业务的信息系统，不使用互联网，以避免外部的有害入侵和不良攻击。保证组织的活动在国家有关法律、法规允许的范围内进行，用法律、法规来保护自己的合法经营。拒绝与不讲信用厂商的业务往来，在业务开始阶段发现问题即果断停止等。在实施安全技术保护方面，使用安全技术控制和保护系统是降低系统风险的通常做法。在开展教育培训方面，通过对员工进行培训教育、提升员工的安全意识、对终端用户采取必要措施等可建立更安全、更可控的组织环境。

2）降低风险

（1）减少威胁源。采用法律的手段制裁计算机犯罪，发挥法律的威慑作用，从而有效遏制威胁源的动机。计算机犯罪的范畴包括盗取机密信息、攻击关键的信息系统基础设施、传播病毒及不健康信息和垃圾邮件等。

（2）降低威胁能力。采取身份认证等措施，从而降低身份假冒这种威胁行为的能力。

（3）降低脆弱性。及时给系统打补丁，关闭无用的网络服务端口，从而降低系统的脆弱性，降低被利用的可能性。也可通过计划和筹备提高风险的侦测和回应能力，如事故响应计划、灾难恢复计划、业务连续性计划等。

3）转移风险

（1）控制型非保险转移。控制型非保险转移是通过契约、合同将损失的财务和法律责任转嫁给他人，从而解除自身的风险威胁，具体形式有外包、租赁、出售、售后回租等。

（2）保险转移。对于自身不能控制也不能转移的风险，或者根据内外部环境变化对控制效果没有把握的时候，可以采用投保的方式进行风险转移。

4）接受风险

接受风险分为被动接受风险和主动接受风险。被动接受风险通常是未识别面临的各种风险，或者即使识别了风险却未能采取措施而无奈地被动接受风险损失。主动接受风险是指在识别风险的基础上，通过采取有意识的、有计划的措施来应对和接受风险损失后果。组织最终是否接受风险，需要考虑风险发生频率和风险损失程度两方面因素。

9.3.3 电子商务网络风险控制

电子商务网络风险控制是指对电子商务网络系统进行风险评估，并根据评估结果采取有效的控制策略。控制策略通常涵盖技术措施和管理措施，其实施对象主要为电子商务全流程的各种网络系统。电子商务网络风险控制的目的是维护电子商务网络系统的运行安全，即保证数据处理和传输系统的安全；电子商务网络系统的信息安全，即保证网络系统中信息的保密性、真实性和完整性。

1. 技术措施

技术措施是为防止电子商务网络通信阻塞、中断、瘫痪、被非法控制等以及网络中传输、存储、处理的数据信息丢失、泄露或被非法篡改等采取的相关技术。先进完善的网络安全技术为电子商务网络进行预防、保护、检测、响应和恢复提供技术手段，有助于实现电子商务网络系统全生命周期的风险防范和控制，可以极大地提高电子商务网络风险控制的有效性。常用的网络安全技术措施涉及加密技术、数字签名与认证技术、访问控制技术、防火墙技术、入侵检测技术、防病毒技术等。

2. 管理措施

管理措施通常以制度形式出现，即用条文对各项安全要求作出规定。常用的管理措施主要包括网络安全相关制度、标准、法律法规等。拥有网络的电子商务组织都应该建立相应的网络安全管理组织和规章制度，通过加强内部管理、用户管理和授权管理，建立安全审计和跟踪体系来提高整个网络的安全性。网络安全是建立在信息系统互联、互通、互操作意义上的安全，因此需要技术标准来规范系统的建设和使用。网络为电子商务提供了基本的运行环境，网络运行环境的安全以及网络环境中的行为都需要法律来保护、调整和规范，相关内容参见 8.2 节、8.3 节。

9.3.4 电子商务交易风险控制

电子商务交易的参与方包括企业、政府、消费者等，其中企业和政府是电子商务交易风险控制的主体。在平台型企业不断崛起的情况下，传统依靠单一政府，甚至是"政府与企业"的二元结构显现出弊端，难以满足交易风险的控制需求，多元主体共同参与的协同机制是电子商务交易风险控制的必然选择。

1. 多主体协同机制

多元主体共同参与的协同机制就是充分发挥政府、行业、企业、社会公众等多元主体的作用，共同完成交易风险的控制。

（1）政府监管。政府监管，是政府为实现交易安全等公共政策目标，对电子商务经营主体进行的规范与制约活动。"十二五"时期，特别是党的十八大以来，党中央、国务院高度重视市场监管工作，明确把市场监管作为政府的重要职能。

（2）政企协同。一方面，政府强化生产经营者的主体责任，要求企业履行好质量管理、营销宣传、售后服务、安全生产等方面的义务，引导企业成为行业秩序、市场环境的监督者和维护者，培育有社会责任的市场主体。另一方面，政府与企业特别是平台型企业的协同应解决好两个主要问题：一是政府与企业责任边界的合理划分。在政企协同模式下，既要充分发挥平台型企业参与控制的主体作用，又要避免给平台型企业过多过重的责任，同时保持平台型企业经济创新发展的活力。二是政府应建立适应平台企业特点的监管体系。政府构建的监管体系应增进协同控制的效力，督促平台责任的有效落实，降低监管成本，提高监管效率。对于不同领域的平台，政府与平台型企业在风险控制中介入的程度应有所不同。

（3）行业自律。《电子商务法》将行业自律和社会监督的重要地位在法律中给予了明确，国家建立符合电子商务特点的协同管理体系，推动形成有关部门、电子商务行业组织、电子商务经营者、消费者等共同参与的电子商务市场治理体系。

（4）社会监督。积极推动社会共治立法，明晰社会共治主体的权利和义务，加强社会公众、中介机构、新闻媒体等对市场秩序的监督。特别要强化以消费者为核心的社会监督机制，使消费者成为消费秩序的有力监督者和维护者。

2. 交易风险控制措施

1）技术措施

电子商务交易平台除拥有与交易平台经营规模相适应的管理人员、技术人员和客户服务人员外，还应当有与从事的业务和规模相适应的硬件设施以及保障交易正常运营的计算机信息系统和安全环境。

（1）交易平台设施及运行环境维护。平台经营者应当保障交易平台内各类软硬件设施的正常运行，维护消防、卫生和安保等设施处于正常状态。平台经营者应按照国家信息安全等级保护制度的有关规定和要求建设、运行、维护网上交易平台系统和辅助服务系统，落实互联网安全保护技术措施，依法实时监控交易系统运行状况，维护平台交易系统正常运行，及时处理网络安全事故。根据《第三方电子商务交易平台服务规范》的规定，日交易额1亿元人民币以上（含1亿元）的第三方电子商务交易平台应当设置异地灾难备份系统，建立灾难恢复体系和应急预案。

（2）网上交易的参与各方必须遵守国家相关法律法规，遵守国家信息安全等级保护制度的相关规定和标准，遵守互联网技术规范和安全规范。网上交易以互联网为基础，为保证交易的正常进行，网上交易参与各方，特别是网上交易服务提供者，必须遵守国家制定的互联网技术规范和安全规范。

2）规范措施

电子商务交易风险控制分为不同性质规范的制定及其不同控制主体的执行两大阶段，可由电子商务各交易参与方、政府、行业、社会等多元控制主体分别制定不同的规范，然后再由以上控制主体根据各自的权责进行各具特色的风险控制手段设计。

（1）交易参与方合规交易。交易参与方主要包括电子商务平台经营者、平台内经营者以及消费者。交易方的控制分为电子商务平台控制、平台内经营者控制以及用户控制，包括自我控制与对方控制，特别是电子商务平台经营者对电子商务平台内经营者负有审查与核实、检查监控责任。交易参与方是交易风险的主导性控制主体。首先是电子商务经营者制定、健全各类安全规章。安全规章的来源包括国家法规、法律、标准、政策，以及经营者行业特殊的安全要求。其次是交易参与方合法合规交易，在交易前、交易中以及交易后三个阶段进行风险控制。

（2）交易三个阶段风险控制。

①交易前风险控制。第一，交易参与方资质必须合法，即电子商务平台经营者与电子商务平台内经营者资质合法以及消费者资质合法。第二，依法公示真实身份信息，包括平台经营者身份信息公示、平台内经营者身份信息公示、消费者身份信息的公示。第三，合法采集、使用、保护消费者身份信息。第四，依法从事营销活动。提供商品或服务的经营者必须准确、充分地提供商品或服务相关信息。电子商务经营者在发布和传递信息时，要提高各类商务信息的合法性、安全性、真实性、完整性、时效性和便捷性；不开展最高奖价值超过法定限额的抽奖式有奖销售；如实宣传、发布广告；促销活动中不得有侵犯知识产权或制售假冒伪劣商品的行为。第五，依法制定、修改、公示平台交易规则。平台交易规则的定义及平台交易规则的具体内容参见 9.2.4 节。

②交易中风险控制。一是健全交易规则。交易规则包括平台经营者与消费者之间的协议、平台经营者与平台内经营者之间的合同。二是交易方依法签约。交易方依法使用电子签名，平台内经营者出具交易凭据。三是不得从事法律禁止的非法交易行为。

③交易后风险控制。通过依法执行售后服务和退换货制度，建立卖家保证金制度，积极处理交易纠纷等控制交易后的风险。

9.4 电子商务风险管理优化

"持续改进、优化"是风险管理的原则，也是事物发展的规律。电子商务风险管理优化是指电子商务安全管理主体把新的管理要素（如新的管理理论、新的管理方法、新的管理手段、新的管理模式等）或过程要素（如物流、信息流等）组合引入电子商务风险管理，以更有效地实现风险管理目标的活动过程。

9.4.1 优化需求

管理优化是管理者在特定环境下，对各类资源进行有效配置，选择优良组合，以便实现确定目标的实施过程。在此过程中，电子商务安全需求是推动优化的直接动力来源。

1. 风险的动态发展对风险管理优化的需求

电子商务风险管理优化的需求必然与动态化、环境的剧烈变迁、条件的突然变动相联系。电子商务风险管理优化随着电子商务破坏活动手段的丰富变得尤为重要，在利益驱动，甚至是超额利益的驱动下，破坏活动向电子商务风险管理优化提出了更为迫切的任务。

2. 商务活动信息化、网络化对风险管理优化的需求

电子商务的飞速发展和进步，亦需要电子商务安全管理优化的同步或适度超前。比如说，网络下的电子支付，如有差错，止损、抢救或者挽回损失都很困难，需要电子商务安全管理优化的事先防范、事中控制（止损）和事后追索（挽回），如果优化滞后严重，很多风险转化为现实的损害，就有可能永久性地无法恢复了。

3. 信息系统分布式计算、网络社会无核化的趋势对风险管理优化的需求

网络发展到今天，不完全依赖核心服务器，实现分布式运算（云计算）的比重越来越高，甚至出现了微云计算，通过核心服务器指令引导、管理乃至控制网络系统越来越成为不可能的任务，反倒是区块链技术为分布式计算的优势提供了更为强大的证明。网络社会的跨地域、跨时空特性，对集约式、指令化管理形成了巨大影响和冲击。

9.4.2 优化内容

一般地，管理优化的内容可以分为管理思想理论上的创新、管理制度上的创新和管理技术方法上的创新三个方面。电子商务风险管理优化是贯穿于电子商务运行全过程的管理活动，是一种不断完善的管理活动，也需要在管理思想理论、管理制度和管理技术方法三个方面相互联系、相互作用下推进。管理优化活动只有从电子商务系统化运行的实际出发，有目的、有计划地推进，才会取得预想的效果。

电子商务风险管理优化的主要内容有人员理念、组织结构、产品需求、资源利用、工作机制五个方面，共同形成有效的管理优化模式。

（1）人员理念方面的管理优化。电子商务安全管理的理念问题主要体现在对安全问题的认定上，就是所有参与主体都要有系统化的安全观，在整个系统中，别人的安全就是我们的安全，别人安全的改善就是我们安全管理的优化。

（2）组织结构方面的管理优化。这是电子商务风险管理中最难实现的一部分，因为基于系统安全观、总体安全观，电子商务安全有着类似于准公共物品的特性，鉴于此特性，安全管理的组织结构优化应当由政府及相关附属机构来承担，其运行机制还要与电子商务安全的高难度要求相匹配，在它们的引领下才能牵引大量社会企业乃至普通电子商务相关企业参与，不断优化自身运行的组织结构。

（3）产品需求方面的管理优化。电子商务安全是准公共物品，但这种安全管理绝大多数可以通过市场化产品和劳务的提供来实现，因而电子商务安全管理的产品需求，就是其管理优化的方向。

（4）资源利用方面的管理优化。电子商务安全管理的成效要从整个系统来考察，管理优化也需要动员全系统的资源来实现，但是管理优化的核心指向正是对资源的高效利用，安全管理投入产出比率的提高正是其管理优化的关键。

（5）工作机制方面的管理优化。电子商务风险管理机制的优化是管理优化的核心，也是安全管理得到优化的主要呈现。工作机制优化的主要表现是反应及时、响应到位、传输通畅、权责匹配，能够对风险及危机因素形成系统、有效、恰如其分的应对决策。

需要注意的是，电子商务风险管理优化是一个渐进的过程，不能脱离实际去做不可能做到的事情，这样才有可能取得优化的实际效果。

9.4.3 优化路径

1. 优化阶段划分

电子商务安全管理优化过程包含发现不足、形成思路、创新探索、取得认同四个阶段。

1）发现不足：电子商务从业主体对安全管理现状不满意

几乎所有管理优化案例的动机都源于对现状的不满，或是组织遇到危机，或是商业环境变化以及新竞争者出现而形成战略型威胁，或是某些人对操作性问题产生抱怨。不论出于哪种原因，管理优化都在挑战组织当前的稳态管理，它更容易产生于紧要关头。电子商务安全管理优化的动因可能产生在以下方面。

（1）电子商务安全的既有状态被打破。电子商务所依托的网络信息技术不断有新技术、新架构、新模式、新应用产生，相对应的各类安全风险因素也相伴相生，有恶意的也有非恶意的，客观上都导致了电子商务安全管理的体验不够理想。

(2）有更多更好的电子商务安全的要求。电子商务过程是一个系统的综合化体验，安全管理方面的相对劣化或其他大多数子领域的优化，都会通过"木桶原理"使参与者对电子商务安全管理的感受变差，进而产生管理优化的内心追求。

(3）电子商务安全遭受到威胁和冲击。以系统性运行为前提的电子商务，某一环节或某一细分领域的差错均可能造成颠覆性的损害，所谓"牵一发而动全身"，因此成为电子商务安全管理优化动力的重要来源。

2）形成思路：从其他来源寻找电子商务安全管理优化的思路和契机

(1）源自管理思想家和管理宗师的优化灵感。管理思想家的管理科学思考和管理智慧，会形成优化的思路航标，这些未及证实却非常有吸引力的新观念激活了电子商务安全管理的优化进程。

(2）来自关联组织和社会体系的优化经验。"他山之石，可以攻玉"。管理优化的灵感可能来自其他经济社会体系的成功经验，电子商务作为数字经济当前最常见的产业形态，其发展成长应当而且已经参考了关联并不一定密切的组织和社会体系发展的经验。

(3）来自竞争对手或合作方的管理优化案例。管理优化的灵感很难完全从一个组织的内部产生，可以从竞争对手或合作方的管理优化案例中吸取灵感。但有不少机构尤其是电子商务机构盲目对标或观察竞争者的行为，反倒容易导致整个产业的竞争高度趋同。

3）创新探索：进行电子商务风险管理的创新探索

电子商务风险管理优化需要将各种不满的要素、灵感以及解决方案组合在一起。管理优化需要将思路、契机与电子商务安全的现实需要有机结合。借鉴、吸收或比照形成的优化思路，与日新月异的电子商务业态、日益严峻的电子商务安全需要结合并对照之后，才能获得富有成效、立足实践的创新探索。

4）取得认同：争取内、外部对电子商务风险管理优化创新的认同

管理优化需要应对风险巨大、回报不确定的问题。很多参与主体不能全面理解创新的潜在收益，或者担心创新失败产生负面影响，因而会竭力抵制创新。电子商务安全管理优化在实施之前也很难准确判断管理创新的收益是否高于成本。因此对管理人员来说，一个关键阶段就是争取他人对优化创新的认可。

在管理优化中，获得组织内部的接受比获得外部人士的支持更为关键。这个过程需要明确的拥护者，如果有一个威望高的高管参与创新的发起，就会大有裨

益。如果能尽快取得成果，则可以证明电子商务安全管理优化的有效性。但许多管理优化往往在数年后才有结果，因此创建一个支持同盟且将创新推广到体系中非常重要，并将形成的阶段成果及时分享，以获得支持和认可。管理优化也需要尽快获得"外部认可"。电子商务风险管理创新如果获得了独立观察者的第三方印证，在尚无法通过数据证明管理优化的有效性时，会极大增强电子商务安全管理主体队伍的信心和积极性。

2. 优化提升路径

（1）集中突破全面提升。电子商务安全管理优化主要的考察视角是安全效能的提升，因此其评价的依据就是总体安全状态的变化，更多的是某些领域的集中突破，带动安全管理的效能在总体上改善。

（2）推动优化过程螺旋上升。现实商业运行中，管理优化往往是在基础管理较好的基础上才产生的，因为基础管理好可提供许多必要的准确信息、资料、规则，这本身有助于管理优化的顺利进行。同时，这种进步呈现出较为明显的螺旋上升形态，通过优化进展与问题挑战轮替居于主导地位的不同阶段，科学进行优化，合理应对问题和挑战，推动电子商务持续发展。

为了推动螺旋上升态势的形成，需要营造一个良好的管理优化氛围，电子商务安全管理的主体应树立创新意识，有效发挥其优化创新能力。

管理优化应结合电子商务安全问题的特点，并且针对电子商务安全问题产生的原因和影响因素，这样的优化创新就不会脱离电子商务和不同国家与地区的特点。尊重尤其是把握中国电子商务安全的现状与特征，应充分发挥融"情、理、法"为一体的中国式管理制度的优势和特长。

【本章小结】

风险与安全是一个事物的两个方面。本章在介绍风险、风险管理的基础上，分析了电子商务风险管理的内容和流程，然后介绍了常用的风险识别、风险分析和风险评价的方法。电子商务面临很多风险，本章对电子商务中最重要、最关键的三类风险（即信息风险、网络风险和交易风险）的评估进行了详细分析。本书认为，电子商务风险应对的最佳路径就是将技术措施和管理措施有效地结合起来，并将其运用到电子商务信息风险、网络风险和交易风险的控制中。风险管理是一个持续的过程，管理优化是必不可少的一个环节，本章最后对电子商务风险管理优化的需求、内容和路径进行了探讨。

【思考题】

1. 简要说明电子商务风险管理的过程。
2. 分析数字经济时代数据资产的价值与风险。
3. 简述信息风险评估的过程。
4. 结合案例,简要分析电子商务交易不同阶段的风险。
5. 结合实例,说明如何使用技术措施进行信息风险控制。
6. 结合实例,说明如何使用管理措施进行信息风险控制。
7. 谈谈你对多主体协同机制的理解。
8. 结合案例,分析政府应如何创新网络交易监管。

【即测即练】

第10章 电子商务信用治理

🔍【学习目标】

1. 了解信用治理概念、严重失信行为、信用治理主体与参与者和国家法律法规中规定的失信行为。

2. 熟悉信用治理目的与原则,能理解信用治理目的与原则对信用治理的作用和意义。

3. 掌握全链条监管机制、奖惩机制与协同机制,能在学习实践和相关研究中运用这些机制解决电子商务中的失信问题。

🔍【能力目标】

1. 了解我国诚信体系建设现状,能准确把握电子商务信用治理主体与参与者在信用治理中的定位和作用。

2. 熟悉我国相关法规制度和诚信文化,能理解诚信教育和诚信文化建设对促进电子商务高质量发展的重要意义。

3. 掌握全链条监管机制的关键环节、奖惩机制和协同机制的主要内容,能结合实际分析现阶段如何更好地发挥这些治理机制的作用,能提出合理化建议。

🔍【思政目标】

1. 了解华商精神、信用消费,能认识诚信与开放对于商业发展的意义,能认识信用消费的利与弊,养成适度消费、理性消费的习惯。

2. 熟悉各类失信行为及其后果,树立诚信兴商的理念,培养社会责任意识、规则意识、奉献意识。

3. 掌握商业职业道德,能恪守诚实守信的职业道德,做到遵纪守法,争做诚信典型。

【思维导图】

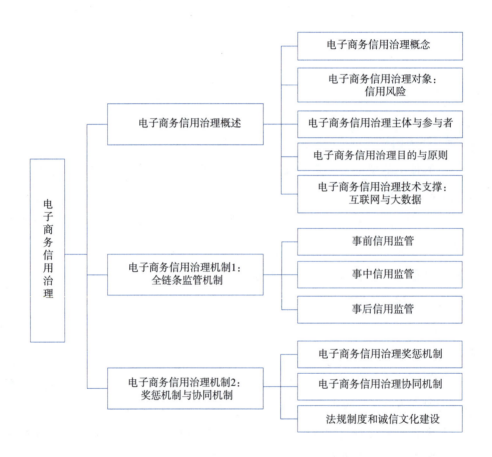

【导入案例】

阿里巴巴推出企业诚信查询平台

继全球首个"大数据打假联盟"、封杀恶意知识产权代理之后,阿里巴巴2017年2月正式上线企业诚信查询平台cheng.xin,用户登录后,只需在网站输入企业名称或法定代表人信息,就能查询其信用等级以及企业相关情况。

cheng.xin主要依托阿里巴巴2016年推出的企业诚信体系,该体系由诚信评级、诚信档案、企业身份认证、风险扫描准入、动态风险监控、电子通行码等部分组成,其中诚信评级以企业基本信息、法定代表人、贸易行为、金融行为、商业关系五大维度为企业提供信用评级,分为AAA、AA、A、BBB、BB五个等级。其目前提供中国8 600万家企业和美国2 400万家企业免费查询服务,这些数字未来还将不断增加,并逐步开放其他国家。除了诚信评级,用户还能在平台上查询企业的基本信息、工商变更记录、主要管理人员、企业股东信息、被执行人、失信被执行人、对外投资信息,有助于交易双方降低贸易风险。

"例如在国际贸易中,此前由于缺乏卖家诚信评估,增加了交易风险,一定程度上抑制了海外直购与海外分销的发展。"阿里巴巴方面表示,中小企业通过诚信查询平台能有效规避交易风险,并提升企业间的协同效率,降低订单与融资获取的成本。同时,失信企业也将在未来的商业环境中无所遁形,实现优胜劣汰。

资料来源:阿里巴巴推出企业诚信查询平台[EB/OL].(2017-02-15)[2022-03-11]. http://caijing.chinadaily.com.cn/2017/02/15/content_28212771.htm.

【讨论题】

1. 作为电子商务交易平台,应如何保障平台内的交易安全?
2. 作为消费者,如何在网购时选择真实可靠的商家?
3.《电子商务法》在信用方面是如何规定的?
4. 电子商务交易为什么需要信用体系建设?
5. 电子商务企业应如何加强信用治理在电子商务活动中的作用?

诚实、守信是商业的基本准则。在商品经济发达的今天,信用与市场紧密相连,从某种程度上说市场经济就是信用经济。没有信用的市场只能是一种不完全的市场,有限的信用只能构造出有限的市场。在经济活动中,个人或组织要获得信任,既要守信,又要具备守信的能力。其中,守信是获得信任的必要条件,不守信当然就不可能获得信任。守信的能力就是兑现承诺的经济技术能力。这两个要素不仅是道德规范的要求,也和制度约束紧密相关。这一点在非面对面的电子商务模式下尤为重要。在商业规则和信用体系不完善的商业环境中,失信行为频频出现,成为威胁电子商务可持续发展的一大风险。

为此，需要健全社会信用体系，构建以信用为核心的新型市场监管机制，从而营造公平诚信的市场环境。

10.1 电子商务信用治理概述

下面首先说明电子商务信用的相关概念，然后分析电子商务信用治理对象、主体与参与者、目的与原则以及技术支撑。

10.1.1 电子商务信用的相关概念

1. 电子商务信用

电子商务信用是在电子商务交易中，交易方取得交易对方信任作为交易基础的能力。这种能力以交易方诚信经营、遵守交易承诺和约定、满足交易对方合理预期为获得和维持条件。

电子商务信用是传统市场信用在电子商务市场的延伸，由于电子商务的交易通常在线完成，电子商务信用依赖于网上交易平台的可靠性和稳定性。

2. 电子商务信用治理

电子商务信用治理是指以政府为主导、社会组织与公众参与，构建以信用为核心的新型市场监管机制，营造公平诚信的电子商务市场环境为目的的引导、规范及控制活动。

10.1.2 电子商务信用治理对象：信用风险

1. 电子商务信用风险的渊源与影响因素

1）渊源

电子商务是在以信息网络为基础的虚拟市场中进行交易，相关交易主体的信用能力或道德伦理的不同，以及受其他因素的影响，造成了交易主体遵守市场合约（隐性的或显性的）程度的不确定性，于是形成电子商务信用风险。一般来说，失信行为自然是失信者做出的，但电子商务经营主体除对内部员工进行信用管理外，往往不可能从失信者处发现、调查、收集失信信息，失信者或直接拒绝，或隐瞒、不配合。因此，第三方征信机构以及政府有关部门就成为电子商务经营主体获取外部失信信息的最主要渠道。

2）影响因素

（1）诚信意识和商业道德。诚信是公民道德的基本规范，是市场经济发展的基石，是商业道德的核心。诚信意识体现的是信用主体的价值观、世界观和信用观，包括信用主体的基本诚信素质、道德水平和行为准则等内容，是信用主体履约意愿的直接体现。对于企业而言，其诚信意识体现在企业文化氛围之中，是嵌入企业文化的道德原则。市场主体的诚信意识和商业道德体现在特定的决策与行为中，影响着信用的结果。

（2）失信惩戒力度。失信惩戒力度的大小影响着失信者的失信成本，当失信成本的期望值接近甚至大于失信所得时，失信者可能放弃失信行为，这是信用风险管理的目标。

（3）信用体系是否完善。不完善的信用体系将使电子商务信用风险大大增加。据专家分析，2017年中国市场交易中由于缺乏信用体系，无效成本占GDP（国内生产总值）的比重为10%~20%。

2. 电子商务信用风险：严重失信行为

根据法律、政策的不同规定，严重失信行为见表10-1。

10.1.3 电子商务信用治理主体与参与者

根据《国务院关于建立完善守信联合激励和失信联合惩戒制度加快推进社会诚信建设的指导意见》（2016年6月12日），电子商务信用治理主体与参与者应该包括政府部门、行业组织、信用服务机构及社会组织与公众。

1. 政府部门

承担电子商务行业信用建设和信用监管主体责任的是负有市场监管、行业监管职责的部门，应该主要包括以下政府各部门：

国家市场监督管理总局（信用监督管理司、网络交易监督管理司）及地方市场监督管理部门、国家网信办、商务部、工业和信息化部、中国人民银行（国务院征信业监督管理部门、征信管理局）及其地方分行、司法机关以及其他有关政府部门，当然，还有社会信用体系建设部际联席会议。

2. 行业组织

中国电子商务协会是电子商务信用治理的重要行业组织，是由信息产业部申请，经国务院批准，于2000年6月21日在北京成立，民政部核准登记注册的全

表 10-1 严重失信行为

严重失信行为	法律、政策依据
（1）严重危害人民群众身体健康和生命安全的行为，包括食品药品、生态环境、工程质量、安全生产、消防安全、强制性产品认证等领域的严重失信行为。 （2）严重破坏市场公平竞争秩序和社会正常秩序的行为，包括贿赂、逃税骗税、恶意逃废债务、恶意拖欠货款或服务费、恶意欠薪、非法集资、合同欺诈、传销、无证照经营、制售假冒伪劣产品和故意侵犯知识产权、出借和借用资质投标、围标串标、虚假广告、侵害消费者或证券期货投资者合法权益、严重破坏网络空间传播秩序、聚众扰乱社会秩序等严重失信行为。 （3）拒不履行法定义务，严重影响司法机关、行政机关公信力的行为，包括当事人在司法机关、行政机关作出判决或决定后，有履行能力但拒不履行、逃避执行等严重失信行为。 （4）拒不履行国防义务，拒绝、逃避兵役，拒绝、拖延民用资源征用或者阻碍对被征用的民用资源进行改造，危害国防利益、破坏国防设施等行为	《国务院关于建立完善守信联合激励和失信联合惩戒制度加快推进社会诚信建设的指导意见》（2016年6月12日）
当事人违反法律、行政法规，性质恶劣、情节严重、社会危害较大，受到市场监督管理部门较重行政处罚的，由市场监督管理部门依照本办法规定列入严重违法失信名单。其中，较重行政处罚包括： （1）依照行政处罚裁量基准，按照从重处罚原则处以罚款； （2）降低资质等级，吊销许可证件、营业执照； （3）限制开展生产经营活动、责令停产停业、责令关闭、限制从业； （4）法律、行政法规和部门规章规定的其他较重行政处罚。 严重违法失信行为具体包括： （1）食品安全领域严重违法行为。 （2）药品、医疗器械、化妆品领域严重违法行为。 （3）质量安全领域严重违法行为。 （4）侵害消费者权益的严重违法行为。 （5）破坏公平竞争秩序和扰乱市场秩序的严重违法行为。 （6）下列违法行为，且性质恶劣、情节严重、社会危害较大，受到市场监督管理部门较重行政处罚的，列入严重违法失信名单： ①未依法取得其他许可从事经营活动； ②提交虚假材料或者采取其他手段隐瞒重要事实，取得行政许可，取得、变更或者注销市场主体登记，或者涂改、倒卖、出租、出售许可证件、营业执照； ③拒绝、阻碍、干扰市场监督管理部门依法开展监督检查和事故调查。 （7）当事人在市场监督管理部门作出行政处罚、行政裁决等行政决定后，有履行能力但拒不履行、逃避执行等，严重影响市场监督管理部门公信力的，列入严重违法失信名单。 （8）法律、行政法规和党中央、国务院政策文件对市场主体相关责任人员列入严重违法失信名单有规定的，依照其规定	《市场监督管理严重违法失信名单管理办法》（2021年7月30日国家市场监督管理总局第44号）

国性社团组织。该协会面向电子商务，不受地区、部门、行业、所有制限制，是与电子商务有关的企业、事业单位和个人自愿参加的非营利性、全国性社团组织，开展全国互联网、电子商务行业信用评价工作。根据工业和信息化部、商务部政策法规指导意见，中国电子商务协会于2010年成立电子商务协会数字服务中心，作为开展全国电子商务行业信用评价的专设机构，在中心网站上，消费者可以查询诚信认证网站，从而确认可信任网站。网站认证的企业遍及金融、保险、旅游、

IT、电商、教育、政府、传媒等数十个行业。

由于中国电子商务协会连续 3 年未按规定接受全国性社会团体年度检查，2018 年 12 月 20 日，民政部对中国电子商务协会作出撤销登记处罚，同时将中国电子商务协会列入社会组织严重违法失信名单。2019 年 1 月，其被中国网络社会组织联合会取消会员资格。

目前的状况是，除了地方性的电子商务协会外，全国性的电子商务行业协会阙如。为了中国电子商务行业的健康有序发展，需要电子商务行业重新组建全国性的电子商务协会，从而助力协同共治监管机制的落实。

3. 信用服务机构

信用服务机构有公共信用服务机构和社会信用服务机构或第三方信用服务机构的区别，然而其根据不同职能的划分是更便宜、清楚的类型区分，即征信机构、信用评级机构以及电子认证服务机构。

1）征信机构

征信机构是指依法设立，专门从事收集、整理、加工和分析企业或个人信用信息资料工作，并出具信用报告，提供其他相关增值服务，帮助客户判断和控制信用风险的第三方机构。

目前我国的征信体系是"政府＋市场"双轮驱动的发展模式。征信机构因此可分为由政府主导的政府征信机构和由市场驱动的市场化征信机构。

（1）政府征信机构。

首先是国务院有关部委及其直属事业单位。其作为具有公共性质的征信机构，建立了国家级信用信息数据库及信用信息公示系统。其中比较重要的有以下几个：

①中国人民银行征信中心管理的企业和个人信用信息基础数据库。作为中国人民银行直属的事业法人单位，中国人民银行征信中心主要任务是统一负责企业和个人征信系统（又称企业和个人信用信息基础数据库）的建设、运行和管理。中国人民银行征信中心负责的国家信用信息基础数据库，截止到 2019 年 3 月，已经接入 3 500 多家银行和其他金融机构的信用信息数据，9.9 亿自然人的信用信息，还有 2 600 多万户企业和其他法人组织的信用信息。另外，由中国人民银行控股的上海资信有限公司，则是全国首家从事个人征信业务的机构。

②国家市场监督管理总局主办的国家企业信用信息公示系统。该系统提供全

国企业、农民专业合作社、个体工商户等市场主体信用信息的填报公示和查询服务，网站公示的主要内容包括市场主体的注册登记、许可审批、年度报告、行政处罚、抽查结果、经营异常状态等信息（不含港、澳、台地区企业信息）。

③中国海关企业进出口信用信息公示平台。该平台由中华人民共和国海关总署设立。中国海关企业进出口信用信息公示平台向社会公示企业在海关注册登记信息、信用等级、行政处罚信息、特定企业资质及失信企业名单等信用信息。

④中国国际电子商务中心（CIECC）。该中心成立于1996年2月，作为商务部直属事业单位，主要负责商务部信息化建设服务支撑工作。基于海量、权威的国家级信用数据库，中国国际电子商务中心建设了中国企业信用信息数据库、加工贸易/外贸企业数据库、全球采购商数据库等大型专业数据库，入库企业达到100多万家，为企业提供信息服务、风险报告、信用管理咨询与培训、商账管理与风险控制等业务。

其次是地方政府主导的征信体系。各地省级、市级政府大多建立了当地的信用平台，提供信用信息公示以及信用查询功能。以信用中国（浙江）等省级地方信用平台为例，平台信用数据的涵盖范围很广，包括经济、科技、司法、环保、交通运输、商务、文化、市场监管、税务、公用事业等诸多方面。由于信用数据来源于政府部门的日常工作，所以地方征信机构的特点是有很强的部门和行业属性。

（2）市场化征信机构。市场化征信机构中，主要是企业征信机构。截至2019年3月，市场上已经有125家企业征信机构，这些机构80%以上都是民营资本投资兴办的。我国市场化企业征信机构虽然数量不少，但是真正具有市场影响力的却很少，市场基本被外资性质企业垄断。

自2017年以来，为了满足互联网金融领域的信息共享需求以及个人征信的有效供给，中国人民银行批准了我国首个市场化的个人征信机构，即"百行征信有限公司"（以下简称"百行征信"）。截至2020年底，百行征信累计拓展金融机构达1 887家，替代数据源渠道达30个，基本实现基础替代数据源的广泛覆盖，百行个人征信数据库累计收录个人信息主体去重后达1.63亿人。使用量方面，截至2020年底，百行征信所有产品累计使用量突破4亿笔。2020年，百行征信个人信用报告全年使用量1.67亿笔，特别关注名单、信息核验、反欺诈系列等增值产品使用量1.49亿笔，所有产品全年使用量3.16亿笔。

我国目前的商业化个人征信市场尚处在起步阶段。《征信机构管理办法》规定，个人征信机构应当经中国人民银行批准。由于个人征信涉及个人隐私、数据来源和采集标准、评价模型、应用范围等一系列复杂问题，相关法律制度相对滞后，所以监管部门在企业资格审批上相对谨慎。

目前，我国市场已有两家获批的市场化个人征信机构——百行征信和朴道征信。公开信息显示，百行征信是国内首家获得牌照的市场化个人征信机构，成立于2018年5月。2020年12月28日，朴道征信获得央行颁发的个人征信业务经营许可证后，于北京朝阳自贸区注册成立。

2021年11月26日中国人民银行公告称，钱塘征信有限公司（筹）（以下简称"钱塘征信"）的个人征信业务申请已获央行受理。这意味着，根据《征信业管理条例》《征信机构管理办法》等规定，钱塘征信在完成相关申请流程后，将成为继百行征信、朴道征信之后的第三家市场化个人征信机构。

在业内人士看来，钱塘征信的受理，说明我国个人征信业务市场化进程进一步加快。后续，在蓬勃的市场需求支撑下，个人征信业务牌照或持续落地，进一步丰富市场主体，促进征信业务、征信体系更加规范发展。

2）信用评级机构

信用评级机构是依法设立的从事信用评级业务的社会中介机构。

我国信用评级行业诞生于20世纪80年代末，是改革开放的产物。最初的评级机构由中国人民银行组建，隶属于各省区市的分行系统。20世纪90年代以后，经过几次清理整顿，评级机构开始走向独立运营。截至2019年3月，我国市场上已经有97家信用评级机构，这些机构80%以上都是民营资本投资兴办的。我国的信用评级企业大部分已经被外资参股或控股。

根据中国人民银行征信管理局数据，截至2022年1月22日，全国备案法人信用评级机构共计55家。从区域分布看，信用评级机构分布在18个省、自治区和直辖市。其中北京、广东、浙江三地集中了55家信用评级机构的近一半。

3）电子认证服务机构

电子认证服务机构是为电子签名相关各方提供真实性、可靠性验证，负责发放和管理数字证书的权威机构，并作为电子商务交易中受信任的第三方，承担公钥体系中公钥合法性检验的责任。

近年来我国电子认证服务机构数量不断增长，根据工业和信息化部数据，截至 2019 年 10 月底，中国电子认证服务机构数量达 61 家，有效电子认证证书持有量合计 5 亿张。在电子商务领域应用中，电子签名应用增加，电子合同、电子签章服务逐渐成熟，这都使行业需求不断增加。从电子认证的行业趋势来看，电子认证服务业已经进入比较稳定的发展阶段。2019 年，中国电子认证市场规模约 302.5 亿元，到 2025 年市场规模将突破 1 000 亿元。

目前我国电子认证服务机构规模普遍较小，经营范围普遍存在集中于单一地域或单一领域的情况，但是行业内具备较强技术实力及领先服务理念的电子认证服务机构已经开始跨区域、跨行业开展业务。中国金融认证中心、中金金融认证中心有限公司、北京天威诚信电子商务服务有限公司、北京国富安电子商务安全认证有限公司等实力较强的电子认证服务机构已在全国范围内开展电子认证服务。

4. 社会组织与公众

电子商务信用共同治理不能缺少社会舆论的广泛监督。广大消费者及社会大众是舆论监督的核心力量，而消费者协会等社会组织则承担着更大的社会监督责任。网络、广播、电视、报纸等各种形式的媒体是舆论监督发挥积极作用的重要渠道。

10.1.4 电子商务信用治理目的与原则

1. 电子商务信用治理主要目的

电子商务信用治理的主要目的是：健全社会信用体系，加快构建以信用为核心的新型电子商务市场监管体制，促进市场主体依法诚信经营，维护市场正常秩序，营造公平诚信市场环境。

2. 信用治理基本原则

（1）全链条监管原则。政府各部门主导的信用监管，贯穿于市场主体的整个生命周期，存在于事前、事中、事后全监管环节。

（2）褒扬诚信、惩戒失信原则。充分运用信用激励和约束手段，加大对诚信主体激励和对严重失信主体惩戒力度，让守信者受益、失信者受限，形成褒扬诚信、惩戒失信的制度机制。

（3）部门联动、社会协同原则。通过信用信息公开和共享，建立跨地区、跨部门、跨领域的信用监管机制，形成政府部门协同联动、行业组织自律管理、信用服务机构积极参与、社会舆论广泛监督的共同治理格局。

（4）依法依规原则。电子商务信用治理，无论是事前、事中、事后的监管，还是联合惩戒机制的制定与实施，都要严格依照法律法规和政策规定进行。

10.1.5 电子商务信用治理技术支撑：互联网与大数据

1. 信用信息通过"互联网+监管"系统归集共享

充分发挥全国信用信息共享平台和国家"互联网+监管"系统信息归集共享作用，对政府部门信用信息做到"应归尽归"，推进地方信用信息平台、行业信用信息系统互联互通，畅通政企数据流通机制，形成全面覆盖各地区、各部门、各类市场主体信用信息的"一张网"。依托全国信用信息共享平台和国家"互联网+监管"系统，将市场主体基础信息、执法监管和处置信息、失信联合惩戒信息等与相关部门业务系统按需共享，在信用监管等过程中加以应用，支撑形成数据同步、措施统一、标准一致的信用监管协同机制。

2. 信用监管的支撑："互联网+"与大数据

依托国家"互联网+监管"等系统，有效整合公共信用信息、市场信用信息、投诉举报信息和互联网及第三方相关信息，充分运用大数据、人工智能等新一代信息技术，实现信用监管数据可比对、过程可追溯、问题可监测。鼓励各地区、各部门结合实际，依法依规与大数据机构合作开发信用信息，及时动态掌握市场主体经营情况及其规律特征。充分利用国家"互联网+监管"等系统建立风险预判预警机制，及早发现防范苗头性和跨行业、跨区域风险。运用大数据主动发现和识别违法违规线索，有效防范危害公共利益和群众生命财产安全的违法违规行为。鼓励通过物联网、视联网等非接触式监管方式提升执法监管效率，实现监管规范化、精准化、智能化，减少人为因素，实现公正监管，杜绝随意检查、多头监管等问题，实现"进一次门、查多项事"，减少对监管对象的扰动。

10.2 电子商务信用治理机制1：全链条监管机制

按照依法依规、改革创新、协同共治的基本原则，以加强信用监管为着力点，创新监管理念、监管制度和监管方式，建立健全贯穿市场主体全生命周期，衔接事前、事中、事后全监管环节的新型监管机制。

10.2.1 事前信用监管

事前信用监管是在市场主体成立时的监管，发生于信用风险出现之前。

事前信用监管主要包括建立健全信用承诺制度、探索开展经营者准入前诚信教育以及积极拓展信用报告应用。

1. 建立健全信用承诺制度

在办理适用信用承诺制的行政许可事项时，申请人承诺符合审批条件并提交有关材料的，应予即时办理。申请人信用状况较好、部分申报材料不齐备但书面承诺在规定期限内提供的，应先行受理，加快办理进度。书面承诺履约情况记入信用记录，作为事中、事后监管的重要依据，对不履约的申请人，视情节实施惩戒。要加快梳理可开展信用承诺的行政许可事项，制定格式规范的信用承诺书，并依托各级信用门户网站向社会公开。

信用承诺制度除了主要适用于行政许可事项外，同时鼓励市场主体主动向社会作出信用承诺，并支持行业协会商会建立健全行业内信用承诺制度，加强行业自律。

2. 探索开展经营者准入前诚信教育

充分利用各级各类政务服务窗口，广泛开展市场主体守法诚信教育。为市场主体办理注册、审批、备案等相关业务时，适时开展标准化、规范化、便捷化的法律知识和信用知识教育，增强经营者依法诚信经营意识。

3. 积极拓展信用报告应用

信用报告是由征信系统提供的，主要包括企业或个人全面、准确的综合信用信息的记录，为各类信用交易提供重要的决策参考，减少不必要的信用风险和损失。

国家鼓励各类市场主体在生产经营活动中更广泛、主动地应用信用报告。在政府采购、招标投标、行政审批、市场准入、资质审核等事项中，充分发挥公共信用服务机构和第三方信用服务机构出具的信用报告的作用。探索建立全国统一的信用报告标准，推动信用报告结果实现异地互认。

10.2.2 事中信用监管

事中信用监管是政府部门对市场主体经营活动的监管。事中信用监管方式主要有全面建立市场主体信用记录、建立健全信用信息自愿注册机制、深入开展公共信用综合评价、大力推进信用分级分类监管以及加强企业信用风险监测预警。

1. 全面建立市场主体信用记录

根据权责清单建立信用信息采集目录,在办理注册登记、资质审核、日常监管、公共服务等过程中,及时、准确、全面记录市场主体信用行为,特别是将失信记录建档留痕,做到可查、可核、可溯。完善法人和非法人组织统一社会信用代码制度,以统一社会信用代码为标识,整合形成完整的市场主体信用记录,并通过"信用中国"网站、国家企业信用信息公示系统或中国政府网及相关部门门户网站等渠道依法依规向社会公开。完成12315市场监管投诉举报热线和信息化平台整合工作,大力开展消费投诉公示,促进经营者落实消费维权主体责任。

2. 建立健全信用信息自愿注册机制

鼓励市场主体在"信用中国"网站或其他渠道自愿注册资质证照、市场经营、合同履约、社会公益等信用信息,并对信息真实性公开作出信用承诺,授权网站对相关信息进行整合、共享与应用。经验证的自愿注册信息可作为开展信用评价和生成信用报告的重要依据。

3. 深入开展公共信用综合评价

全国信用信息共享平台要加强与相关部门的协同配合,依法依规整合各类信用信息,对市场主体开展全覆盖、标准化、公益性的公共信用综合评价,定期将评价结果推送至相关政府部门、金融机构、行业协会商会,供其参考使用,并依照有关规定向社会公开。推动相关部门利用公共信用综合评价结果,结合部门行业管理数据,建立行业信用评价模型,为信用监管提供更精准的依据。

4. 大力推进信用分级分类监管

企业信用风险分类管理是基于企业的信用风险信息开展信用风险状况研判,根据信用风险状况不同,将企业划分为不同的类别,并对不同信用风险类别的企业采取差异化监管措施,实现监管资源合理配置和高效利用,提升监管效能。

首先对企业进行信用风险分级分类。

在充分掌握信用信息、综合研判信用状况的基础上,以公共信用综合评价结果、行业信用评价结果等为依据,对监管对象进行分级分类。

然后,根据信用等级高低采取差异化的监管措施。"双随机、一公开"监管(即随机抽取检查对象、随机选派执法检查人员、向社会公开抽查情况及查处结果)要与信用等级相结合,对信用较好、风险较低的市场主体,可合理降低抽查比例和频次，减少对正常生产经营的影响；对信用风险一般的市场主体，按常规比例和频次抽查；对违法失信、风险较高的市场主体，适当提高抽查比例和频次，依法依规实行严管和惩戒。

  5. 加强企业信用风险监测预警

  市场监管部门要结合企业信用风险分类管理，积极推进企业信用风险监测预警，在企业信用风险分类管理系统中构建监测预警模块。要按照"谁审批、谁监管，谁主管、谁监管"的原则采取提醒、警示、约谈、检查等措施，依法处置企业风险隐患。为实现对企业信用风险的监测预警，各级市场监管部门应进一步探索企业信用风险分类结果的综合运用。

10.2.3 事后信用监管

  事后信用监管是各类市场主体出现了信用风险或失信行为后的监管，主要包括健全失信联合惩戒对象认定机制、督促失信市场主体限期整改、开展失信联合惩戒、依法依规实施市场和行业禁入措施、依法追究违法失信责任、建立健全信用信息异议投诉制度、探索建立信用修复机制等内容。

  1. 健全失信联合惩戒对象认定机制

  政府有关部门依据在事前、事中监管环节获取并认定的失信记录，依法依规建立健全失信联合惩戒对象名单制度。以相关司法裁判、行政处罚、行政强制等处理结果为依据，按程序将涉及性质恶劣、情节严重、社会危害较大的违法失信行为的市场主体纳入失信联合惩戒对象名单。加快完善相关管理办法，明确认定依据、标准、程序、异议申诉和退出机制。政府有关部门根据监管需要建立重点关注对象名单制度，对存在失信行为但严重程度尚未达到失信联合惩戒对象认定标准的市场主体，可实施与其失信程度相对应的严格监管措施。

  2. 督促失信市场主体限期整改

  失信市场主体应当在规定期限内认真整改，整改不到位的，按照"谁认定、谁约谈"的原则，由认定部门依法依规启动提示约谈或警示约谈程序，督促失信市场主体履行相关义务、消除不良影响。约谈记录记入失信市场主体信用记录，统一归集后纳入全国信用信息共享平台。

  3. 开展失信联合惩戒

  加快构建跨地区、跨行业、跨领域的失信联合惩戒机制，从根本上解决失信行为反复出现、易地出现的问题。依法依规建立联合惩戒措施清单，动态更新并向社会公开，形成行政性、市场性和行业性等惩戒措施多管齐下，社会力量广泛参与的失信联合惩戒大格局。重点实施惩戒力度大、监管效果好的失信惩戒措施，包括：依法依规限制失信联合惩戒对象股票发行、招标投标、申请财政性资金项目、享受税收优惠等行政性惩戒措施，限制获得授信、乘坐飞机、乘坐高等级列车和席次等市场性惩戒措施，以及通报批评、公开谴责等行业性惩戒措施。

4. 依法依规实施市场和行业禁入措施

以与人民群众生命财产安全直接相关的领域为重点，实施严格监管，加大惩戒力度。对拒不履行司法裁判或行政处罚决定、屡犯不改、造成重大损失的市场主体及其相关责任人，坚决依法依规在一定期限内实施市场和行业禁入措施，直至永远逐出市场。

5. 依法追究违法失信责任

建立健全责任追究机制，对被列入失信联合惩戒对象名单的市场主体，依法依规对其法定代表人或主要负责人、实际控制人进行失信惩戒，并将相关失信行为记入其个人信用记录。机关事业单位、国有企业出现违法失信行为的，要通报上级主管单位和审计部门；工作人员出现违法失信行为的，要通报所在单位及相关纪检监察、组织人事部门。

6. 建立健全信用信息异议投诉制度

对市场主体提出异议的信息，信息提供和采集单位要尽快核实并反馈结果，经核实有误的信息要及时予以更正或撤销。因错误认定失信联合惩戒对象名单、错误采取失信联合惩戒措施损害市场主体合法权益的，政府有关部门和单位要积极采取措施消除不良影响。

7. 探索建立信用修复机制

失信市场主体在规定期限内纠正失信行为、消除不良影响的，可通过作出信用承诺、完成信用整改、通过信用核查、接受专题培训、提交信用报告、参加公益慈善活动等方式开展信用修复。修复完成后，各地区、各部门要按程序及时停止公示其失信记录，终止实施联合惩戒措施。加快建立完善协同联动、一网通办机制，为失信市场主体提供高效便捷的信用修复服务。鼓励符合条件的第三方信用服务机构向失信市场主体提供信用报告、信用管理咨询等服务。

10.3 电子商务信用治理机制 2：奖惩机制与协同机制

10.3.1 电子商务信用治理奖惩机制

1. 建立健全褒扬和激励诚信行为机制

激励诚信行为机制包括社会性激励、行政性激励和市场性激励。

1）社会性激励

（1）多渠道选树诚信典型。将政府有关部门和社会组织实施信用分类监管确定的信用状况良好的行政相对人、诚信道德模范、优秀青年志愿者，行业协会商会推荐的诚信会员，新闻媒体挖掘的诚信主体等树立为诚信典型。

政府有关部门和社会组织在监管与服务中建立各类主体信用记录，向社会推介无不良信用记录者和有关诚信典型，联合政府其他部门和社会组织实施守信激励。行业协会商会需要建立并完善会员企业信用评价机制。政府有关部门引导企业主动发布综合信用承诺或产品服务质量等专项承诺，将产品服务标准等自我声明公开，接受社会监督，形成企业争做诚信模范的良好氛围。

（2）大力推介诚信市场主体。各级人民政府有关部门应将诚信市场主体优良信用信息及时在政府网站和"信用中国"网站进行公示，在会展、银企对接等活动中重点推介诚信企业，让信用成为市场配置资源的重要考量因素。引导征信机构加强对市场主体正面信息的采集，在诚信问题反映较为集中的行业领域，对守信者加大激励性评分比重。推动行业协会商会加强诚信建设和行业自律，表彰诚信会员，讲好行业"诚信故事"。

2）行政性激励

（1）建立行政审批"绿色通道"。在办理行政许可过程中，对诚信典型和连续3年无不良信用记录的行政相对人，可根据实际情况实施"绿色通道"和"容缺受理"等便利服务措施。对符合条件的行政相对人，除法律法规要求提供的材料外，部分申报材料不齐备的，如其书面承诺在规定期限内提供，应先行受理，加快办理进度。

（2）优先提供公共服务便利。在实施财政性资金项目安排、招商引资配套优惠政策等各类政府优惠政策时，优先考虑诚信市场主体，加大扶持力度。在教育、就业、创业、社会保障等领域对诚信个人给予重点支持和优先便利。在有关公共资源交易活动中,提倡依法依约对诚信市场主体采取信用加分等措施。

(3)优化诚信企业行政监管安排。各级市场监管部门应根据监管对象的信用记录和信用评价分类,注重运用大数据手段,完善事中、事后监管措施,为市场主体提供便利化服务。对符合一定条件的诚信企业,在日常检查、专项检查中优化检查频次。

3)市场性激励:降低市场交易成本

政府有关部门和单位可以开发"税易贷""信易贷""信易债"等守信激励产品,引导金融机构和商业销售机构等市场服务机构参考使用市场主体信用信息、信用积分和信用评价结果,对诚信市场主体给予优惠和便利,使守信者在市场中获得更多机会和实惠。

2. 建立健全约束和惩戒失信行为机制

主要从行政、市场、行业及社会等方面对失信行为进行约束和惩戒,将重点领域和严重失信行为作为联合惩戒的重点,并推动联合惩戒措施落实到人。

1)行政性约束和惩戒

对严重失信主体,各地区、各政府有关部门应将其列为重点监管对象,依法依规采取行政性约束和惩戒措施。从严审核行政许可审批项目,从严控制生产许可证发放,限制新增项目审批、核准,限制股票发行上市融资或发行债券,限制在全国股份转让系统挂牌、融资,限制发起设立或参股金融机构以及小额贷款公司、融资担保公司、创业投资公司、互联网融资平台等机构,限制从事互联网信息服务等。严格限制申请财政性资金项目,限制参与有关公共资源交易活动,限制参与基础设施和公用事业特许经营。对严重失信企业及其法定代表人、主要负责人和对失信行为负有直接责任的注册执业人员等实施市场和行业禁入措施。及时撤销严重失信企业及其法定代表人、负责人、高级管理人员和对失信行为负有直接责任的董事、股东等人员的荣誉称号,取消其参加评先评优资格。

2)市场性约束和惩戒

对严重失信主体,有关政府部门和机构应以统一社会信用代码为索引,及时公开披露相关信息,便于市场识别失信行为,防范信用风险。督促有关企业和个人履行法定义务,对有履行能力但拒不履行的严重失信主体实施限制出境和限制购买不动产、乘坐飞机、乘坐高等级列车和席次、旅游度假、入住星级以上宾馆及其他高消费行为等措施。政府支持征信机构采集严重失信行为信息,纳入信用记录和信用报告。政府引导商业银行、证券期货经营机构、保险公司等金融机构按照风险定价原则，对严重失信主体提高贷款利率和财产保险费率，或者限制向其提供贷款、保荐、承销、保险等服务。

3）行业性约束和惩戒

建立健全行业自律公约和职业道德准则，推动行业信用建设。政府要引导行业协会商会完善行业内部信用信息采集、共享机制，将严重失信行为记入会员信用档案。政府鼓励行业协会商会与有资质的第三方信用服务机构合作，开展会员企业信用等级评价。支持行业协会商会按照行业标准、行规、行约等，视情节轻重对失信会员实行警告、行业内通报批评、公开谴责、不予接纳、劝退等惩戒措施。

4）社会性约束和惩戒

充分发挥各类社会组织的作用，引导社会力量广泛参与失信联合惩戒。建立完善失信举报制度，鼓励公众举报企业严重失信行为，对举报人信息严格保密。支持有关社会组织依法对污染环境、侵害消费者或公众投资者合法权益等群体性侵权行为提起公益诉讼。鼓励公正、独立、有条件的社会机构开展失信行为大数据舆情监测，编制发布地区、行业信用分析报告。

5）联合惩戒

（1）联合惩戒严重失信行为。在政府有关部门和社会组织依法依规对本领域失信行为作出处理和评价基础上，通过信息共享，推动其他部门和社会组织依法依规对严重失信行为采取联合惩戒措施，重点包括：①严重危害人民群众身体健康和生命安全的行为。②严重破坏市场公平竞争秩序和社会正常秩序的行为。③拒不履行法定义务，严重影响司法机关、行政机关公信力的行为。④拒不履行国防义务，拒绝、逃避兵役，拒绝、拖延民用资源征用或者阻碍对被征用的民用资源进行改造，危害国防利益，破坏国防设施等行为。

（2）联合惩戒措施落实到人。对企事业单位严重失信行为，在记入企事业单位信用记录的同时，记入其法定代表人、主要负责人和其他负有直接责任人员的个人信用记录。在对失信企事业单位进行联合惩戒的同时，依照法律法规和政策规定对相关责任人员采取相应的联合惩戒措施。建立完整的个人信用记录数据库及联合惩戒机制，使失信惩戒措施落实到人。

10.3.2 电子商务信用治理协同机制

信用治理协同机制即守信激励和失信惩戒协同机制，主要包括以下几个方面。

1. 建立触发反馈机制

在社会信用体系建设部际联席会议制度下，建立守信联合激励和失信联合惩戒的发起与响应机制。各领域守信联合激励和失信联合惩戒的发起部门负责确定激励和惩戒对象，实施部门负责对有关主体采取相应的联合激励和联合惩戒措施。

2. 实施部省协同和跨区域联动

各地区对本行政区域内确定的诚信典型和严重失信主体，发起部省协同和跨区域联合激励与惩戒。充分发挥社会信用体系建设部际联席会议制度的指导作用，建立健全跨地区、跨部门、跨领域的信用体系建设合作机制，加强信用信息共享和信用评价结果互认。

3. 建立健全信用信息公示机制

推动政务信用信息公开，全面落实行政许可和行政处罚信息上网公开制度。除法律法规另有规定外，县级以上人民政府及其部门要将各类自然人、法人和其他组织的行政许可、行政处罚等信息在 7 个工作日内通过政府网站公开，并及时归集至"信用中国"网站，为社会提供"一站式"查询服务。涉及企业的相关信息按照《企业信息公示暂行条例》规定在企业信用信息公示系统公示。推动司法机关在"信用中国"网站公示司法判决、失信被执行人名单等信用信息。

4. 建立健全信用信息归集共享和使用机制

依托国家电子政务外网，建立全国信用信息共享平台，发挥信用信息归集共享枢纽作用。加快建立健全各省（区、市）信用信息共享平台和各行业信用信息系统，归集整合本地区、本行业信用信息，与全国信用信息共享平台实现互联互通和信息共享。依托全国信用信息共享平台，根据政府有关部门签署的合作备忘录，建立守信联合激励和失信联合惩戒的信用信息管理系统，实现发起响应、信息推送、执行反馈、信用修复、异议处理等动态协同功能。各级人民政府及其部门应将全国信用信息共享平台信用信息查询使用嵌入审批、监管工作流程，确保"应查必查""奖惩到位"。健全政府与征信机构、金融机构、行业协会商会等组织的信息共享机制，促进政务信用信息与社会信用信息互动融合，最大限度发挥守信联合激励和失信联合惩戒作用。

5. 规范信用红黑名单制度

不断完善诚信典型"红名单"制度和严重失信主体"黑名单"制度，依法依规规范各领域红黑名单产生和发布行为，建立健全退出机制。在保证独立、公正、客观前提下，鼓励有关群众团体、金融机构、征信机构、评级机构、行业协会商会等将产生的"红名单"和"黑名单"信息提供给政府部门参考使用。

6. 建立激励和惩戒措施清单制度

在有关领域合作备忘录基础上，梳理法律法规和政策规定明确的联合激励和惩戒事项，建立守信联合激励和失信联合惩戒措施清单，主要分为两类：一类是强制性措施，即依法必须联合执行的激励和惩戒措施；另一类是推荐性措施，即由参与各方推荐的，符合褒扬诚信、惩戒失信政策导向，各地区、各部门可根据实际情况实施的措施。社会信用体系建设部际联席会议应总结经验，不断完善两类措施清单，并推动相关法律法规建设。

7. 建立健全信用修复机制

联合惩戒措施的发起部门和实施部门应按照法律法规和政策规定明确各类失信行为的联合惩戒期限。在规定期限内纠正失信行为、消除不良影响的，不再作为联合惩戒对象。建立有利于自我纠错、主动自新的社会鼓励与关爱机制，支持有失信行为的个人通过社会公益服务等方式修复个人信用。

8. 建立健全信用主体权益保护机制

建立健全信用信息异议、投诉制度。有关部门和单位在执行失信联合惩戒措施时主动发现、经市场主体提出异议申请或投诉发现信息不实的，应及时告知信息提供单位核实，信息提供单位应尽快核实并反馈。联合惩戒措施在信息核实期间暂不执行。经核实有误的信息应及时更正或撤销。因错误采取联合惩戒措施损害有关主体合法权益的，有关部门和单位应积极采取措施恢复其信誉、消除不良影响。支持有关主体通过行政复议、行政诉讼等方式维护自身合法权益。

9. 建立跟踪问效机制

各地区、各有关部门要建立完善信用联合激励、惩戒工作的各项制度，充分利用全国信用信息共享平台的相关信用信息管理系统，建立健全信用联合激励、惩戒的跟踪、监测、统计、评估机制，并建立相应的督查、考核制度。对信用信息归集、共享和激励与惩戒措施落实不力的部门及单位，进行通报和督促整改，切实把各项联合激励和联合惩戒措施落到实处。

10.3.3 法规制度和诚信文化建设

1. 法规制度建设

（1）完善相关法律法规。继续研究论证社会信用领域立法。加快研究推进信用信息归集、共享、公开和使用，以及失信行为联合惩戒等方面的立法工作。按照强化信用约束和协同监管要求，各地区、各政府部门应对现行法律、法规、规章和规范性文件有关规定提出修订建议或进行有针对性的修改。

（2）建立健全标准规范。制定信用信息采集、存储、共享、公开、使用和信用评价、信用分类管理等标准。确定各级信用信息共享平台建设规范，统一数据格式、数据接口等技术要求。各地区、各部门要结合实际，制定信用信息归集、共享、公开、使用和守信联合激励、失信联合惩戒的工作流程和操作规范。

2. 加强诚信教育和诚信文化建设

政府有关部门需要组织社会各方面力量，引导广大市场主体依法诚信经营，树立"诚信兴商"理念，组织新闻媒体多渠道宣传诚信企业和个人，营造浓厚社会氛围。加强对失信行为的道德约束，完善社会舆论监督机制，通过报刊、广播、电视、网络等媒体加大对失信主体的监督力度，依法曝光社会影响恶劣、情节严重的失信案件，开展群众评议、讨论、批评等活动，形成对严重失信行为的舆论压力和道德约束。通过学校、单位、社区、家庭等，加强对失信个人的教育和帮助，引导其及时纠正失信行为。加强对企业负责人、学生和青年群体的诚信宣传教育，加强会计审计人员、导游、保险经纪人、公职人员等重点人群以诚信为重要内容的职业道德建设。加大对守信联合激励和失信联合惩戒的宣传报道与案例剖析力度，弘扬社会主义核心价值观。

【本章小结】

电子商务信用治理是指以政府为主导、社会组织与公众参与，构建以信用为核心的新型市场监管机制，营造公平诚信的电子商务市场环境为目的的引导、规范及控制活动。

电子商务信用治理坚持全链条监管、褒扬诚信和惩戒失信、部门联动与社会协同及依法依规原则，以严重失信行为作为重要治理对象，主要通过事前、事中、事后的全链条监管机制，守信激励、失信惩戒机制与协同机制实现电子商务信用治理的目的。

【思考题】

【即测即练】

1. 联系现实，谈谈在电子商务信用治理过程中部门联动、社会协同原则的表现。

2. 如何理解失信行为市场性、社会性约束与惩戒机制对行政性约束与惩戒机制的补充作用？

3. 简述失信行为与违法行为的异同。

4. 如何理解"互联网+"、大数据在信用监管中的支撑保障作用？

5. 如何理解政府监管在电子商务信用治理中的主导性作用？

6. 市场主体是否是电子商务信用治理的主体或参与者？

参考文献

[1] 闫强，胡桃，吕延杰．电子商务安全管理 [M]．北京：机械工业出版社，2007．

[2] 单智勇，郭志群．电子商务安全与管理 [M]．北京：中国人民大学出版社，2010．

[3] 王春东．信息安全管理与工程 [M]．北京：清华大学出版社，2016．

[4] 国家发展和改革委员会高技术产业司，全国人民代表大会财政经济委员会调研室．中国电子商务法律法规汇编 [M]．北京：法律出版社，2014．

[5] 石磊，赵慧然．网络安全与管理 [M]．2 版．北京：清华大学出版社，2015．

[6] 陈波，于泠．信息安全案例教程：技术与应用 [M]．北京：机械工业出版社，2015．

[7] 高立法．全面风险管理实务 [M]．4 版．北京：经济管理出版社，2016．

[8] 杜莹芬，时杰．企业全面风险管理理论与实践 [M]．2 版．北京：经济管理出版社，2014．

[9] 谢非．风险管理原理与方法 [M]．重庆：重庆大学出版社，2013．

[10] 范道津，陈伟珂．风险管理理论与工具 [M]．天津：天津大学出版社，2010．

[11] 张剑．信息安全风险管理 [M]．2 版．成都：电子科技大学出版社，2016．

[12] 徐爱国，陈秀波，郭艳惠．信息安全管理 [M]．3 版．北京：北京邮电大学出版社，2017．

[13] 王成，陶林伟，苟燕妮．信息安全政策与法规 [M]．西安：西北工业大学出版社，2014．

[14] 陈传明，周小虎．管理学原理 [M]．2 版．北京：机械工业出版社，2012．

[15] 陈忠文，麦永浩．信息安全标准与法律法规[M].3版．武汉：武汉大学出版社，2017.

[16] 侯安才，方丽娟．电子商务安全管理[M]．武汉：武汉大学出版社，2020.

[17] 严小红，靳艾．计算机网络安全实践教程[M]．成都：电子科技大学出版社，2017.

[18] 徐雅倩，王刚．数据治理研究：进程与争鸣[J]．电子政务，2018（8）：38-51.

[19] 翟云．中国大数据治理模式创新及其发展路径研究[J]．电子政务，2018（8）：12-26.

[20] 李海敏．"数字丝路"与全球网络空间治理重构[J]．国际论坛，2019（6）：15-29，155-156.

[21] 张绍华，潘蓉，宗宇伟．大数据治理与服务[M]．上海：上海科学技术出版社，2016.

[22] 孟小峰．大数据管理概论[M]．北京：机械工业出版社，2017.

[23] 刘化君．网络安全技术[M]．北京：机械工业出版社，2015.

[24] 芮明杰．管理学：现代的观点[M]．3版．上海：格致出版社，2013.

[25] 张波，朱艳娜．电子商务安全[M]．2版．北京：机械工业出版社，2020.

[26] 陈波，于泠．计算机系统安全原理与技术[M]．4版．北京：机械工业出版社，2019.

[27] 贾铁军，俞小怡．网络安全技术及应用[M]．4版．北京：机械工业出版社，2020.

[28] 刘建伟．网络空间安全导论[M]．北京：清华大学出版社，2021.

[29] 王丹．电子商务法律实务[M]．上海：上海交通大学出版社，2013.

[30] 刘跃进．国家安全学[M]．北京：中国政法大学出版社，2004.

[31] 俞国红．电子商务安全[M]．北京：北京理工大学出版社，2019.

[32] 张荣刚，方丽娟．电子商务安全管理[M]．北京：高等教育出版社，2022.

[33] 孙宝云，漆大鹏．网络安全治理教程[M]．北京：国家行政管理出版社，2020.

[34] 赵旭东．中华人民共和国电子商务法释义与原理[M]．北京：中国法制出版社，2018.

[35] 法律出版社法规中心．最新电子商务法规汇编[M]．北京：法律出版社，2018.

[36] 姚建明．数字经济规划指南[M]．北京：经济日报出版社，2020.

[37] 秦荣生．数字经济发展与安全[M]．北京：人民出版社，2021.

[38] 徐晓林，刘勇．数字治理对城市政府善治的影响研究[J]．公共管理学报，2006（2）：13-20.

[39] 胡炜．跨境数据流动的国际法挑战及中国应对[J]．社会科学家，2017（11）：

107–112.

[40] 王雪诚，马海群. 总体国家安全观下数据安全制度构建研究 [J]. 现代情报，2021（9）：40-52.

[41] 黄海. 某市电子商务标准体系建设研究 [J]. 学术探讨，2021（8）：63-67.

[42] 朱节中，姚永雷. 信息安全概论 [M]. 北京：科学出版社，2016.

[43] 李剑. 信息安全概论 [M]. 2 版. 北京：机械工业出版社，2019.

[44] 杨立钒，万以娴. 电子商务安全与电子支付 [M].4 版. 北京：机械工业出版社，2020.

[45] 唐四薪，郑光勇，唐琼，等. 电子商务安全 [M].2 版. 北京：清华大学出版社，2020.

[46] 中国人民银行数字货币研究项目组. 从 SWIFT 黑客事件看金融网络安全 [J]. 中国金融，2016（17）：43-44.

[47] 苗刚中，罗永龙，陶陶，等. 网络安全攻防技术：移动安全篇 [M]. 北京：科学出版社，2018.

[48] 强奇，武刚，黄开枝，等.5G 安全技术研究与标准进展 [J]. 中国科学：信息科学，2021，51（3）：347-366.

[49] 姚七栋. 信息隐藏技术在电子商务信息安全中的应用研究 [D]. 上海：华东师范大学，2010.

[50] 林青. 数字水印技术及其在电子商务安全中的应用研究 [D]. 成都：电子科技大学，2009.

[51] 张嘉兴. 探析信息隐藏技术在电子商务信息安全中的应用 [C]// 第五届世纪之星创新教育论坛论文集，2006：702.

[52] 吴雪娇.B2B 电子商务中数据管理技术研究 [D]. 北京：北方工业大学，2013.

[53] 卢林，王明. 数据远程备份在电子商务安全中的应用 [J]. 计算机应用，2002，22（7）：83-85.

[54] 付静. 我国电子商务安全管理制度研究 [J]. 科技传播，2015（5）：74-75.

[55] 王星，周影. 大数据环境下的电子商务安全问题及对策 [J]. 对外经济，2017（1）：104-106.

[56] 刘杰. 大数据时代计算机电子商务安全问题研究 [J]. 信息记录材料，2020，22（2）：45-46.

[57] 杨紫雁.基于大数据的电子商务精准营销[J].电子技术,2021,50(10):100-101.

[58] 李佳慧,赵刚.基于大数据的电子商务用户画像构建研究[J].电子商务,2019(1):46-49.

[59] ZHOU W, JIA Y, PENG A, et al. The effect of IoT new features on security and privacy: new threats, existing solutions, and challenges yet to be solved[J]. IEEE internet of things journal, 2019, 6(2): 1606-1616.

[60] 韦俊琳,段海新,万涛.HTTPS/TLS 协议设计和实现中的安全缺陷综述[J].信息安全学报,2018,3(2):1.

[61] 刘鹏,陈厚武,房潇.网络安全态势监控机制与模型研究[J].信息网络安全,2018(9):66-69.

[62] 罗宇杰,张健,唐彰国,等.低功耗有损网络安全路由协议研究综述[J].计算机应用,2018,38(12):114-122.

[63] JAIN A, JAIN S. A survey on miscellaneous attacks and countermeasures for RPL routing protocol in IoT[M]//ABRAHAM A, et al. Emerging technologies in data mining and information security: proceedings of IEMIS 2018, Volume 3. Singapore: Springer, 2019: 611-620.

[64] 李兴.基于RPL的物联网安全路由协议研究和实现[D].西安:西安电子科技大学,2017.

[65] AIREHROUR D, GUTIERREZ J A, RAY S K. SecTrust-RPL: a secure trust-aware RPL routing protocol for internet of things[J]. Future generation computer systems, 2019(93): 860-876.

[66] 罗军舟,金嘉晖,宋爱波,等.云计算:体系架构与关键技术[J].通信学报,2011,32(7):3-21.

[67] 刘荣,潘洪志,刘波,等.基于密文策略属性基加密算法的云存储数据更新方法[J].计算机应用,2018,38(2):348-351.

[68] 廖子渊.基于可信计算的云服务信任管理的研究[D].福州:福州大学,2017.

[69] 赵志远,朱智强,王建华,等.云存储环境下无密钥托管可撤销属性基加密方案研究[J].电子与信息学报,2018,40(1):1-10.

[70] 刘建,鲜明,王会梅,等.面向移动云的属性基密文访问控制优化方法[J].通

信学报, 2018, 39 (7): 39-49.

[71] FAN Y D, WU X P. Ciphertext-policy attribute-based encryption access control scheme for cloud storage[J]. Application research of computers, 2018 (8): 68-75.

[72] 杨晓颖. 我国电子文件备份: 发展特点、现实难点与提升策略 [J]. 兰台内外, 2019 (33): 4-7.

[73] 林闯, 苏文博, 孟坤, 等. 云计算安全: 架构、机制与模型评价 [J]. 计算机学报, 2013, 36 (9): 1765-1784.

[74] COLLINS G, BIRAN Y. Multi-tenant utility computing with compute containers[C] // 2015 IEEE 5th International Conference on Consumer Electronics-Berlin, 2016: 213-217.

[75] 冯朝胜, 秦志光, 袁丁, 等. 云计算环境下访问控制关键技术 [J]. 电子学报, 2015, 43 (2): 312-319.

[76] 王于丁. 基于属性的云计算数据访问控制技术研究 [D]. 北京: 清华大学, 2017.

[77] 雷蕾, 蔡权伟, 荆继武, 等. 支持策略隐藏的加密云存储访问控制机制 [J]. 软件学报, 2016, 27 (6): 1432-1450.

[78] 杨腾飞, 申培松, 田雪, 等. 对象云存储中分类分级数据的访问控制方法 [J]. 软件学报, 2017, 28 (9): 2334-2353.

[79] 鲍杰, 耿晓中, 于萍. 基于区块链技术的电子商务行业发展研究综述 [J]. 中外企业家, 2019 (31): 66-67.

[80] 朱嘉炜, 张琪, 唐欣, 等. 区块链技术在电子商务中的应用 [J]. 中国商论, 2019 (24): 22-24.

[81] 郑斌. 区块链技术在电商系统中的应用 [C]//2018 电力行业信息化年会, 2015.

[82] 孙开杰. 区块链技术在电子商务发展中的应用研究 [J]. 计算机产品与流通, 2018 (11): 71.

[83] 国家计算机网络应急技术处理协调中心. 2019 年中国互联网网络安全报告 [R]. 北京: 人民邮电出版社, 2020.

教师服务

感谢您选用清华大学出版社的教材！为了更好地服务教学，我们为授课教师提供本书的教学辅助资源，以及本学科重点教材信息。请您扫码获取。

❱❱ 教辅获取

本书教辅资源，授课教师扫码获取

❱❱ 样书赠送

电子商务类重点教材，教师扫码获取样书

 清华大学出版社

E-mail: tupfuwu@163.com
电话：010-83470332 / 83470142
地址：北京市海淀区双清路学研大厦 B 座 509
网址：http://www.tup.com.cn/
传真：8610-83470107
邮编：100084